上海社会科学院政治与公共管理研究所

中国政治发展进程

CHINA 2019年

时事出版社
北京

主　　编： 刘　杰

编写组成员： 张树平：第一章

齐凌云：第二章

郭中军：第三章

李佳佳：第四章

王龙飞：第五章

李锦峰：第六章

石冬旭：第七章

朱雯霞：第八章

目　　录

第一章　交叉指向与审慎平衡：决胜全面建成小康社会中的政治议题与政策取向

改革开放40周年的历史方位、新一轮全球化中更为复杂的全球空间、稳中有变、变中有忧的经济形势、持续变化中的社会结构、与现代社会相伴生的风险政治，改写和规定着2018年“全面建成小康社会决胜期”的政治发展环境。环境改变着议程与政策，议程与政策回应着环境。当前中国政治发展环境的变化与当代中国全面改革与建设的总体布局与发展战略之间的结合，是生成、塑造和调整当代中国政治议题与政策取向的根本原因。

决胜全面建成小康社会，向当代中国政治发展提出了一系列政治学命题，这些政治学命题落实为2018年中国政治建设各领域的一系列政治行动：高质量发展的政治经济学内在地要求实现经济与政治、社会、生态领域的协同发展，其核心在于“向国家治理寻求持续发展”；全面建成小康社会的政治社会学内在地要求实现一种基于人的发展和社会发展基础上的政治发展，其核心在于现代社会分化与自治基础上的政治一体化；全面从严治党的政党政治学内在地要求执政党围绕着构建其对全面深化改革的全面领导能力，加强全面、有效的组织建设，其核心在于通过组织建设的政治优先性确保组织建设的有效性；治理政府与政府治理的政治学内在地要求全面构筑政府行政的约束体系与政府治理的能力体系，其核心在于通过新一轮行政改革构建公共权力在约束条件下的运行机制；新时代的法律政治学内在地要求在尊重法治自身发展规律的基础上将法治过程纳入政治发展的整体视野之中，将法治功能释放于全面深化改革的整体进程之中，其核心在于法治与政治的有机统一；国家制度的政治学内在地要求在确保国家基础制度稳定的同时确保制度体系的活力与成长空间，其核心在于实现制度逻辑的简化与制度体系的绵密化之间的有机统一。

“三大攻坚战”是全面建成小康社会决胜期最为重要的政治议题设定：风险防控是中国现代国家政治本质的内在要求，精准脱贫是优化社会结构的内在要求，污染防治是高质量发展的内在要求。“三大攻坚战”处于中国社会发展多领域相互交叉的节点上，出自于中国政治体系对当代中国全面发展内在诉求之吸纳、选择、塑造、组织、协调与执行，亦即出自于当代中国“交叉指向”的政治议题形成过程中。中国经济社会发展的历史阶段、由国家形态所决定的政治制度体系和政治议题偏好，共同塑造了当代中国独特的议题能力。政策能力是议题能力的延伸，交叉指向的议题设定决定了审慎平衡的总体政策取向。一方面，正是中国作为特定现代国家的国家形态赋能于当代中国独特的议题——政策能力；另一方面，“交叉指向”的议题塑造与“审慎平衡”的政策过程又影响和改变着当前中国国家形态的现实构造。在议题、政策与国家的互动关系中，中国政治发展将进入一个特定历史时代：发展与治理、党治与法治、理论与价值、政策与制度、技术与艺术之间的相互规定将使这一特定历史时代的政治发展呈现出独特景观。在进入这个特定时代的历史关口，交叉指向的政治议题与审慎平衡的政策取向决定了当前中国政治结构与政治过程中的各种政治主体需要一场全面的、重新的相互学习。

一、2018 年中国政治发展年度环境评估

（一）历史时间

2018 年是全面贯彻落实中共十九大精神的开局之年，是决胜全面建成小康社会、实施“十三五规划”承上启下的关键一年。2018 年正值改革开放 40 周年，也是马克思诞辰 200 周年。按照中共十九大明确提出的国家建设时间表，从现在到 2020 年，是全面建成小康社会决胜期；从十九大到二十大，是“两个一百年”奋斗目标的历史交汇期。时间是历史中的时间，政治是时间中的政治。政治建设的主题必须回应历史、回应时代、回应当下、展望未来。2018 年 10 月，习近平在广东考察时提出“新时代改革开放”概念，提出要“以改革开放的眼光看待改革开放”，要“在更高起点、更高层次、更高目标上推进改革开放”。在新时代大力推进包括民生改革、社会公平正义改革、道德重建、生态环境治理、制度建设等战略性政治议题①，成为时代之需。全面建成小康社会的标志之一就是各方面制度更为成熟、定型、完善，这与邓小平在改革开放历史进程中对党和国家制度改革的设计、规划和预测是一致的。1992 年邓小平在视察南方的重要谈话中指出：“恐怕再有 30 年的时间，我们才会在各方面形成一整套更加成熟、更加定型的制度。”在全面建成小康社会的关键期大力推动更加成熟、稳定的制度体系建构，并为未来中国基本实现现代化和建设现代化强国奠定坚实的制度基础，成为当前中国政治建设与政治发展中牵动全局的焦点。

① 邱敦红：《新时期改革开放有什么不同》，《环球时报》，2018 年 12 月 25 日。

（二）全球空间

当代中国发展是在全球空间中进行的。2018 年，中国举办了首届国际进口博览会，中拉论坛第二届部长级会议、上合组织青岛峰会、中阿合作论坛第八届部长级会议、中非合作论坛北京峰会、第 20 次中国欧盟领导人会晤相继举行，中国与各相关方合作共建的“一带一路”、“冰上丝绸之路”继续推进。中国首次发表《中国与世界贸易组织》白皮书，中国（即将）成为联合国常规预算第二大出资国。[①] 年内，国务院印发《关于积极有效利用外资推动经济高质量发展若干措施的通知》，国办转发商务部等《关于扩大进口促进对外贸易平衡发展的意见》。2018 年前 10 个月，中国货物贸易进出总值 25.05 万亿元人民币，其中出口 13.35 万亿元，比去年同期增长 7.9%；进口 11.7 万亿元，增长 15.5%；贸易顺差收窄 26.1%。

2018 年 5 月，习近平在纪念马克思诞辰 200 周年大会上的讲话中指出：“今天，人类交往的世界性比过去任何时候都更深入、更广泛，各国相互联系和彼此依存比过去任何时候都更频繁、更紧密。”当前，世界经济正在经历新一轮全球化，即人类历史上前所未有的全方位全球化，新一轮全球化适逢中国特色社会主义新时代，这意味着中国民族复兴的大业将在新一轮全球化中进行。[②] 全球化对中国发展的影响是多面的、复杂的。2018 年 3 月，李克强在《政府工作报告》中指出：“世界经济有望继续复苏，但不稳定不确定因素很多，主要经济体政策调整及其外溢效应带来变数，保护主义加剧，地缘政治风险上升。”因此，中国如何在新一轮全球化中寻找机遇、直面挑战、积极作为、有所不为，就成为影响中国国家发展的关键变量之一。

---

① 凌胜利：《中国联合国会费超日本，本是水到渠成》，《新京报》，2018 年 12 月 25 日。

② 郑必坚：《续写马克思主义中国化新篇章》，《理论视野》，2018 年第 6 期。

（三）稳中有变、变中有忧的经济形势

根据国家统计局初步核算结果，2018 年国内生产总值为 900309 亿元，按可比价格计算，比上年增长 6.6%。一季度同比增长 6.8%，二季度增长 6.7%，三季度增长 6.5%，四季度增长 6.4%。2018 年各月全国城镇调查失业率保持在 4.8%—5.1% 之间；全年全国居民人均可支配收入 28228 元，扣除价格因素实际增长 6.5%，与经济增长基本同步；全年全国居民人均消费支出 19853 元，扣除价格因素实际增长 6.2%，比上年加快 0.8 个百分点。[①] 2018 年 12 月召开的中央经济工作会议指出，当前中国“经济运行稳中有变、变中有忧，外部环境复杂严峻，经济面临下行压力”，强调要“紧扣重要战略机遇新内涵，加快经济结构优化升级，提升科技创新能力，深化改革开放，加快绿色发展，参与全球经济治理体系变革，变压力为加快推动经济高质量发展的动力”。正如 2018 年 4 月召开的政治局会议所指出的，中国经济“周期性态势好转，但制约经济持续向好的结构性、深层次问题仍然突出”。特定的经济形势决定了特定的经济议题、特定的政治经济学议题和特定的比较政治经济学议题，并因此对当下中国的经济政策以及公共政策体系提出了特定的内在要求，对产出公共政策的执政体系、政府体系提出了内在的改革需求。

（四）变化中的社会结构

国家统计局 2018 年发布的改革开放 40 年经济社会发展成就系列报告显示，改革开放以来，通过大规模扶贫开发，中国已使 7 亿多农村人口摆脱贫困；按现行贫困标准，2013—2017 年中国农村减

① 国家统计局：《2018 年经济运行保持在合理区间　发展的主要预期目标较好完成》，http：//www.stats.gov.cn/tjsj/zxfb/201901/t20190121_1645752.html。

贫人数分别为1650万、1232万、1442万、1240万、1289万人；5年来，农村累计减贫6853万人，减贫幅度接近70%，年均减贫1370万人；贫困发生率从2012年末的10.2%下降到2017年末的3.1%，其中有17个省份贫困发生率已下降到3%以下。[①] 改革开放以来，中国区域发展差距经历了一个由扩大到缩小的过程；进入新世纪以来，各区域经济发展的相对差距有所缩小，区域发展的平衡性有所增强。2017年，东部、中部、西部、东北地区人均地区生产总值分别为84595元、48747元、45522元和50890元，反映各区域人均地区生产总值整体相对差异水平的变异系数由2003年的峰值0.44下降到0.318，人均最高的东部和最低的西部之间的相对差值由2003年的2.5倍缩小到1.9倍。[②] 2018年末，全国城镇常住人口达到83137万人，比2017年末增加1790万人；乡村常住人口56401万人，减少1260万人。全国常住人口城镇化率（城镇人口比重）为59.58%，比2017年末提高1.06个百分点。[③] 按常住地分，2018年城镇居民人均可支配收入39251元，扣除价格因素影响实际增长5.6%；农村居民人均可支配收入14617元，实际增长6.6%，城乡居民收入比由上年的2.71下降为2.69。[④] 全国居民收入增长与经济增长基本同步，城乡居民收入差距继续缩小。

在中国特色社会主义新时代，社会结构与经济"高质量发展"之间、社会结构与政治发展之间的交织与互动更为紧密，一个健康、有活力、有弹性的社会结构成为中国经济、政治可持续发展的前提。通过特定的社会政策以及公共政策体系的协同发力，推进当

① 国家统计局住户调查办公室：《扶贫开发成就举世瞩目　脱贫攻坚取得决定性进展——改革开放40年经济社会发展成就系列报告之五》，http://www.stats.gov.cn/ztjc/ztfx/ggkf40n/201809/t20180903_1620407.html。

② 国家统计局核算司：《区域发展战略成效显著　发展格局呈现新面貌——改革开放40年经济社会发展成就系列报告之十六》，http://www.stats.gov.cn/ztjc/ztfx/ggkf40n/201809/t20180913_1622702.html。

③ 李希如：《人口总量平稳增长　城镇化水平稳步提高》，http://www.ce.cn/xwzx/gnsz/gdxw/201901/23/t20190123_31337743.shtml。

④ 王有捐：《全国居民收入稳步增长　居民生活质量持续改善》，http://www.ce.cn/xwzx/gnsz/gdxw/201901/22/t20190122_31330462.shtml。

下中国社会结构持续优化、持续向好，成为当下中国政治建设的重要范畴。

（五）风险与政治

当前中国社会发展已经进入一个风险多发、高发期。2019 年 1 月，习近平在省部级主要领导干部坚持底线思维着力防范化解重大风险专题研讨班上，就防范化解政治、意识形态、经济、科技、社会、外部环境、党的建设等领域的重大风险强调指出，当前中国正“面对波谲云诡的国际形势、复杂敏感的周边环境、艰巨繁重的改革发展稳定任务”，各级党委与政府要坚决贯彻总体国家安全观，“始终保持高度警惕，既要高度警惕‘黑天鹅’事件，也要防范‘灰犀牛’事件；既要有防范风险的先手，也要有应对和化解风险挑战的高招；既要打好防范和抵御风险的有准备之战，也要打好化险为夷、转危为机的战略主动战”。

当中国进入中国特色社会主义新时代，风险防控成为中国全面建设小康社会、基本实现社会主义现代化和全面建设社会主义现代化强国的前提性条件，风险防控体系成为国家治理体系的不可分割的重要组成部分。与现代社会相伴生的风险社会，生成和塑造着当代中国政治议题，并改变着当代中国政治议题之间的优先性序列，考验着当代中国执政党执政行为与政府行政行为的有效性，并对公共政策能力提出了持久的内在需求。

二、环境、议程与政策

中共十八大以来，中国坚持统筹推进“五位一体”总体布局、协调推进“四个全面”战略布局，坚持稳中求进工作总基调，明确全面深化改革的总目标是完善和发展中国特色社会主义制度、推进国家治理体系和治理能力的现代化，着力增强改革系统性、整体性、协同性，着力抓好重大制度创新，着力提升人民群众的获得感、幸福感、安全感，推出了 1600 多项改革方案。从以经济体制改革为主，到全面深化经济、政治、文化、社会、生态文明体制和党的建设制度改革，党和国家机构改革、行政管理体制改革、依法治国体制改革、司法体制改革、外事体制改革、社会治理体制改革、生态环境督察体制改革、国家安全体制改革、国防和军队改革、党的领导和党的建设制度改革、纪检监察制度改革等一系列重大改革扎实推进，改革呈现全面发力、多点突破、蹄疾步稳、纵深推进的局面。[①]

1921 年中国共产党建党以来形成的党的若干优良传统、中国自 1949 年建国以来社会主义革命与建设的若干历史传统、改革开放 40 年来形成的改革精神与宝贵经验，共同塑造了当代中国全面改革与建设中行之有效、征之有验的总体布局与发展战略。当前中国政治发展环境的变化与这种总体战略之间的结合，是生成、塑造、调整当代中国政治议题与政策取向的根本原因。环境（变化）改变着议程与政策，议程与政策回应着环境（变化）。以当前中国正在进行的“三大攻坚战”为例，2017 年 10 月，习近平在中共十九大报告中指出：“从现在到 2020 年，是全面建成小康社会决胜期，要按照十六大、十七大、十八大提出的全面建成小康社会各项要求，紧扣我国社会主要矛盾变化，……突出抓重点、补短板、强弱项，特别是要坚决打好防范化解重大风险、精准脱贫、污染防治的攻坚战。”2018 年 3 月，李克强在《政府工作报告》中指出，2018 年要抓好决胜全面建成小康社会三大攻坚战，“分别提出工作思路和具体举措，排出时间表、路线图、优先序，确保风险隐患得到有效控制，确保脱贫攻坚任务全面完成，确保生态环境质量总体改善”。作为对当代中国政治发展环境的战略性回应与中国全面深化改革总体布局的有机组

① 习近平：《在庆祝改革开放 40 周年大会上的讲话》，http：//www. xinhuanet. com/politics/leaders/2018 - 12/18/c_1123868586. htm。

成部分，“三大攻坚战”各有侧重，但“内涵紧密相连，有机统一于推进高质量发展、决胜全面建成小康社会的伟大实践”。①

“当前，改革发展稳定任务之重、矛盾风险挑战之多、治国理政考验之大都是前所未有的”。② 然而，矛盾、条件与环境的变化，如何呈现和识别为种种关乎中国社会全面发展的问题，这些问题如何转化为中国政治建设与政治发展中的议题，这些议题又如何进化为一个具有内在结构与优先性序列的议程，这些议程又如何落实为一系列相互关联的公共政策体系，却并非一个自然而然、自生自发的政治过程，而是一个需要理论思维、战略思维介入其中的认识论过程，一个需要执政、协商、民主、监督、行政、司法等政治活动参与其中的实践过程，一个需要制度体系与法治体系运转起来的“国家政治过程”。这个以“议题”和“政策”为公共产品的“国家政治过程”，既依托于包括政党、国家、社会、市场在内的“国家全要素”的参与，又依赖于将这些国家要素整合与连接起来的国家能力；既来源于政治过程，亦改变着政治过程；既来源于政治结构，亦改变着政治结构；既来源于国家形态，亦改变着国家形态。

三、2018年中国政治建设的主要面向

（一）向国家治理寻求持续发展：高质量发展的政治经济学

高质量发展是对旧发展理念、发展方式的反思和调整，是对当前中国全面、整体发展的新发展理念的实践。随着中国特色社会主义建设进入新时代，中国发展理念、战略和政策的调整势在必行。高质量发展首先是经济发展，但绝不仅限于经济发展，绝不仅限于

① 王一彪：《深刻认识打好三大攻坚战的重大意义》，《学习时报》，2018年4月25日。
② 习近平：《在纪念马克思诞辰200周年大会上的讲话》，《人民日报》，2018年5月5日。

从经济视角来推进经济发展。高质量发展强调经济与政治、社会、生态领域的协同发展，强调创新、创造、创业对经济发展动力的重构，强调新旧经济业态的融合、重构和新旧动能的转换，强调政府及其公共政策在经济发展中的角色调整，强调经济发展全要素参与、全成本因素与效率提升①，强调从市场、法治、制度等治理机制的构建与完善中寻求可持续发展的支撑。

第一，完善作为治理机制的市场经济体制。市场经济体制不仅仅是经济机制，更是一种治理机制；中国特色社会主义市场经济体制的建构，需要从国家治理基础制度和基本治理机制的高度来推进。这就需要继续推进作为市场机制组成部分的市场主体建设、价格机制建设、统一市场建设，更重要的是为确保市场机制有效运行而深入推进相关政治经济制度环境和监管体系建设，譬如破除各种市场壁垒，统一和并轨价格形成机制，建设统一的标准体系，在进一步开放市场的同时进一步优化政府监管能力等等。2018 年，国务院办公厅印发通知，明确在 2018 年底前制定出台基础设施和公共服务领域政府和社会资本合作（PPP）条例②；国家发展改革委、商务部发布《市场准入负面清单（2018 版）》，全面实施市场准入负面清单制度。③ 这些举措体现了建立基于统一价格、统一标准、统一规则的市场运行机制的努力；市场经济体制的完善，进而对政府监管能力和施政能力提出了更高要求。

第二，就业、创业与新经济动力。从微观主体层面来看，高质量发展的动力从根本上说来自于企业家的创业和劳动者的就业。高质量发展必须实现新旧发展动能的转换，实现经济结构、产业结构调整和发展方式的转型，这意味着选择与取舍；但是在这个转型过程中必须始终关照到劳动者的充分就业需求和市场主体的创业需求，

---

① 宋时飞：《高质量发展阶段该以什么论英雄》，《中国经济导报》，2018 年 6 月 12 日；范恒山：《凝心聚力推动高质量发展》，《中国经济导报》，2018 年 4 月 4 日。

② 张钟尹：《国办：年底前出台基础设施和公共服务领域 PPP 条例》，《每日经济新闻》，2018 年 8 月 15 日。

③ 艾琳：《让负面清单制度激发更大市场活力》，《北京青年报》，2018 年 12 月 26 日。

确保经济发展与转型的充分动力。2018 年，中国经济发展环境稳中有变，经济下行压力始终存在。为此，中国采取了一系列措施加以应对，这些措施着眼于市场与企业，同时也关联着政府的责任与能力。

一是多措并举促就业。根据国家统计局数据，2018 年 6 月，31 个大城市城镇调查失业率为 4.7%；全国城镇调查失业率为 4.8%，连续 3 个月低于 5%。7 月，国家发改委公布《关于大力发展实体经济积极稳定和促进就业的指导意见》，列出发改委、教育部、财政部等 17 个部委的详细任务分工清单。12 月，国务院发布《关于做好当前和今后一个时期促进就业工作的若干意见》，从支持企业稳定发展、鼓励支持就业创业、实施培训、帮扶下岗失业人员等多个方面协同发力促就业。

二是积极支持民营经济和小微企业发展。2018 年 11 月，习近平在民营企业座谈会上强调，“民营经济是我国经济制度的内在要素，民营企业和民营企业家是我们自己人”。8 月 16 日国务院召开常务会议，部署以改革措施破除民间投资和民营经济发展障碍；8 月 22 日召开的国务院常务会议强调，鼓励金融机构增加小微企业贷款，降低融资成本；11 月 9 日召开的国务院常务会议，要求加大金融支持缓解民营企业特别是小微企业融资难融资贵难题，决定开展专项行动解决拖欠民企账款问题，部署发挥政府性融资担保作用支持小微企业发展。年内，国家融资担保基金正式启动运营，可望对破解小微企业、“三农”融资难题起到实质性推动作用。2018 年，河南、辽宁、江西、重庆等地相继发布优化营商环境行动方案或实施意见，并汇总、公布了一批民间资本投资领域和项目投资清单[①]；《民航领域鼓励民间项目投资项目清单》也于年内发布。[②] 浙江省围绕创新、融资、用工、用地、降成本、走出去、产权保护、公平竞争、市场

---

① 定军、年可可：《各地促进民间投资大战打响　试水承诺回报率摆到桌面上》，《21 世纪经济报道》，2018 年 9 月 6 日。

② 赵展慧：《首批民航领域鼓励民间投资项目清单公布》，《人民日报》，2018 年 8 月 24 日。

退出、诉求表达等民营经济面临的 10 个瓶颈制约，制订 31 条措施，宣布将建立邀请民营企业家列席各级党委政府重要会议制度[①]，体现了地方层面支持民营经济发展的努力。

三是扎实推进实体经济降成本。[②] 年内，包括江西、黑龙江在内的多地出台政策，降低一般工商业电价[③]；3 月 28 日召开的国务院常务会议决定深化增值税改革，从 5 月 1 日起制造业等增值税税率从 17% 降至 16%，并上调纳税人年销售额标准；7 月，国家税务总局提供的数据显示，2018 年 5 月 1 日后，税率调整涉及增值税一般纳税人 895 万户，改革首月实现净减税 348 亿元，减税幅度 8.57%。但是如何实现精准减税降费，如何在减税降费的同时实现税负结构的进一步均衡[④]，如何在新修个人所得税法出台后以及在社保税费征收体制改革后实现实体经济降成本，仍是下一步改革需要面对的问题。9 月 6 日召开的国务院常务会议明确提出，要完善政策确保创投基金税负总体不增，抓紧研究适当降低社保费率，确保总体上不增加企业负担；10 月，人社部表示正会同有关部门研究制定降低养老保险费率具体方案。

第三，进入深水区的国企改革。国企改革进入到一个攻坚战阶段，进入到一个触及深层次理论问题和需要啃硬骨头的改革阶段。在这个阶段，国企改革的单项议题——比如国企“混改”、工资制度改革——必须被纳入到国企改革的整体视野之中，国企改革本身必须被纳入到全面深化改革的整体逻辑之中。7 月，国务院国有企业领导小组第一次会议召开，会议强调分层分类积极稳妥推进混合所有制改革，引导企业做好发展长期规划、界定主业，加强基础理论研究，推进国企信息公开、打造“阳光央企”。10 月召开的全国国有企业改革座谈会强调“从战略高度认识新时代深化国有企业改革的中心地位”，并首次提出了“完善治理、强化激励、突出主业、提

---

① 赵强：《从制度上重视和尊重民营企业家》，《深圳特区报》，2018 年 12 月 5 日。

② 葛晨光：《切实降低实体经济成本》，《人民日报》，2018 年 4 月 23 日。

③ 王轶辰：《不让高电价成为发展“拦路虎”》，《经济日报》，2018 年 9 月 10 日。

④ 《“蒋锡培建议”走红，反映企业家心声》，《新京报》，2018 年 8 月 15 日社论。

高效率”十六字方针。[①]

国企改革在整个经济运行中牵连到多方面、多领域改革：2018年4月召开的中央财经委员会第一次会议明确提出结构性去杠杆任务，国有企业是加快降杠杆的主体之一；5月召开的中央全面深化改革委员会第二次会议审议通过《关于加强国有企业资产负债约束的指导意见》，对国企去杠杆提出具体要求，而国企债务问题不仅涉及到诸如债转股、僵尸企业处置等现实问题，更与政企关系改革等深层次体制、制度性问题密切相关。[②] 因此，国企改革从来就不仅仅限于国企自身的视角，国企特别是央企的运行与改革必须置于国家监管之下。2018年，国资委公布了《中央企业违规经营投资责任追究实施办法（试行）》，并加强了对央企海外投资的监管与考核。年内，着眼于优化企业治理结构和提升企业治理水平的国企混合所有制改革加速推进[③]，其改革效果将对优化国有资本布局和投资结构，提升国有资本效率、收益和影响力产生重要影响。在国资委的监管下，央企子企业首批员工持股试点在2018年底迎来阶段性总结[④]；上市公司长期不分红现象有所改善。[⑤] 国企工资制度改革进一步深化，3月召开的中央深改委第一次会议审议通过《关于改革国有企业工资决定机制的意见》；5月，《国务院关于改革国有企业工资决定机制的意见》发布，提出“以增强国有企业活力、提升国有企业效率为中心，建立健全与劳动力市场基本适应、与国有企业经济效益和劳动生产率挂钩的工资决定和正常增长机制，完善国有企业工资分配监管体制”。[⑥]

---

① 高江虹：《深化国企改革中心地位　明确六大行动纲领》，《21世纪经济报道》，2018年10月10日。

② 《政企分开是国企去杠杆的关键》，《21世纪经济报道》社论，2018年7月16日。

③ 高江虹、侯悦婵：《新一轮国企混改全面提速　重点不在“混”在“改”》，《21世纪经济报道》，2018年8月9日。

④ 王雅洁：《年底扩容商议在即复盘首批央企员工持股这两年》，《经济观察报》，2018年8月27日。

⑤ 朱宝琛：《上交所：“铁公鸡”不分红现象明显改善》，《证券日报》，2018年7月25日。

⑥ http：//www. gov. cn/home/2018 -05/25/content_5293690. htm.

第四，加强金融监管，化解金融风险。金融是现代经济系统的血脉和经络，金融业的风险将波及整个经济领域。随着全球化的推进、互联网金融新业态的出现以及金融科技的发展，金融风险日益多发高发。对于处于发展方式转型期的当代中国来说，金融风险的潜在影响需要高度重视，金融监管意义重大。这种金融监管的重点和目的有二：一是沟通，即积极构建金融体系与实体经济之间的正向支持关系；二是阻断，即合理阻断潜在的金融风险波及实体经济的可能性和影响力。

金融风险的防范和化解是 2018 年金融监管的工作重点。金融风险的防范化解与金融行业的稳定发展，需要处理好金融业深化改革与高质量发展、金融监管与金融行业发展、金融市场波动与系统性风险防范等重要关系。[①]“系统性金融风险防范体系”的构建，需要“稳健中性的货币政策”、“严格监管政策”、“坚决惩治腐败”协同发力，需要建立良好的行为机制、心理引导和全覆盖的监管机制。[②]2018 年 8 月，中国人民银行副行长朱鹤新表示，人民银行将“平衡好多个目标之间的关系，疏通货币政策传导机制，通过体制机制创新提高金融服务实体经济能力和意愿”。年内，《中共中央国务院关于完善国有金融资本管理的指导意见》出台，《意见》规定严禁国有金融企业凭借资本优势控制非金融企业，同时严格限制和规范非金融企业投资参股国有金融企业。[③] 从实践来看，2018 年互联网金融风险专项整治打响攻坚战。年内，央行成立了“国际金融风险跟踪组”，密切跟踪国际国内金融形势变化和金融风险信息。监管层加强了对金融科技发展的监管，中国人民银行支付结算司下发《关于支付机构撤销人民币客户备付金账户有关工作的通知》，规定支付机构应于 2019 年 1 月 14 日前撤销人民币客户备付金账户。证监会、银保监会、央行等监管机构和司法机关加强了对非法集资现象的打

---

① 甄新伟：《稳金融应处理好三个重要关系》，《经济参考报》，2018 年 10 月 31 日。

② 《让市场回归常识》，《经济观察报》，2018 年 5 月 21 日社论。

③ 陈鹏、游佳颖：《严禁国有金融企业控制非金融企业》，《新京报》，2018 年 7 月 10 日。

击和对私募基金、民间借贷、互联网金融领域的规范，加强了对中小微企业和民营企业信用债违约、民企融资中的联保联贷等金融风险的防范处置，温州等地在不良贷款处置创新方面积累了重要经验。①

构建一个成熟、开放的股票市场是金融监管的重要目标之一。7月，证监会发布《关于修改〈关于改革完善并严格实施上市公司退市制度的若干意见〉的决定》，明确涉及国家公众安全等领域重大违法行为的上市公司将强制退市；11月，上交所退市改革方案正式出台，将上市公司“社会公众安全类重大违法”纳入强制退市新规；深交所启动对“长生生物”重大违法强制退市机制。2018年以来，监管层加强了对上市公司欺诈发行、信息披露违法等损害证券市场秩序违规违法行为的打击，A股市场进入“退市常态化”；沪深交易所对A股市场存在的高比例送转股份、违规减持、随意停牌等不规范现象加强了指引和监管。8月，中国证监会表示，继放开港澳台地区居民开户后，将进一步放开外国人开立A股证券账户权限，并修订相关规则；年内，MSCI、富时罗素公司宣布将A股纳入其全球股票指数体系。

第五，新时代、新常态下的新经济战略。新常态下中国经济发展战略的主线是什么，重点是什么？2018年中央经济工作会议指出，“我国经济运行主要矛盾仍然是供给侧结构性的，必须坚持以供给侧结构性改革为主线不动摇”，围绕这一主线，实施创新驱动发展、构建消费社会、持续扩大开放，成为2018年国家和政府经济工作的重点工程。

在外部环境稳中有变、变中有忧的大背景下，通过调整进出口、消费升级和有效投资来扩大内需②，成为经济工作的理性选择。2018年政府工作报告强调，要“增强消费对经济发展的基础性作用”。7月23日召开的国务院常务会议要求加快2018年1.35万亿元地方政

① 杨晓宴：《温州的不良处置和房地产之鉴》，《21世纪经济报道》，2018年7月2日。
② 王静文：《重提“扩大内需”决非走投资拉动老路》，《经济参考报》，2018年5月11日。

府转向债券发行和使用进度；7 月 31 日召开的政治局会议要求加大基础设施领域补短板的力度。2018 年上半年经济数据显示，最终消费支出对 GDP 增长的贡献率为 78.5%①；如何进一步释放消费力，需要包括建立房地产市场平稳健康发展长效机制、推动税收结构改革、实施供给侧改革、加大公共服务供给等多方面改革措施的协同并进。②

实施创新驱动发展战略同样是一个系统工程。2018 年 6 月，科技部发布《关于加强国家重点实验室建设发展的若干意见》，提出到 2020 年基本形成定位准确、目标清晰、布局合理、引领发展的国家重点实验室体系。7 月，财政部表示，2018—2020 年底，将企业研发费用加计扣除比例提高到 75% 的政策扩大至所有企业。③ 2018 年 5 月，习近平在中国科学院第 19 次院士大会、中国工程院第 14 次院士大会上强调，要改革人才评价标准，不能让繁文缛节把科学家的手脚捆死；李克强指出，基础研究属于发明创造，行政规划不出来，必须尊重科学规律。年内，包括建立退休制度在内的新一轮院士制度改革任务总体完成④。7 月召开的国务院常务会议明确，要通过改革科研管理方式、赋予科研人员更大经费使用自主权、加大薪酬激励、建立健全绩效评价体系等措施，释放科研人员的创新活力。江苏、山东等地就深化科技体制改革促进科技创新分别出台了一揽子政策，松绑科研人员和科研单位人财物权限，实施高层次人才收入分配激励机制⑤；职务科技混合所有制改革在四川省内 20 家高校、科研机构和国有企业等试点单位铺开。⑥ 12 月，国家发改委等 38 个

① 周慧、穆阳芬：《居民的钱花在哪儿了》，《21 世纪经济报道》，2018 年 7 月 26 日。

② 刘伟：《进一步释放消费力》，《北京日报》，2018 年 10 月 22 日。

③ 陶凤、杨忆霖：《2020 年企业研发费扣除比升至 75%》，《北京商报》，2018 年 7 月 27 日。

④ 邱晨辉、孙庆玲：《新一轮院士制度改革任务总体完成》，《中国青年报》，2018 年 5 月 29 日。

⑤ 王海平：《江苏科创升级版：最大限度松绑科研人员"人财物"权限》，《21 世纪经济报道》，2018 年 9 月 26 日；张春晓：《高层次人才可拿年薪》，《大众日报》，2018 年 12 月 3 日。

⑥ 江毅、吴晓颖：《科技界能否续写"小岗村"神话》，《半月谈》，2018 年 12 月 3 日，http：//www.banyuetan.org/dyp/detail/20181203/1000200033134991543800231245468063_1.html。

部门和单位联合发布备忘录，联合惩戒知识产权（专利）领域的严重失信行为。年内，中办、国办印发《关于进一步加强科研诚信建设的若干意见》，要求以优化科技创新环境为目标，以推进科研诚信建设制度化为重点，以健全完善科研诚信工作机制为保障，着力打造共建共享共治的科研诚信建设新格局。根据世界知识产权组织发布的2018年全球创新指数报告，中国首次跻身最具创新经济体20强，位居第17位。

持续扩大开放，进一步推进高水平开放。2018年4月，《中共中央国务院关于支持海南全面深化改革开放的指导意见》正式发布，明确提出海南自由贸易区和自由贸易港建设的时间表；10月，国务院批复同意设立中国（海南）自由贸易试验区并印发《中国（海南）自由贸易试验区总体方案》。2018年5月，国务院公布进一步深化广东、天津、福建自由贸易试验区的改革方案，提出以开放促改革、促发展、促创新，率先建立同国际投资和贸易通行规则相衔接的制度体系，形成法治化、国际化、便利化营商环境。根据新华社的《2017中国自由贸易试验区年度报告》，自贸区建设在法律权限、政策协同、事中事后监管、地方联动等方面仍然面临制度创新的诉求。[①] 2018年7月，上海市公布“上海扩大开放100条”行动方案，围绕金融业开放合作、构筑开放产业体系、建设知识产权保护高地、打造进口促进新平台、创造一流营商环境提出具体开放措施。2018年6月，《国务院关于积极有效利用外资推动经济高质量发展若干措施的通知》发布，聚焦高水平投资自由化便利化，营造更加公平透明便利、更有吸引力的投资环境，保持中国全球外商投资主要目的地地位。发改委、商务部发布《外商投资准入特别管理措施（负面清单）2018版》，放开22个领域的外商投资市场准入，逐步取消某些领域的外资股比限制。根据商务部7月数据，1—6月全国新设立外商投资企业29591家，同比增长96.6%，实际使用外

---

① 郭丽琴：《中国自贸区开放向何处去？制度创新仍有待完善》，《第一财经日报》，2018年5月30日。

资 4462.9 亿元人民币，同比增长 1.1%。

第六，加强对互联网经济的引导与监管。互联网技术与经济领域的结合所产的倍乘效应和叠加效应，一度颠覆了经济学家的认知。毫无疑问，“互联网 + 经济”时代的到来，对经济发展的影响是深刻并不可逆转的。这种影响总体上是积极和进步的，但是其具体影响却有可能是消极的或者具有潜在风险性的。只有在对互联网经济的监管能力和法律制度体系不断完善的条件下，才有可能发挥互联网经济的积极效应，规避或减少其消极影响和现实风险。2018 年，中国以一种开放、稳妥的态度积极推进互联网经济，同时正视、反思、化解互联网经济领域客观存在的问题。

基于互联网技术的一些新职业、新业态、新经济伦理和价值观开始成形，其影响反过来波及传统经济领域。根据中国铁路总公司规划，2019 年起电子客票将在全国全面推广。根据 2018 年阿里巴巴、京东、苏宁发布的有关“银发一族”互联网消费行为的大数据[①]，中国“银发经济”正在成为当前中国消费社会建构的重要力量；中国居民消费向发展和享受型倾斜，“懒人经济”时代已经到来。[②] 截至 2018 年 6 月，已达 2.11 亿人规模的农村网民，成为各大电商竞争的焦点人群。根据《世界互联网发展报告 2018》和《中国互联网发展报告 2018》蓝皮书相关数据，2017 年，中国数字经济总量已达 27.2 万亿元，对 GDP 增长贡献率达 55%。[③] 中国信通院发布的《2017 年中国人工智能产业数据报告》显示，2017 年中国人工智能市场规模已达到 216.9 亿元。另一方面，随着从网约车到共享单车、共享住宿市场领域一系列负面事件的出现，促成了中国社会对共享经济风险以及对政府监管失位的反思。此外，从约束互联网行业巨头、维护自由竞争和创新活力[④]到诸如网购消费者权益保护、餐

① 刘映花：《超九成银发族喜欢手机下单》，《北京晨报》，2018 年 10 月 17 日。

② 刘洋《“懒人经济”的希望与潜忧》，《工人日报》，2018 年 12 月 19 日。

③ 光明网评论员：《低线市场也要听得见小镇青年的梦想》，http://guancha.gmw.cn/2018-12/09/content_32133176.htm。

④ 秦海波：《越是巨头　越要有所约束》，《经济日报》，2018 年 5 月 10 日。

饮业外卖平台无序竞争、电商不规范市场行为、搜索网站竞价排名等涉及互联网经济的一系列现实问题，也将互联网时代政府与市场间关系议题再次提出。

第七，构建房地产市场发展长效机制。2018 年 7 月召开的政治局会议提出，当下中国经济发展中要做好“稳就业、稳金融、稳外贸、稳外资、稳投资、稳预期”工作；12 月召开的全国住房和城乡建设工作会议，提出了2019 年房地产市场稳地价、稳房价、稳预期的目标，强调建立和完善房地产市场平稳健康发展长效机制，防范化解房地产市场风险，提出因城施策、分类指导原则和城市主体责任原则，加强市场监测和评价考核。2018 年 6 月，住建部、中宣部、公安部、司法部、税务总局、市场监管总局、银保监会等 7 部委联合印发通知，于 2018 年 7—12 月，在北京、上海等 30 个城市先行开展治理房地产市场乱象专项行动。在当前中国经济领域供给侧改革和金融去杠杆进入深水区之时，此一轮房地产市场乱象治理专项行动的参与部门、持续时间和整治力度均超出以往，其目的指向在于金融风险防范和经济安全维护。[①] 年内，全国统一的不动产登记信息管理基础平台实现全国联网[②]；房地产税立法进程加快。在坚持“房住不炒”功能定位和租购并举政策原则的前提下，租赁市场发展成为一个重要选项。年内，多地发布公积金新政遏制楼市投机、鼓励租房[③]；北京等试点城市利用农村集体建设用地建设租赁住房试点加大探索力度[④]；北京提出发展租赁型职工集体宿舍[⑤]，以回应城市务工人员居住需求。根据相关报告，“90 后”和“95 后”已成为租房市场主力军。[⑥] 与此同时，住房租赁市场的资本监管、长租公寓租

① 闵杰：《楼市整肃风暴》，《中国新闻周刊》，2018 年第 26 期。

② 阎岳：《不动产登记进入新阶段　房地产税开始倒计时》，《证券日报》，2018 年 6 月 19 日。

③ 卢常乐：《购房群体年轻化　地方调整公积金政策鼓励租房》，《21 世纪经济报道》，2018 年 9 月 28 日。

④ 林远、徐招英、张辰斯：《农村集体土地建租赁房试点探索提速》，《经济参考报》，2018 年 8 月 21 日。

⑤ 刘志强：《给打工者一张舒适的床》，《人民日报》，2018 年 6 月 8 日。

⑥ 刘洋、徐潇：《新兴租客将如何改变租房方式?》，《工人日报》，2018 年 10 月 17 日。

户权益保障等一系列监管问题也随之而生，“租购同权”的现实困境也亟需破解。

房地产调控考验着政府的政策能力。根据财政部数据，2018 年上半年，地方政府土地出让金为 26941 亿元，同比增长 43%[①]；以前三季度 31 省份“房地产开发投资占 GDP 比重”指标来衡量，海南省占比为 34%，安徽、重庆分别是 22%、21%，其余大多数省份均在 10%—15%之间。[②] 年内，各地政府加大对闲置土地的专项清理处置工作。6 月，西安、长沙、杭州发布楼市新政，在住房限购区域范围内，暂停向企事业单位及其他机构销售住房；9 月，上海市发布相关实施意见，符合条件的非上海市户籍居民家庭可申请上海市共有产权保障住房。10 月召开的国务院常务会议明确，要因地制宜调整完善棚改货币化安置政策。一系列现实问题，比如城市发展中的人才政策和房地产调控政策之间的张力、房地产行业资金的“高周转”模式以及房企的高杠杆率、上市公司的“炒房”现象、涉房地产自媒体监管不足、涉房地产腐败行为等，对于政策能力提出了多方面考验。以深圳楼市政策创新为例。2018 年 6 月，深圳住建委发布《深化住房制度改革加快建立多主体供给多渠道保障租购并举的住房供应与保障体系的意见（征求意见稿）》，从多方面探索房地产市场调控长效机制[③]；年内，深圳市在“稳租金商品房”[④]、深圳市城中村综合治理、闲置土地处置方面进行了广泛的政策集成创新，展现了政策协同性、政策合法性、政策灵活性的有机结合。

---

① 李永华：《全国卖地收入猛增 43%，谁在蒙眼狂奔?》，《中国经济周刊》，2018 年第 29 期。

② 张猛：《31 省份“经济对房地产依赖度”排名：这个地方最高》，http：//www.jwview.com/jingwei/html/11－24/197256.shtml。

③ 张晓玲、王曼迪：《深圳住房体系蝶变：落实多主体供应新建 170 万套住房　保障房比例增至 60%》，《21 世纪经济报道》，2018 年 6 月 6 日。

④ 徐倩：《租金打响“维稳战”》，《新京报》，2018 年 9 月 7 日。

（二）社会成长与政治一体化：全面建成小康社会的政治社会学

2018年6月，国务院印发《关于建立企业职工基本养老保险基金中央调剂制度的通知》，决定建立养老保险基金中央调剂制度，自2018年7月起实施；12月，两办印发《关于建立健全基本公共服务标准体系的指导意见》，提出幼有所育、学有所教、劳有所得、病有所医、老有所养、住有所居、弱有所扶等9个方面的具体保障范围和质量要求。[①] 这些举措透露出的信息是：通过全面建设、全面建成小康社会，不仅具有经济学、社会学内涵，同时具有政治学内涵。小康社会是一种基于发展之上的社会形态，这种具有确定发展标准的社会形态改变着社会中的个体以及由个体聚合而成的社会，由此也改变着或者要求改变一系列政治价值、政治标准、政治行为规范以及政治过程，因而预示着一种政治发展，预示着一种新的政治形态。这种新政治形态内在地要求在专业化、职能分化、社会分工基础上的政治一体化；要求更为有力的中央政府与更有作为的地方政府，以及更具有法治、制度规范意义的国家、社会、市场间的政治关系。

第一，小康社会必须是一个有保障的社会。根据人社部《2107年度人力资源和社会保障事业发展统计公报》，近年来社保基金增幅首次超过支出增幅。[②] 根据全国社会保障基金理事会发布的社保基金2017年度报告，2017年社保基金权益投资收益额1846.14亿元，投资收益率9.68%；2017年基本养老保险基金投资收益额87.83亿元，投资收益率5.23%；全国社会保障基金理事会基本养老保险基金受托运营年度报告（2017）显示，截至2017年末，社保基金会先后与广西、北京、河南、云南、湖北、上海等9个省（区、市）签

---

① http://www.gov.cn/zhengce/2018-12/12/content_5348159.htm.

② 《打开思路，让社保基金获得更大增长》，《新京报》，2018年5月22日社论。

署基本养老保险基金委托投资合同，合同总金额 4300 亿元，实际到账资金 2731.5 亿元。[①] 2018 年初公布的《深化党和国家机构改革方案》明确提出，“为提高社会保险资金征管效率，将基本养老保险费、基本医疗保险费、失业保险费等各项社会保险费交由税务部门统一征收”，启动了国税地税征管体制改革和相关机构改革，并为养老保险基础养老金全国统筹及其他后续改革奠定了制度基础。[②] 2018 年 6 月，为了应对省际之间养老保险基金不平衡问题，推动养老保险全国统筹，《国务院关于建立企业职工基本养老保险基金中央调剂制度的通知》正式印发。

社保全覆盖是小康社会的重要标志之一。2018 年，一些特定群体的社会保障受到广泛关注。“打造一个对新就业形态友好的社会保障体系，既是新经济发展的需要，也是社会公平的要求”[③]，正是在这个意义上，济南市将自由职业者纳入公积金缴存范围之举值得肯定。而重病劳动者权益保障、农业保险领域投保率低、农村低保“福利化”等问题，则表明在当前中国社会保障体系建设中尚存在亟待查缺补漏的环节。同时，社保领域的进一步发展，对实现不同政府部门之间的协作提出了内在要求。年内，国家发改委、央行、人社部等 28 个部门联合发布《关于对社会保险领域严重失信企业及其有关人员实施联合惩戒的合作备忘录》，就体现了这一方向。

第二，建立全国统一的医疗保障制度。根据国家医保局信息，2019 年全国范围内统一的城乡居民医保制度将全面启动实施。2018 年，中央和各地加快推进城乡居民基本医疗保险制度整合工作和医药卫生体制改革相关工作。年初的政府工作报告提出，把外出农民工、外来就业创业人员等全部纳入异地就医结算范围；8 月，国办印发相关通知提出，2018 年底确保每个县区至少有 1 家跨省定点医

① 详见《经济日报》2018 年 11 月 26 日第 15 版公告，http://www.paper.ce.cn/jjrb/html/2018-11/26/content_377899.htm.

② 匡贤明：《税务征收社保费，为养老金全国统筹奠定了基础》，《新京报》，2018 年 6 月 5 日。

③ 刘远举：《自由职业者可缴公积金，迈出正确一步》，《新京报》，2018 年 6 月 19 日。

疗机构，实现县级行政区全覆盖，加快实现外出农民工、外来就业创业人员跨省异地就医直接结算全覆盖。年内，国家卫生健康委下发通知，要求进一步推进以电子病历为核心的医疗机构信息化建设，全面提升临床诊疗工作信息化程度；全国远程医疗协作网已覆盖所有地级市 1800 多个县的 1.3 万家医院。[①] 国家医保局表示，有条件的贫困地区要重点探索将互联网诊疗服务纳入医保支付范围，让农村群众也能利用城市医疗资源。[②] 根据广东省印发的《广东省农村贫困人口大病专项救治实施方案》，自 2018 年起，广东省将对大病贫困人员实行定点医院救治；建档立卡的贫困大病患者在本地联网定点医院实行先诊疗后付费制度。[③]

自 2016 年起，跨省医联体成为医改的新模式之一；自 2017 年起，全国各地均有多家一线城市的三甲医院与相对落后的外省医院“联姻”[④]；2018 年 8 月，国家卫健委发布《关于进一步做好分级诊疗制度建设有关重点工作的通知》，要求各级卫生健康行政部门统筹区域内医疗资源，科学规划、布局医联体。北京市印发《北京市建立现代医院管理制度实施方案》，规定公立医院将建立公众参与委员会，形成公众参与医院决策管理的制度化渠道。[⑤] 自 2018 年 5 月起，中国将 28 类进口药的关税降至零。国家药品监管局进一步简化境外上市新药审批等相关程序，以缩短进口药品进入中国市场的时间。在此基础上国家正酝酿通过省级专项集中采购实现进口抗癌药销售端降价[⑥]，多种抗癌进口药纳入医保报销目录。年内，国家卫健委发布《2018 年版国家基本药物目录》，新版目录中基本药物增加了 165

① http：//news. cctv. com/2018/09/11/ARTI8pTNGKdZzdtkRBaUTuep180911. shtml.

② 王昆：《国家医保局：鼓励贫困地区探索将互联网诊疗服务纳入医保》，http：//www. xinhuanet. com/politics/2018 – 10/30/c_1123634798. htm。

③ 余毅菁、阳广霞：《贫困人口大病　先诊疗后付费》，《南方都市报》，2018 年 4 月 25 日。

④ 陈红霞、姚煜岚：《病人争夺战　跨省医联体“圈地”加速》，《21 世纪经济报道》，2018 年 10 月 10 日。

⑤ 《北京青年报》特约评论员：《公众参与公立医院改革带来多重利好》，《北京青年报》，2018 年 11 月 8 日。

⑥ 梁倩、陈弘毅：《我国酝酿抗癌药省级专项集中采购》，《经济参考报》，2018 年 7 月 12 日。

种，自 11 月起实施。自 2012 年以来，福建三明等地率先实现“三保合一”，成立医保管理中心，启动三医联动改革，为全国医改积累了相关经验。[①] 在多地“三医联动”改革中，医保发挥着关键性牵引作用。2018 年 5 月，根据新一轮国务院机构改革方案，国家医疗保障局正式挂牌，其核心功能在于整合相关机构和职能，加快建立统一高效的全民医疗保障制度。与此相关的是，国家卫生健康委员会的成立，不仅是简单的机构名称变革，而且是基于问题导向和功能导向的一种深层次变革，是基于“健康中国”建设需要，包括但不限于医疗卫生机构在内的整个社会体系来完成的一种理念变革。[②]

第三，围绕育人与创新的教育体制改革。新时代的教育必须是公平而有质量的教育，教育资源均等化不仅仅是出于社会公平的内在需求，而且出于为经济、社会发展培育人才资源和合格劳动者，为社会主义事业培育建设者和接班人的内在需求。创新型人才和国家创新能力的培育，是当下中国经济、社会发展阶段以及国家间竞争与合作的内在需求，是中国经济内生动力转向创新驱动的理性选择。

2018 年初，新华社受权发布《中共中央国务院关于全面深化新时代教师队伍建设改革的意见》，强调兴国必先强师，提出要建设一支高素质专业化的中小学教师队伍、一支高素质善保教的幼儿园教师队伍、一支高素质双师型的职业院校教师队伍、一支高素质创新型的高校教师队伍。[③] 5 月，习近平在与北京大学师生座谈时明确指出，建设政治素质过硬、业务能力精湛、育人水平高超的高素质教师队伍是大学建设的基础性工作。11 月，《中共中央国务院关于学前教育深化改革规范发展的若干意见》发布，对幼教产业资产证券化过快现象和社会资本不规范行为加以限制。[④] 根据中国互联网信息中心 2017 年发布的《中国互联网络发展状况统计报告》，中国在线

① 钱炜：《医保局中局》，《中国新闻周刊》，2018 年第 25 期。

② 邓海建：《当每年 79 亿人次涌进医院》，《健康时报》，2018 年 5 月 11 日。

③ http：//www. moe. gov. cn/jyb_xwfb/moe_1946/fj_2018/201801/t20180131_326148. html.

④ 贾国强：《幼教不能沦为资本逐利的工具》，《中国经济周刊》，2018 年第 46 期。

教育用户规模已达 1.44 亿，手机在线教育用户 1.2 亿。2014 年国务院印发的《关于深化考试招生制度改革的实施意见》提出，创造条件逐步取消高校招生录取批次。2018 年，全国有浙江、上海、海南、山东等 7 个省份高招录取实现不分一本二本，17 省份合并本科二批三批录取，取消三本成为近年来各省高考录取批次改革主流，录取批次划分的取消被视为创造公平生源竞争环境的必要措施。[①]

在教育部、中组部、财政部于 2009 年开始实施的"基础学科拔尖学生培养试验计划"10 周年之际，教育部又启动了"拔尖计划 2.0 版"。[②] 推进本科教育回归常识、回归本分、回归初心、回归梦想，把"培养人"作为根本任务，成为教育行政部门施策的重点方向。教育部、财政部、国家发改委联合印发《关于高等院校加快"双一流"建设的指导意见》，提出要适度扩大博士研究生规模，加快发展博士专业学位研究生教育，大力培养高精尖急缺人才。自 2011 年之后，"省部共建"高校加速推进。[③] 年内，《教育部直属师范大学师范生公费教育实施办法》印发，将师范生免费教育政策调整为"公费教育政策"，标志着师范生公费教育制度的确立。[④] 2018 年，高校在对接经济社会发展战略需求上推出了一系列改革措施。多所非农领域重点高校通过新建或共建方式成立了农学院或农业研究院。根据教育部公布的 2017 年大学专业备案和审批结果，国内 570 所高校新增专业 2311 个，其中新增备案 2015 个，新增审批 206 个。2018 年，2 家医学院出台招生新政，招收文科类应届本科生攻读医学博士。[⑤] 高校教师聘任制改革继续推进，对高校教师学术不端行为的规范成为高校改革的热门话题之一。

---

① 吴秋婷：《二本三本成历史"史上最难"高考志愿填报改革进行时》，《经济观察报》，2018 年 6 月 18 日。

② 孙庆玲：《拔尖计划十年看得失》，《中国青年报》，2018 年 12 月 24 日。

③ 贺佳雯等：《"211""985"之后，"省部共建"炙手可热　地方大学抢入"国家队"》，《南方周末》，2018 年 7 月 26 日。

④ 郑国民：《点赞师范生公费教育新政》，《人民日报》海外版，2018 年 8 月 18 日。

⑤ 卢常乐：《上海高校推"新医科"招生改革　文科生跨界医学博士为何遇冷?》，《21 世纪经济报道》，2018 年 10 月 17 日。

第四，新社会结构的政治学。如何形成一个有弹性、可流动、有活力的相对稳定的社会结构，既是社会建设的重点，也是新时代政治建设的重点。比如，作为当前中国正在进行的收入分配改革共识，“扩大中等收入群体”是改革的重头戏，重点群体增收是“扩中”的重要途径；但扩大中等收入群体是一个系统工程，关涉到诸如政府公共服务供给、社保政策、产权保护、产业政策、教育政策、人才政策、扶贫政策等多方面的改革和政策协同。[①]

2018 年 8 月，据国务院扶贫办消息，2017 年中西部 20 个省区市申请 125 个贫困县脱贫摘帽，经评估检查，第一批 10 个贫困县达到脱贫摘帽条件；10 月，国务院扶贫办宣布 85 个贫困县（市、区）达到脱贫标准。5 月，中央政治局会议审议通过《乡村振兴战略规划（2018—2022）》和《关于打赢脱贫攻坚战三年行动计划》；8 月，新华社发布《中共中央国务院关于打赢脱贫攻坚战三年行动的指导意见》，要求对农村特殊困难群体坚持开发式和保障性扶贫相统筹，加强建档立卡的动态管理，杜绝数字脱贫。[②] 年内发布的《老龄蓝皮书：中国城乡老年人生活状况调查报告（2018）》显示，中国城乡老年人收入平稳增长，2014 年全国城市老年人平均收入 23930 元，是 2000 年的 3. 24 倍；农村老年人平均收入 7621 元，是 2000 年的 4. 62 倍。

当前，中国社会结构正在发生具有时代意义的若干新变化。根据民政部数据，截至 2018 年 8 月底，全国共有农村留守儿童 697 万人，与 2016 年的数据相比下降 22. 7% 。国家卫健委发布的《中国流动人口发展报告 2018》显示，全国流动人口规模从此前的持续上升转为缓慢下降，这与当前中国产业结构调整密切相关[③]；年内发布的《2017 年全国新型职业农民发展报告》显示，2017 年全国新型职业

① 班娟娟、陈佳雯：《工资收入分配“双杠杆”格局凸显》，《经济参考报》，2018 年 5 月 8 日。

② 《时事资料政策》，2018 年第 5 期，第 36—37 页。

③ 谭浩俊：《流动人口减少说明了什么》，《北京青年报》，2018 年 12 月 24 日。

农民总量突破1500万人，较2016年增加了约600万人。[①] 国家统计局的相关数据显示，2017年中国60岁以上人口已达2.4亿，占总人口比例的17.3%[②]；全国老龄工作委员会办公室的数据显示，2050年前后，中国老年人口数量将达到4.87亿人，占总人口的34.9%。民政部的相关数据显示，2018年第一季度全国结婚人数为301.7万对，同比下降5.7%。多地统计局的数据显示，中国育龄妇女人数进入下降通道。[③] 面对结婚率、出生率下降和老龄社会逼近的现实，中国亟需在包括人口、社保、教育、就业等在内的公共政策体系上实现整体创新。

第五，互联网社会的治理。互联网社会席卷而来，深刻改变着中国社会的组织方式和运行方式，改变着社会主体和社会行动者的行为取向，形成了一个基于新组织技术和规则之上的互联网社会。如何将互联网社会纳入国家治理的总体范畴，成为互联网时代政治发展的重要主题。在这个过程中，互联网技术既是国家治理的重要工具，又是国家治理的重要对象。

近年来，统一社会信用代码制度全面实施，全国信用信息共享平台实现了与44个部位、全国31个省区市和65家市场机构的互联互通；但是另一方面，信用数据还难以在政府部门和行政区域间实现真正的互联互享。[④] 根据中国互联网络中心发布的第42次《中国互联网络发展状况统计报告》，截至2018年6月，中国网民规模已达8.02亿；非网民规模为5.88亿，农村人口是非网民的主要组成部分。《公共安全感蓝皮书：中国城市公共安全感调查报告（2018）》显示，信息安全感指数在全部城市公共安全感分项指标中倒数第一。[⑤]

---

① 孙庆玲：《2020年2000万新型职业农民如何培育》，《中国青年报》，2018年12月24日。

② 何亚福：《辽宁步入深度老龄社会，对全国也是个警示》，《新京报》，2018年7月2日。

③ 定军、王雅靖：《育龄妇女减约700万人　各地统计局摸底生育情况》，《21世纪经济报道》，2018年7月25日。

④ 赵展慧：《信用社会来临，你准备好了吗》，《人民日报》，2018年6月4日；《诚信中国建设需要治本之策》，第一财经日报，2018年7月12日社论。

⑤ 王歧丰：《信息安全感成公众安全感短板》，《北京晨报》，2018年12月17日。

从通过电子投票参与小区公共事务决策的“广州市业主决策电子投票系统”[①] 到举报违法犯罪线索的“海淀网友”平台[②]，从“滴滴”等网约车平台到“自如”等长租公寓模式，互联网技术的发展既展示了其推进社会治理的强大动能，又呈现了互联网社会自身无法克服的若干问题，互联网社会越是发展，越是需要政治与法律的出场。面对互联网市场和互联网公司之间的不正当竞争、未成年人权益保护、用户数据泄露以及其他涉网络犯罪等现象，客观上需要立法的跟进、网络监管部门和司法机关的介入及协同。

（三）有效组织建设与全面领导能力：全面从严治党的政党政治学

从根本上说，中国共产党首先是一个政党，政党本质上是一个政治组织，因此全面的、有效的组织工作是确保党的领导和执政的前提，同时确保党的组织工作的政治优先性又是确保组织建设有效性的关键。

第一，激发党员干部在新时代的新作为。2018 年，中办印发《关于进一步激励广大干部新时代新担当新作为的意见》，从加强干部思想教育、树立正确的用人导向、完善干部考评机制、建立健全容错纠错机制等方面提出明确要求和制定相关制度规定。与此相应，2018 年多地针对不担当不作为的干部进行了严肃问责。2018 年上半年，天津共查处不担当不作为问题 1017 起，问责 1404 人，其中给予党纪处分的 317 人，政务处分的 133 人，组织处理的 62 人，诫勉的 223 人；杭州全市查处相关问题 240 起，处理 362 人，给予党纪政纪处分 25 人。[③] 自 2015 年以来，贵州黔西南州、云南砚山县、广

---

① 贾政、穗建：《广州推业主决策电子投票系统　手机投票决策小区“大事”》，《广州日报》，2018 年 4 月 24 日。

② 高健：《揭秘“海淀网友”：屡破大案，立功不受奖》，《北京日报》，2018 年 9 月 17 日。

③ 祝嫣然：《多地掀“不担当不作为”问责风暴：天津半年问责 1404 人》，《第一财经日报》，2018 年 9 月 3 日，https：//www. yicai. com/news/100020261. html。

西靖西市等地探索施行对不合格干部的召回制度；2018 年 5 月，温州市洞头区出台《不胜任现职干部召回管理办法（试行）》，初步建立了覆盖科级、科员的考核与召回体系。[①] 4 月，中央组织部聚焦脱贫攻坚，选派 283 名干部到西部地区、老工业基地和革命老区挂职锻炼，这批干部以“70 后”男性为主，多人具有金融领域工作经验；自中共十八大以来，中组部已选派三批干部挂职上述地区。[②] 2018 年 6 月，中共中央政治局会议审议通过《关于适应新时代要求大力发现培养选拔优秀年轻干部的意见》；7 月召开的全国组织工作会议再次强调，要培养选拔一定数量规模的优秀年轻干部。2018 年，多地优秀年轻干部选拔成为组织工作的重点之一，“70 后”副部级干部提拔加速，年内提拔 7 人。[③] 组织工作的一些新现象也引起社会关注，2018 年以来，截至 10 月，已有 3 位两院院士出任地方副省级职务。[④]

正如 2018 年全国组织工作会议所强调的，以组织体系建设为重点，培养忠诚干净担当的高素质干部，汇聚各方面优秀人才，为党的全面领导和中国特色社会主义发展提供组织保证，是新时代党的组织工作的重心所在。年内，中央政治局委员首次向中央和总书记书面述职，中办印发的《关于党的基层组织任期的意见》对全面加强党的基层组织建设做出明确规定，8 月召开的中央军委党的建设会议强调全面加强新时代军队党的领导和党的建设工作；9 月召开的中央政治局会议审议通过《中国共产党支部工作条例（试行）》和《2018—2022 年全国干部教育培训规划》，这些新举措、新规定体现了新时代党的组织建设的发展趋势。

第二，严肃党规党纪，强化巡视监督。8 月，中共中央印发新修订的《中国共产党纪律处分条例》，这是十八大以来对于该条例的

---

① 徐佳鸣、吴美璇、周江伟：《温州洞头试验：干部不胜任就召回》，《南方周末》，2018 年 8 月 9 日。

② 何强：《“西老革”来了 283 名挂职扶贫干部》，《新京报》，2018 年 6 月 5 日。

③ 张笛扬、杜茂林等：《提拔“90 后”》，《南方周末》，2018 年 12 月 20 日。

④ 胥大伟：《院士做官：研而优则仕》，《中国新闻周刊》，2018 年第 40 期。

再次修订；将指导思想、“两个维护”“四个意识”加入修订后的《条例》，针对管党治党领域的突出问题和现象，进一步完善了对政治纪律、组织纪律、廉洁纪律、工作纪律、生活纪律等方面的制度性规定。11 月，中央政治局会议审议《中国共产党纪律检查机关监督执纪工作规则》，力图实现把党的纪检机关权力关进制度的笼子里，确保纪检权力不被滥用。自 2012 年至 2017 年初，中纪委机关立案查处 17 人，全国纪检系统共处分 7900 人。2017 年 5 月，中共中央决定在武汉等 7 个城市开展党内法规制定试点工作，重点围绕基层党建、作风建设等方面探索制定党内法规；2018 年，《武汉市委加强基层党员干部作风建设若干规定（试行）》正式出台，成为武汉市委的首部党内法规。①

2018 年初，中办印发了《中央巡视工作规划（2018—2022 年）》，强调围绕党的政治建设、思想建设、组织建设、作风建设、纪律建设和夺取反腐败斗争压倒性胜利开展监督检查。十九届中央第一轮巡视突出强调政治巡视的站位，首次将十八届巡视整改情况作为巡视监督重点，强化整改落实和成果运用，做好巡视“后半篇文章”。② 十九届中央第二次巡视聚焦脱贫攻坚进行专项巡视，这也是中央巡视首次围绕一个主题、集中在一个领域进行专项巡视。③ 教育、医疗、环保、扫黑等民生领域的群众关切以及选人用人、贯彻中央决策部署、反腐败等主题，依然是中央巡视的重心所在，从这个意义上说，中央巡视在回应群众关切、构建政治认同以及实现全面从严管党治党方面承担着不可替代的政治功能。也正是从上述政治功能来看，地方巡视关系着党内巡视工作作为一个整体的真实成效。为了破除熟人社会监督难题，北京、天津、四川等多地均探索实行“交叉巡察”，如北京 16 个区委采取交叉方式开展“四风”问题专项巡察，天津在区、部门之间探索交叉巡察，广州在全市各区

① 王雪：《武汉市委制定首部党内法规》，《长江日报》，2018 年 5 月 9 日。

② 江琳：《巡视整改岂能蒙混过关》，《人民日报》，2018 年 4 月 24 日；本报评论员：《提高巡视整改的政治觉悟在做好“后半篇文章”上发力》，《中国纪检监察报》，2018 年 7 月 28 日。

③ http://politics.people.com.cn/n1/2018/1021/c1001-30353661.html.

全面铺开交叉巡察工作；四川建立市县巡察人才库，实行巡察人员统筹交叉[①]；地方省区市巡视和市县巡察大体上延续了中央巡视回应民生关切、塑造政治认同的思路，而在巡视内容上与群众切身利益和情感认同之间的关联更为密切。同时，某些地方在监督、执纪、问责实践中出现的执纪简单化、问责粗糙化等现象也值得引起关注。[②]

第三，全面深化改革与总揽全局、协调各方。在“中国改革开放再出发”的历史关口，如何破除改革阻力，啃下改革深水区的“硬骨头”，如何破解各领域改革中的难点，如何组织全党、全社会打好改革开放中的一系列攻坚战，如何形成相关改革的战略与策略，制定、执行改革措施与政策，这些问题考验着执政党在改革进程中的议程（设定）能力与政策能力。这种议程能力与政策能力的核心就在于中国共产党“总揽全局、协调各方”的体制和能力，在中国特色社会主义进入新时代之际，这种体制与能力显得前所未有的重要。

在中央层面，中央领导小组、中央专门委员会、中央深改组、中央深改委、政治局集体学习、中央政治局会议等具有制度性质的机构与体制，及其与诸如国务院常务会议等政府机构议事决策机制之间的常规性联系，确保了中共中央形成改革议题与共识，制定、贯彻改革政策与措施的机制性能力。比如，2018 年 4 月，中央政治局就《共产党宣言》及其时代意义举行第五次集体学习；6 月，政治局就加强党的政治建设举行第六次集体学习；7 月，政治局就全面停止军队有偿服务举行第七次集体学习；11 月，中央政治局就中国历史上的吏治举行集体学习；12 月，政治局就深化国家监察体制改革举行第十一次集体学习。上述学习主题都与当下中国正在进行的改革事业息息相关。同时，中国共产党内的这种学习机制已经成

---

① 何予、余远宾：《每天消耗 500 张打印纸背后的猫腻》，《中国纪检监察报》，2018 年 6 月 19 日；蒋子文：《破除“熟人社会”监督难题，多地推广交叉巡察工作方法》，https：//www. thepaper. cn/newsDetail_forward_2121852。

② 姜赟：《问责见实效，关键在精准》，《人民日报》，2018 年 11 月 29 日。

为当代中国议程设定与决策过程的重要环节，与党的领导活动和执政实践密切关联。比如，5 月召开的中共中央政治局会议审议《乡村振兴战略规划（2018—2022 年）》；2018 年 9 月，中共中央政治局就实施乡村振兴战略进行第八次集体学习；同月，中共中央、国务院印发《乡村振兴规划（2018—2022 年）》。

党的这种组织体制、领导体制和执政体制，确保了中国共产党对全面改革开放的推进能力与领导能力，确保了党形成改革议题、主导和调整改革进程与节奏的能力，确保了党能够在改革开放的历史节点适时推进重大改革，确保了党能够充当改革开放的谋划者、组织者、推动者、协调者的独特地位。年内，中央全面深化改革委员会第二次会议审议通过《关于地方机构改革有关问题的指导意见》，审议了《深化党和国家机构改革进展情况报告》。3 月，中央政治局会议听取 2017 年省际党委和政府脱贫攻坚工作成效考核情况汇报，强调实行最严格的考核评估制度是打赢脱贫攻坚战的重要保障。5 月，中央外事委员会（主任为国家主席习近平，副主任为国务院总理李克强）召开第一次会议，其职责在于加强党中央对外事工作的统一集中领导，从顶层设计的高度谋划新时代的外交布局与方略，全面统筹党政军各外事职能部门及其他部门的涉外工作；指导、监督各职能部门和地方外事工作。4 月，中央财经委员会召开第一次会议，研究打好三大攻坚战的思路和举措，研究审定《中央财经委员会工作规则》；7 月，中央财委员会第二次会议强调，切实提高中国关键核心技术创新能力；10 月，中央财经委员会第三次会议研究提高中国自然灾害防治能力和川藏铁路规划建设问题。这些议题都是对当前中国全面深化改革中重大现实问题的直接回应。

当前中国改革开放已经进入一个新的历史时代，全面改革开放内在地要求增强党全面领导的能力。这种全面领导能力，一方面表现为中国共产党通过自身组织及其外围组织团结、协作各种社会力量的过程，另一方面表现为中国共产党对改革全面性、系统性的谋划与设计，这就使得一些过去不甚重视的改革、发展议题在新时代呈现出特殊的重要性。2018 年 6 月，中国共产主义青年团第十八次全国大表大会在京召开；8月，第十次全国归侨侨眷大会在京召开；9月全国教育大会、中国残疾人联合会第七次全国代表大会在京召开。10月，中国工会第十七次全国代表大会在京召开。同月，由中央统战部、全国工商联共同推荐的“改革开放40年百名杰出民营企业家”名单发布。10月30日至11月2日，中国妇女第十二次全国代表大会在京举行。8月，全国宣传思想工作会议召开，会议强调新时代的宣传思想工作必须坚持党管宣传、党管意识形态，把统一思想、凝聚力量作为中心环节，自觉承担起举旗帜、聚民心、育新人、兴文化、展形象的使命任务，建设具有强大凝聚力和引领力的社会主义意识形态。

第四，以政党为中心的反腐建设。由于中国共产党在现代中国政治结构与制度体系中居于执政党地位，因此党内反腐成为当代中国反腐体系中最为重要的组成部分，但这并不意味着党内反腐就是中国反腐工作的全部，更不意味着当前中国反腐应当止步于党内反腐。这是一个重要的常识，这个常识意味着当前中国反腐从现实性上将只能采取以执政党为中心的反腐路径，通过执政党反腐去统合整个国家的反腐工作。构建以执政党为中心的反腐体系，对于反腐工作提高政治站位，从细枝末节中抽离出来，从林林总总的腐败现象中和蔚为大观的反腐创新中聚焦公共权力运行机制问题，具有重要意义。从这个角度来看，加强反腐工作的基础制度建设，放大反腐败工作的制度建设效应，是新时代中国反腐的两个重要着力点：前者要求推进反腐败工作的制度化、法治化、规范化，后者要求将反腐工作的政治效应拓展出反腐败领域，通过反腐败对公共权力健康、高效运行机制进行维护，确保中国特色政治制度体系的高效有序运转，实现其助推国家治理体系现代化的广泛政治效应。中共十八大以来，通过巡视制度、监察制度、司法反腐等一系列基础性工程建设，全面从严治党取得“战略性成果”，中国反腐斗争取得“压倒性胜利”。

2018年，中国反腐在民生领域、扶贫领域、基层反腐、政法领域、纪检监察自身反腐、军队反腐、国企反腐等与民众利益切实相关、事关民心向背的重点领域，与党中央国务院的决策部署和政策执行切实相关、事关国家权力的高效运行，以及与执政党和政府的政治权威与公信力切实相关、事关党的作风与政府形象的重点领域继续深入推进。全覆盖的反腐体系进一步建构，反腐败国际合作进一步加强，监督执纪形态与反腐败形态进一步变化，反腐败助推相关领域全面深化改革、助推相关领域基础制度创新和制度建设的态势进一步明晰。只有反腐败工作实现从“反”到“正”、从破到立、从打虎拍蝇到重塑政治生态的战略性演进，以政党为中心的反腐体系才能真正成为现代国家治理体系的有机组成部分。

（四）约束体系与政府能力：治理政府与政府治理的政治学

在新时代，政府行政是受到多重制度约束的，政府能力是具有高度需求的。一方面，政府拥有的公共权力需要关进制度的笼子；另一方面，在约束条件下行政的政府，需要提供一系列公共产品，需要培育承担政府职能与责任的能力。

第一，构筑治理政府与政府行政的约束体系。在当代中国，随着中国社会的成长、全面依法治国的推进，政府的行政过程越来越被纳入到制度、法治的约束之中，越来越被纳入到社会与公众的监督之下。因此，政府体系本身既是国家治理的主要依托，同时也是国家治理的对象之一。对于政府主体而言，法治与制度、市场与社会都是政府行政过程的重要约束力量。政务公开、财政预决算成为这种约束的焦点指向。2018 年 4 月，国办发布《2018 政务公开工作要点》，强调“大力推进决策、执行、管理、服务、结果公开，不断提升政务公开的质量和实效，推动转变政府职能、深化简政放权、创新监管方式，促进经济社会持续健康发展，助力建设人民满意的服务型政府”。根据中国社会科学院法学研究所法治指数创新工程项目组《中国政府透明度（2018）》第三方评估报告，2017 年中国政务公开取得显著成效，但仍有巨大的提升空间；项目组对 54 个国务院部门、31 个省级政府信息公开工作的评估发现，多数评估对象没有公开2017年全国人大代表建议和全国政协委员提案办理复文；26%的县级政府未在法定期限内答复政府信息公开申请。[①]

根据财政部2018年6月向全国人大常委会所作的《国务院关于2017年中央决算的报告》，2017年中央本级“三公”经费财政拨款支出43.6亿元，比预算数减少了17.87亿元，其中公务用车支出降幅最大。统计数据显示，2018年上半年一般公共预算收入中税收收入91629亿元，同比增长14.4%；非税收收入12702亿元，同比下降10.8%。[②] 9月，新华社受权发布《中共中央国务院关于实施预算绩效管理的意见》，提出用3—5年时间基本建成全方位、全过程、全覆盖的预算绩效管理体系；明确提出要硬化预算绩效管理约束，完善绩效管理责任约束机制。

对地方政府而言，包括央地关系以及政府不同职能部门间关系在内的政府间关系，也构成其行政过程的重要约束条件。2018年8月，国务院派出31个督查组分赴各省区市及新疆建设兵团，对各地贯彻落实中央国务院重大决策部署情况开展实地督查。这是2014年以来国务院开展的第五次大督查，也是近年来范围最广、内容最多、任务最重的一次督查。督查组组长由部级领导干部担任，在督查内容上采取“1+5+地方特色+营商环境调查”模式。[③] 年底，国办发出通知，将督查激励措施由24项增至30项，进一步加大对地方激励的支持力度。5月，由习近平担任主任，国务院总理、中纪委副书记担任副主任的中央审计委员会召开第一次会议，强调国家审计是“党和国家监督体系的重要组成部分”。6月，审计署发布首份“长江经济带生态环保专项公告”，就沿江11省贯彻落实中央相关决策部署情况出具专项报告。7月，国务院召开常务会议部署中央预算执行和其他财政收支审计查出问题的整改工作。

---

① 王亦君：《政府信息公开还要啃掉哪些“硬骨头”》，《中国青年报》，2018年5月15日。

② 冯海宁：《非税收入降逾10%是个积极信号》，《证券时报》，2018年7月17日。

③ “1”是综合督查，主要督查中央经济工作会议、《政府工作报告》、党中央国务院重要文件和三大攻坚战、乡村振兴战略等重大决策部署落实情况。“5”是专题督查，主要聚焦推进创新驱动发展、深化“放管服”改革、持续扩大内需、推进高水平开放、保障改善民生等五个方面。

政府间关系的法治化、制度化，使政府行政的约束条件进一步明晰。2018 年 6 月，国家市场监管总局办公厅致函内蒙古自治区公安厅，依据《反垄断法》建议纠正其滥用行政权力排除限制竞争的有关行为。[①] 3 月，国办印发《跨省域补充耕地国家统筹实施办法》和《城乡建设用地增减挂钩节余指标跨省域调剂管理办法》；8 月，自然资源部发布《关于实施跨省域补充耕地国家统筹有关问题的通知》，强调跨省域补充耕地由国家统一组织实施，不允许省际自行交易。[②] 国办印发《医疗卫生领域中央和地方财政事权和支出责任划分改革方案》，这是央地财政事权与支出责任划分改革中的首个细分领域方案。[③]

第二，构筑政府治理能力（体系）。当我们谈及政府的治理能力时，不是从理论出发，而是从实际出发去审视政府的责任体系、职能定位、政府职能调整及其履职的方式、手段与技术。当代中国公共行政，既具有现代国家政府行政的一般共性，也有基于中国国家性质、发展阶段、历史传统的独特个性。一方面，中国在坚定不移发展社会主义市场经济的进程中，政府职能与政府的治理方式不断实现自我调整；另一方面，如何加强对资本的监管能力，如何支持和保护劳动者的权益，如何在经济、社会发展中确保民生事业持续发展，则是当代中国政府不可推卸、不可懈怠的责任。为此，各级政府需要大力加强其决策能力和政策执行力，并且必须在前述约束条件下达成。

责任、弹性、公平、精准度、执行力、合法性等越来越成为新时代政府决策能力与政策执行能力的关键要素。年内，浙江宁波市总工会、财政局等 6 部门联合印发通知，提出宁波市职工疗休养在坚持“原则上以省内为主”的前提下，将该市的对口支援地区纳入

---

① http：//samr. saic. gov. cn/xw/yw/wjfb/201806/t20180622_274726. html.

② 刘展超：《跨省补充耕地明确“红线”：不允许省际间自行交易》，《第一财经日报》，2018 年 8 月 2 日。

③ 孙韶华：《医疗卫生领域央地权责划分改革方案发布》，《经济参考报》，2018 年 8 月 14。

职工疗休养目的地范围，此举被认为是一种精准决策[①]；据相关报道，北京市将从2018年9月起，通过政府购买服务的方式，在全市义务教育阶段提供三点半后全覆盖的课后服务，这种精准识别服务对象与服务需求的政策供给，被认为是一种有益尝试和探索。[②] 随着中国经济由高速增长阶段向高质量发展转进，政府财政资金项目的治理方式应当有所调整，从政府抓“点”的项目制，逐步向抓“面”的普惠制转型，逐步转向营造优良营商环境，减轻企业税负，提高农民和城市居民的医疗、社保、教育等条件。[③]

为了提高政府的执行力，海南省人民政府制订了包括“高质量决策，落细落实责任主体，完善沟通协调机制，提升政务服务效能，严格依法履行职能，提高会议实效，精简发文，加强督查、改进检查考核方式，深化政务公开，把执行力效果作为奖惩依据”在内的14条措施。[④] 随着改革开放的进一步深入，政府的政策越来越受到合法性、合理性的考量，越来越受到不同领域、不同类别的政策之间作用关系的影响。中共十八届三中全会《中共中央关于全面深化改革若干重大问题的决定》中明确提出，要加强对税收优惠特别是区域税收优惠政策的规范清理，这种政策清理不仅与当前中国的发展方式转型有关，而且有益于维护公平一体的税收制度环境。[⑤] 12月，北京市级及各区首份全景式行政复议报告——由通州区人民政府法制办发布的《通州区行政复议报告（1999—2017）》发布，报告显示，近20年来通州办理行政复议案件968件，纠正行政行为错误89件。[⑥]

基层治理是政府治理能力的直接体现。当前，中国基层治理特

---

① 司马童：《“职工疗休养可出省”也是精准决策》，http：//www. guancha. gmw. cn/2018－04/16/content_28350568. htm。

② 《“三点半后全覆盖”，政府就该有所作为》，《新京报》，2018年8月24日社论。

③ 郑世林：《从项目制到普惠制》，《财经国家周刊》，2018年第10期。

④ 王晓樱：《海南省长列出政府执行力十大毛病》，《光明日报》，2018年7月12日。

⑤ 《不合理“税收洼地”应及时清理》，《第一财经日报》，2018年10月10日社论。

⑥ 沙雪良、刘丹：《通州发布首份政府“自我纠错”报告》，《新京报》，2018年12月25日。

别是乡村治理中的部分问题与治理困境基层政府有直接责任，但是这些问题和困境又绝非仅仅依靠基层政府就能解决。从这个意义上说，基层治理是对包括基层政府在内的政府体系的整体治理能力的一种考验。比如，一些乡镇、村庄治理中存在的政策搭车、挂钩、连坐等土政策①，某些地区基层治理中存在较为粗糙的现象和基层干部简单粗暴的政策作风、基层治理中的“恐闹症”②、文山会海和形式主义顽疾、上级部门对基层考核中的“痕迹主义”倾向③、不了解基层情况和不精通政策的“业务夹生干部”④、某些村民自治组织选举监管缺位和村干部腐败等现象，就需要包括执政党和中央政府在内的治理力量以恰当方式适时介入。2018 年初，中共中央国务院下发《关于开展扫黑除恶专项斗争的通知》，提出要把扫黑除恶和反腐败、基层“拍蝇”结合起来，“要深挖黑恶势力保护伞”，由中央政法委、最高法、最高检、公安部、中纪委、中组部有关领导组成全国扫黑除恶专项斗争领导小组及其办公室。年内，两办印发《全国扫黑除恶专项斗争督导工作方案》，提出对涉及的重点案件直接到县乡村进行督导。中办印发《关于统筹规范督查检查考核工作的通知》，明确提出开展专项清理，对县乡村和厂矿企业学校的督查检查考核要减少 50% 以上；强调改进督查检查考核办法，不能简单地以留痕多少评判工作的好坏。

第三，党和国家机构改革背景下的政府改革。新一轮党和国家机构改革，是 2018 年中国政治发展进程中最为重要的事件之一。这是一次覆盖执政党、政府、军队、群团组织的、囊括中央与地方国家机构的一揽子改革。2 月，中共十九届三中全会审议通过《中共中央国务院关于深化党和国家机构改革的决定》；3 月，中共中央印发《深化党和国家机构改革方案》。此次党和国家机构改革的目标

① 向定杰、杨静、吴文诩：《政策搭车，用错了治理砝码》，《半月谈》，2018 年第 9 期。

② 陈晨、李惊亚、李劲峰：《“恐闹症”戳中基层治理软肋》，《半月谈》，2018 年第 13 期。

③ 赵阳：《以痕迹论政绩，“痕迹主义”有点过了》，《半月谈》，2018 年第 14 期。

④ 席敏、邵琨：《“夹生干部”一知半解催生“软性不作为”》，《新华每日电讯》，2018 年 8 月 17 日。

是，构建系统完备、科学规范、运行高效的党和国家机构职能体系。这是怎样一种体系呢？概括起来就是四大职能体系：总揽全局、协调各方的党的领导体系；职责明确、依法行政的政府治理体系；中国特色、世界一流的武装力量体系；联系广泛、服务群众的群团工作体系。此次改革不限于政府机构，但政府机构的改革成效仍然是直接关系此次改革成败的最为重要的领域。包括此次改革在内，改革开放以来中国已经进行了 8 次政府机构改革。

2018 年 11 月，中央国务院正式批准上海市机构改革方案，至此，全国 31 个省份的机构改革方案全部出台并公布，此后市县机构的改革方案也陆续亮相。从各地的改革方案来看，打破部门壁垒，科学设计政府职能和责任体系、理顺机构关系，在中央、省级、市县“对标”的同时保留一定的地方特色，依法推进改革并通过改革提升政府法治水平，成为此次政府机构改革的基本方向。比如在本次机构改革中，将国家工商行政管理总局的职责、国家质量监督检验检疫总局的职责、国家食品药品监督管理总局的职责、国家发展和改革委员会的价格监督检查与反垄断执法职责、商务部的经营者集中反垄断执法以及国务院反垄断委员会办公室等职责整合，组建国家市场监督管理总局，就鲜明体现了上述改革方向。此次机构改革的力度、范围和影响均超出以往，其复杂程度亦超出以往。2018 年 2 月，中共十九届三中全会明确提出改革国税地税征管体制；3 月，中共中央印发的改革方案提出构建优化高效统一的税收征管体系，将省级和省级以下的国税地税机构合并，将基本养老保险费、基本医疗保险费、失业保险费等各项社会保险费交由税务部门统一征收。国税地税机构合并后，实行以国家税务总局为主与省（自治区、直辖市）政府双重领导管理体制。根据这一改革方案，各地国税局、地税局合并工作稳步推进。[①] 9 月，中国机构编制网公布国家卫生健康委员会的职能配置、内设机构和人员编制规定，即“三定”

① 贺斌、赵一苇：《国地税合一：从“物理合并”到“化学反应”》，《中国新闻周刊》，2018 年第 24 期。

方案，原卫计委下设的三个与计划生育相关内设机构被取消，转设人口监测与家庭发展司，明确提出卫健委职能转变的关键是“牢固树立大卫生、大健康理念，推动实施健康中国战略，以改革创新为动力，以促健康、转模式、强基层、重保障为着力点，把以治病为中心转变到以维护人民健康为中心，为人民群众提供全方位全周期健康服务”。[①]

政府机构改革是 2018 年中国行政改革中最为重要的内容，但 2018 年行政改革的内容却不仅限于政府机构改革。2018 年 6 月，国务院印发修订后的《国务院工作规则》，明确指出国务院要全面正确履行政府职能，“加强和完善经济调节、市场监管、社会管理、公共服务、生态环境保护职能，深化简政放权、放管结合、优化服务改革，全面提高政府效能，创造良好发展环境，提供基本公共服务，维护社会公平正义”。[②] 年内，北京、上海、重庆、山东、江苏、浙江、河北、贵州、安徽等多省（市）印发了地方版的（新修）人民政府工作规则，对地方政府全面履职、规范运作将起到重要的约束作用。新修《国务院工作规则》提出要持续深化“放管服”改革，深入推进“互联网 + 政务服务”。2016 年，人社部发布《关于印发“互联网 + 人社”2020 行动计划的通知》，提出要减少业务环节和证明材料，变“群众跑腿”为“信息跑路”。[③] 随着“放管服”改革和行政审批改革的推进，2018 年 6 月，深圳市政府发布首批 100 个“不见面审批”服务事项清单，首批清单主要集中在市场监管、人力资源保障、公安、交通运输、住房建设等领域。[④] 年内，民政部表示，将进一步推动历史数据补录工作、推动部门间数据共享，指导地方积极开展异地婚姻登记试点工作，此举体现了政府“公共服务

① http：//www. scopsr. gov. cn/bbyw/qwfb/201809/t20180910_308243. html.

② http：//www. xinhuanet. com/politics/2018 －07/06/c_1123085915. htm.

③ 田进：《我证明，还活着》，《经济观察报》，2018 年 5 月 28 日。

④ 吕绍刚：《深圳发布首批“不见面审批”清单》，《人民日报》，2018 年 7 月 2 日。

跟着人走”的改革取向。[①]

（五）在全面依法治国中实现法治与政治的有机统一

全面依法治国的推进，必须遵循法治发展的自身规律，但同时必须拥有政治学的视野。在政治发展的整体视野中，法治本身不是一个孤立的领域和环节。当代中国的立法机关、司法机关本质上也是政治机构，立法过程、司法过程、执法过程同时也是政治过程。正是出于当代中国政治发展的内在需求，在全面推进依法治国的进程中必须兼顾立法过程的民主性、专业性，必须坚持司法过程的相对独立性；同时也必须坚持立法、司法、执法的宏大视野，将专业司法机关与事实上承担执法功能的其他机构在执法层面打通，将人民调解与诉讼、仲裁等专业司法活动打通，形成法治合力。

第一，新时代的法律政治学。2018 年 8 月召开的中央全面依法治国委员会第一次会议强调，要加强党对全面依法治国的统一集中领导，更好发挥法治固根本、稳预期、利长远的保障作用。中共中央年内印发的《社会主义核心价值观融入法治建设立法修法规划》强调，着力把社会主义核心价值观融入法律法规的立改废释全过程。12 月，习近平在主持政治局第十一次集体学习时强调，要推进反腐败工作法治化、规范化。随着放管服改革的推进，6 月国办下发通知，要求在 2018 年底前完成法律、法规、规章和规范性文件设定的证明事项的清理工作，切实做到没有法律法规规定的证明事项一律取消，该项工作由司法部负责组织实施。针对地方立法中存在的某些“放水”、“扩权”现象以及与上位法不一致现象，地方性法规清理工作也需提上日程。根据国家发改委数据，2018 年上半年，中国企业破产立案和审结数量分别达到 6392 件和 3311 件，各级法院清

① 朱昌俊：《推进婚姻异地登记　公共服务就该跟着人走》，《中国青年报》，2018 年 10 月 17 日。

算和破产审判庭大幅增设，据此有专家建言设立破产法院。[1] 10 月，最高法出台《最高人民法院关于为实施乡村振兴战略提供司法服务和保障的意见》，强调“防止简单以村民自治为由剥夺村民的基本财产权利”，“依法依规保护农村外嫁女、入赘婿的合法权益”，不断满足农民日益增长的对社会公平正义的需求。[2] 据最高人民法院数据显示，党的十八大以来的 5 年间，各级法院再审改判刑事案件 6747 件，依法纠正重大冤错案件 39 件 78 人，对 2943 名公诉案件被告人和 1931 名自诉案件被告人依法宣告无罪，惩治犯罪与保障人权在司法体系的天平中不断趋于平衡。[3]

2018 年内，在一系列社会热点问题、社会公共事件中我们都看到了法律的出场，一系列典型案例、首创性案例、经典判例彰显了全面依法治国的方向。法治国家、法治政府、法治社会在这一个个具体案例中点滴成长，社会关于法律和法治的认知与共识也因为这一个个具体案例而得以建构。在情、理、法的碰撞与交融中，在法治与政治的相互沟通中，全面依法治国得以推进，中国政治发展亦得以推进。7 月，最高检围绕金融犯罪主题发布一批指导性案例；8 月，山东省高院通报拒不执行判决裁定犯罪典型案例；12 月，最高人民法院发布一批依法严惩网络犯罪指导性案例；最高法院表示，正就拒不履行信息网络安全管理义务罪、非法利用信息网络罪和帮助信息网络犯罪活动罪这三个《刑法修正案（九）》新增的新型网络犯罪起草制定司法解释。年内，广东省消委会提起的生产销售假盐公益诉讼[4]、最高法发布的全国首例“斑马线之罚”案指导案例、上海公安部门破获的首起虚假报撤单操纵证券市场案、福建厦门市

---

① 王峰：《“僵尸企业”出清致破产案件猛增　专家建言设立破产法院》，《21 世纪经济报道》，2018 年 8 月 17 日。

② http：//www. court. gov. cn/zixun-xiangqing－127401. html.

③ 耿学清、王亦君：《让群众在每一起司法案件中感受公平正义》，《中国青年报》，2018 年 11 月 22 日。

④ 余毅菁、粤消宣：《粤“假盐案”公益诉讼获赔 16 万元》，《南方读书报》，2018 年 5 月 8 日；张海英：《赔偿性公益诉讼胜诉实现了多赢》，《工人日报》，2018 年 5 月 10 日。这是全国首次法院支持赔偿公益诉讼，向非特定消费者赔偿。

首例“软暴力”讨债案①、全国首例共享单车破产案、北京海淀法院审结首例比特币现金争议案②、全国首例省级人民政府诉企业生态环境损害赔偿案（江苏省人民政府诉安徽海德公司）、北京首例非法捕捞水产品罪刑事附带民事公益诉讼案等等，上述案件彰显着法治对中国经济、社会发展以及国家治理中若干难点问题的开创性探索。

祖父母向子女索要“带孙费”、市民诉北京市交管局朝阳区某交通大队行政处罚案③、深圳中院二审宣判“鹦鹉案”④、上海民警教科书式执法⑤、广东佛山禅城法院判决父母侵犯子女婚姻自主权案，这些案例彰显着当下中国社会法治观念的积极变化。长春长生问题疫苗案、昆山交通纠纷引发砍人致死案、年内开庭审理的于欢案，这些案件中法律的出场和司法的介入，显示了法治对社会热点问题的回应。法治实践中诸如公民监督权与个人信息保护、艾滋病人隐私权与知情权的矛盾与紧张，则显示着中国法治发展进入到了一个以精致平衡为特征的新阶段。

2018 年，江西省高院对“毒糖杀人案”再审改判⑥、安徽省高院对涡阳“五周杀人案”再审改判⑦、济南市中院对山东“气枪入罪”案终审改判⑧。2017 年 12 月，最高法决定再审张文中、顾雏军等三起重大涉产权案；2018 年，最高法决定对牟其中案进行重审；5 月，最高人民法院再审依法改判张文中等无罪⑨；6 月，最高人民法院第一巡回法庭公开开庭审理顾雏军案；2018 年 8 月，许荣华诉陈家荣、范天铭股权转让纠纷案在江苏省南京市中级法院（一审）公开宣判，三大涉产权案的重审对落实产权保护的“两个一批”具有

---

① 吴毅文：《厦门“软暴力”讨债第一案宣判》，《法治周末》，2018 年 9 月 27 日。
② 高健：《首例比特币现金争议案审结》，《北京日报》，2018 年 8 月 21 日。
③ 孔令晗：《两张违停罚单与两年告交警官司》，《北京青年报》，2018 年 7 月 9 日。
④ 张子渊：《涉案动物系人工繁育拟从宽》，《法制晚报》，2018 年 7 月 10 日。
⑤ 倪戈：《依法规范执法赢得群众支持》，《人民日报》，2018 年 5 月 23 日。
⑥ 王巍：《江西“毒糖杀人案”再审宣判李锦莲无罪》，《新京报》，2018 年 6 月 2 日。
⑦ 曹林华：《安徽涡阳“五周杀人案”再审宣判无罪》，《新京报》，2018 年 4 月 12 日。
⑧ 《“气枪入罪”改判，枪支标准也不妨改改》，《新京报》，2018 年 7 月 1 日社论。
⑨ 王梦遥：《物美创始人张文中案再审改判无罪》，《新京报》，2018 年 6 月 1 日。

典型的示范意义。[①] 这些案例显示着中国法治从重实体轻程序到程序、实体并重的深层转变。

第二，全面深化改革中的立法与修法。改革推动了立法，立法推进了改革。2018 年，十三届全国人大一次会议表决通过《中华人民共和国宪法修正案》，这是对“八二宪法”的第五次修订，表决通过《中华人民共和国监察法》，为监察体制改革提供了重要法律依据。十三届全国人大常委会第二次会议表决通过人民陪审员法、英雄烈士保护法、关于修改国境卫生检疫法等 6 部法律的决定；第三次会议初审个人所得税法修正案草案；十三届全国人大常委会第五次会议表决通过关于修改个人所得税法的决定（是为该法第七次大修），表决通过电子商务法、土壤污染防治法；第六次会议表决通过修改刑事诉讼法的决定。广义的立法过程囊括法律法规的立、改、废、释。2018 年立法工作的基本特征体现在三个方面：一是全社会对立法、修法的参与度提升；二是立法过程对改革开放的深度参与，以及立法与国家制度建设的紧密衔接；三是民法典的编撰影响深远。总的来说，当前中国立法过程对改革深层次问题、对于重大法理性问题、对于社会基本价值观的回应，是 2018 年立法与修法工作的亮点。

2018 年 3 月通过的《宪法修正案》将科学发展观、习近平新时代中国特色社会主义思想、新发展理念、社会主义核心价值观、监察委员会等内容增入宪法，并修改国家主席任职规定，增写“中国共产党领导是中国特色社会主义最本质的特征”等表述，这些涉及到治国理政的重大问题，在实践上都具有国家制度或者“准制度”特征。十三届人大常委会第六次会议审议通过的刑事诉讼法修正案，对刑事缺席审判制度做出明确规定，同时在确立缺席审判程序时做出严格限定[②]，有助于推动当下正在进行的监察体制改革。中国人大

① 光明网评论员：《三大涉产权案再结一案传递积极信号》，http：//www. guancha. gmw. cn/2018 －09/03/content_30951114. htm。

② 杨宜桐：《建立缺席审判制度　让外逃贪官没有侥幸空间》，《中国青年报》，2018 年 10 月 30 日。

网数据显示，《个人所得税法修正案（草案）》面向社会征求意见以来，征集意见超过13万条，此次修法正处于财政税收体制改革的深化阶段。12月，疫苗管理法、土地管理法、城市房地产管理法修正案草案提请十三届全国人大常委会第七次会议审议，这是中国首次就疫苗管理立法。《土地管理法》继1988年、1998年、2004年之后再度修订，此次修订有助于破除集体经营性土地入市的法律障碍，推动相关改革进程。

2014年10月23日，中国共产党第十八届四中全会通过的《中共中央关于全面推进依法治国若干重大问题的决定》作出了“编纂民法典”的部署；2017年3月15日，十二届全国人大五次会议审议通过了《中华人民共和国民法总则》；8月27日，民法典各分编草案提请十三届全国人大常委会第五次会议进行初次审议，民法典各分编草案包括：物权编、合同编、人格权编、婚姻家庭编、继承编、侵权责任编等6个分编，共1034条，鲜明体现了民法典分编全面保障公民民事权利的价值取向。民法典的编纂，“不是对现行法的简单汇编，而是要在总结现行立法和司法经验的基础上，进行必要的制度完善、设计和创新”①，是中国全面依法治国进程中的重要事件。

第三，继续推进的司法改革。当前中国司法改革已经进入一个以“构建中国特色社会主义司法制度体系”为特征的新阶段。2018年以来，中国司法改革的路线图更加清晰：以司法责任制改革为主线，稳步推进司法体制综合配套改革，结合新一轮党和国家机构改革积极推进司法机构改革。4月，最高法、司法部联合印发《关于依法保障律师诉讼权利和规范律师参与庭审活动的通知》，提出“教育引导法官和律师……彼此尊重、相互支持、相互监督”，对庭审阶段的律师权利保障和执业行为规范进行了规定②；6月，最高人民法院举行审判委员会第1742次会议，最高人民检察院检察长、首席大

① 王利明：《我国民法典分编编纂中的几个问题》，http：//www.npc.gov.cn/npc/xinwen/2018－09/05/content_2060667.htm。

② 蔡长春：《最高人民法院、司法部联合发文保障律师诉讼权利和规范律师参与庭审活动》，《法制日报》，2018年4月24日。

检察官依照法律规定列席。这是共和国成立以来首席大检察官第一次列席最高人民法院审判委员会，此举对于进一步完善检察长列席人民法院审判委员会会议制度具有重要意义。①

继人民法院、人民检察院改革之后，司法改革向纵深拓展。7月，中央政法委在深圳召开十九大后第一次司法体制改革推进会，公安改革成为司法改革新的增长点：以现代警务管理体制和“宽进、快办、严管、便民、公开”的审批服务模式为改革目标和重点，大力推进公安系统的机构职能改革、公安政务改革、公安执法改革向全方位、深层次迈进。② 司法机构改革稳步推进。2018 年 8 月，全国首家金融法院——上海金融法院正式挂牌成立；2018 年 9 月，北京互联网法院、广州互联网法院相继成立；2019 年 1 月 1 日，最高人民法院知识产权法庭正式办公。③ 司法责任制改革继续推进，2018 年 12 月，最高人民法院印发《关于进一步全面落实司法责任制的实施意见》，明确“院长、副院长、庭长不再审核签发未直接参加审理案件的裁判文书，不得以口头指示等方式变相审批案件，不得违反规定要求法官汇报案件”，切实落实“让审理者裁判，由裁判者负责”要求，确保人民法院依法独立公正行使审判权。④

互联网等技术因素的进步，将助力司法改革进程。为了破解“执行难”问题，2014 年最高人民法院建立网络执行查控系统（“总对总”平台），通过信息化、网络化、自动化手段查控被执行人及其财产。该系统目前已与 3800 多家银行以及商业银行、公安部、交通部、民政部、银监会、保监会、人民银行等 16 家单位联网，可以查询被执行人在全国范围内的存款、金融理财产品、船舶、车辆、证券、网络资金等 16 类 25 项信息，实现了对被执行人多种财产形式

---

① 姜洪：《首席大检察官首次列席最高法审委会》，http：//www.spp.gov.cn/tt/201806/t20180611_381509.shtml。

② 叶泉：《公安改革是司法体制改革新亮点》，《法制日报》，2018 年 7 月 26 日。

③ 刘婧：《激荡起奋进新时代的改革强音——十九大以来人民法院全面深化司法体制改革提升群众获得感》，http：//www.court.gov.cn/zixun-xiangqing－139021.html。

④ http：//www.court.gov.cn/fabu-xiangqing－134741.html.

的“一网打尽”。[1]

（六）以改革精神推进国家制度发展

国家制度，尤其是国家政治制度是国家治理体系和治理能力的核心要素，在比较政治学意义上是国家治理的核心竞争力。国家政治制度中尤为重要的是其基础国家制度，一方面，对于现代中国来说基础国家制度毫无疑问需要保持稳定，这是出于秩序和治理的根本需求；另一方面，稳定的基础制度并不意味着制度体系的静止不变，相反，国家制度的活力和发展空间是应对社会变化和成长的内在需求。因此，对于现代中国来说，在坚持基础制度相对稳定的同时确保制度活力，是国家制度建设的基本定位。从现实来说，当前中国经济、社会发展正处于一个日新月异的转型时代，这个转型时代正在改变中国政治形态的经济、社会基础，因而也在改变中国政治形态本身。经济、社会领域的发展与转型，对作为政治形态核心要素的国家制度提出了稳定与发展的双重需求：只有相对稳定的基础政治制度，才能化解、吸纳与转化经济、社会发展与转型带来的各种冲击和风险，维系转型时代中国社会的统一、秩序；只有以开放的制度建设态度推进国家制度的变革与发展，才能维系相对稳定的基础制度本身，才能容纳经济社会转型与发展所能达到的历史高度。一句话，中国国家制度建设，必须与经济、社会发展一同成长，必须容纳中国改革的成长，必须通过改革实现制度本身的成长。

中国改革开放 40 年的积累，在当下向政治体系提出了制度需求。回应这种制度需求，是中国国家制度在改革中发展的基本动力，因而也是中国国家制度成长的希望所在。这种回应有两个指向：一是让基础制度的逻辑尽量简单化，一是让具体制度和体制尽量绵密化。简单的制度逻辑指向政治权力本身，亦即国家权力的逻辑；具

---

① 靳昊：《最高法网络执行查控系统让“老赖”财产无处可藏》，《光明日报》，2018 年 07 月 21 日。

体制度和体制绵密化指向制度体系或者说制度厚度，亦即制度体系的包容力、适应力和抗压能力。二者必须结合起来，缺乏制度厚度支撑的制度逻辑是站不住脚的；缺乏简单制度逻辑的制度绵密化只能沦为叠床架屋的制度游戏。2018 年国家制度建设体现了这两种指向。

第一，人大制度、政协制度的完善。人民代表大会制度作为中国根本政治制度，各级人民代表大会作为代议机构和各级最高权力机关，其权力属性必须在制度设计和政治过程中体现出来，并且，其在政治过程中的运作必须与制度设计保持一致性，亦即其政治功能必须与制度设计保持一致性。换言之，人大的立法权、选举权、决定权、监督权等政治功能必须在各级人大的运行中得到更好的体现。

在中共中央于 2018 年 3 月印发的《深化党和国家机构改革方案》中，人大制度的定位是“坚持党的领导、人民当家作主、依法治国有机统一的根本政治制度安排”，全国人大机构改革的重点是“完善全国人大专门委员会设置，更好发挥职能作用”。方案提出，为了推进“五位一体”总体布局的需要，推进社会领域法律制度建设，整合相关专委会职责，组建全国人大社会建设委员会；为健全党和国家监督体系，适应国家监察体制改革需要，将全国人大内务司法委员会更名为全国人大监察和司法委员会；为加强宪法实施和监督，推进合宪性审查工作，将全国人大法律委员会更名为全国人大宪法和法律委员会。上述改革方案反映了全国人大制度完善与人大机构改革的战略意图。

2018 年 9 月，十三届全国人大常委会立法规划公布。在列入条件比较成熟、任期内拟提请审议的法律草案（69 件）中，包括了诸如宪法修正案、全国人民代表大会组织法（修改）、地方各级人民代表大会和地方各级人民政府组织法（修改）、国务院组织法（修改）、监察法、人民法院组织法（修改）、人民检察院组织法（修改）等一系列关乎国家基础制度的法律规定，也包括了农村土地承包法（修改）、土地管理法（修改）、耕地占用税法、房地产税法等与当下中国改革进程密切相关的法律规定。[①] 因此，人大立法一方面是对中国国家制度建设的重要法治支撑，另一方面是对改革开放中出现议题的法治回应。此外，各级人大执法检查以及对法律、规章、规范性文件的备案审查等涉及法律的权力运用，对于依法治国的全面推进具有重要意义。

地方人大作为权力机关的工作及其改革，是作为一项政治制度的人大制度的重要组成部分，也是人大制度作为一个制度整体有效运行的重要保障。2018 年 7 月，辽宁省十三届人大常委会第四次会议表决通过了省人大常委会关于成立政府支出预算结构和政府性债务问题调查委员会的决定，这在全国省级人大常委会中尚属首例，是辽宁省人大常委会依法行使监督权、创新监督方式的新尝试[②]；10 月，南京市十六届人大常委会第七次会议表决通过了《南京市国家公祭保障条例》，11 月，该条例获省十三届人大常委会第六次会议批准[③]；12 月，深圳市六届人大常委会第 29 次会议表决通过《深圳经济特区知识产权保护条例》。[④] 随着国家治理现代化的推进，在更加成熟的政治过程中，地方人大的权力行使将更趋活跃。

中国共产党领导的政治协商和多党合作制度，是现代中国的基础政治制度之一。所谓基础政治制度，是指政协制度中蕴含着现代中国立国的基本原理，蕴含着现代中国国家权力运作的基本逻辑：现代中国的成立是中国共产党所领导的革命力量与代表进步势力的民主党派、无党派政治力量协商建国的结果；在新的国家形态中，协商民主是人民民主的重要形式，是国家公共权力运行的重要方式和重要环节。因此，人民政协是政治性机构，是专门的协商平台，是政治协商、参政议政、民主监督的重要组织方式。从这个意义上来说，人民政协具有巨大的政治空间，人民政协制度具有巨大的发

---

① http://www.npc.gov.cn/npc/xinwen/2018-09/10/content_2061041.htm.

② 赵英明：《辽宁省人大常委会在全国省级人大常委会中首创成立政府支出预算结构和政府性债务问题调查委员会》，《辽宁日报》，2018 年 7 月 26 日。

③ 戴六华、许琴：《地方立法保障国家公祭》，《南京日报》，2018 年 11 月 30 日。

④ 陈小慧：《〈深圳经济特区知识产权保护条例〉通过》，《深圳商报》，2018 年 12 月 28 日。

展空间。政协与人大之间，可以有某种方式的合作，但也应当有所区分；只有在有所区分的基础上，才能有恰当的更为有效的合作。政协不是代表机关，不是代议机构，而是专门的协商机构和协商平台；政协不是权力机关，而是凝聚共识、聚合力量的政治机构。因此，人民政协的协商，应当牢牢把握“政治协商”的高度，有所聚焦，有所坚持，有所选择。从这个意义上来说，政协的政治协商必须密切关注和回应当下中国的政治生活，但其参政议政可以更为超然。

第二，国家监察体制改革。《深化党和国家机构改革方案》在党中央机构改革的条目下提出，为加强党对反腐败工作的集中统一领导，实现党内监督和国家机关监督、党的纪律检查和国家监察有机统一，实现对所有行使公权力的公职人员监察全覆盖，……组建国家监察委员会，同中央纪律检查委员会合署办公，履行纪检、监察两项职责。方案明确指出，国家监察委员会由全国人民代表大会产生，接受全国人民代表大会及其常务委员会的监督。

2018 年 3 月，中华人民共和国国家监察委员会正式揭牌，并举行新任监察委员会副主任、委员宪法宣誓仪式。根据党章党规和宪法、监察法相关规定，中央纪委国家监委统一设立派驻机构，名称为中央纪律检查委员会国家监察委员会派驻纪检监察组。年内，中央纪委国家监委出台规定，对各部门采取询问、留置等相关措施的审批权限、办理程序和监管办法做出明确规定。[①] 8 月，在总结多年来监察机关特邀监察员工作有效做法和经验的基础上，中央纪委国家监委印发《国家监察委员会特约监察员工作办法》，决定建立特约监察员制度，并对特约监察员工作进行指导和规范，明确提出“特约监察员是国家监察委员会根据工作需要，按照一定程序优选聘请，以兼职形式履行监督、咨询等相关职责的公信人士”，“特约监察员主要从全国人大代表中优选聘请，也可以从全国政协委员，中央和

---

① 瞿芃：《中央纪委国家监委出台规定　规范监督检查审查调查措施使用》，《中国纪检监察报》，2018 年 7 月 26 日。

国家机关有关部门工作人员，各民主党派成员、无党派人士，企业、事业单位和社会团体代表，专家学者，媒体和文艺工作者以及一线代表和基层群众中优选聘请”；① 12月，国家监委召开第一届特约检察院聘请会议，优选聘请50名特约监察员。国家监委以及地方各级监察委员会的组建及其运作，从国家政治制度体系的建构和完善意义上说，其影响是深远的、实质性的。相比于改革前监察部作为国务院部门的职权，2018年6月国务院印发的《国务院工作规则》明确规定，“国务院及各部门公职人员要依照有关法律的规定自觉接受国家监察机关的监督”，监察权力在中国政治结构与政治过程中地位的提升，可能带来一系列重要的化学反应，这种化学反应可能会对当代中国政治生态带来某种实质性影响。

四、交叉指向与审慎平衡：当代中国的议题选择与政策取向

（一）政治学视野中的“三大攻坚战”

“三大攻坚战”超出了单纯一个领域的议题，比如单纯的经济领域、政治领域、社会领域、生态领域的议题，而呈现为一种多领域相互交叉的形态。组织实施“三大攻坚战”，也超出单个领域或者系统的能力，必须以多领域、多系统的工作合力应对。从这个意义上说，“三大攻坚战”处于一个社会发展各领域相互交叉的节点上，“三大攻坚战”的实施效果，直接影响着整个社会发展全局。

第一，风险防控（防范化解重大风险）是中国现代国家政治本质的内在要求。“在现代化进程中，生产力的指数式增长，使危险和潜在威胁的释放达到了一个我们前所未知的程度”，现代化的风险

① http://www.ccdi.gov.cn/yaowen/201809/t20180902_178929.html.

“是工业化的一种大规模产品，而且系统地随着它的全球化而加剧”，因此（后）现代社会本质上是一种“风险社会”。[①] 作为最大的发展中国家，现代中国与发达工业社会国家同处于一个时空，同处于现代社会新阶段或者所谓“后现代社会”相伴生的“风险社会”时代，同样面对着因全球化而相互勾连的弥散性风险传播。同时，中国作为发展中国家的历史阶段特征与转型社会的时代特征，又使得现代中国与西方发达国家所面临的风险挑战有所不同。因此转型社会的风险与现代社会的风险叠加，是当代中国“风险社会”的最大特征。

风险防控是最紧迫的政治，防范和化解重大风险是政治的基本职能，是国家存在和发展的前提性责任。作为人类公共生活的集体创造，国家被创造出来的主要目的之一，就是为社会公共生活提供基本安全保障。传统中国作为“古典治理型国家”，其政治运行的基本考量就在于王朝的长治久安、万世一系，这是政治系统为公共生活提供基本安全保障的一种变异形式。随着中国从古典国家形态的瓦解到中国现代国家的发生，人民成为国家权力的主人，成为运行国家权力的政治主体，国家权力重新回到人民和社会手中，社会与国家的关系回归其本来逻辑，现代国家提供公共安全保障的基本职能也重新回归其社会本位和人民立场。因此，社会公共生活中的风险防控取代王朝政治成为现代国家风险防控的基本出发点：经济风险、政治风险、社会风险、生态风险、文化风险、国际交往中的风险等全面、系统风险观取代古典国家以王朝政治安全为核心的风险观，金融风险、就业风险、社会矛盾纠纷、政治参与风险、环境风险、收入差距、城乡差距、区域发展等社会结构性风险、发展中的社会伦理与道德风险等成为新时代风险防控的重点方向。由于国家和社会关系之变，现代国家的风险防控策略也发生了巨大变化：国家与社会的合作成为现代社会风险防控的普遍形式，不再仅仅依赖

---

① （德）乌尔里希·贝克：《风险社会》，何博闻译，南京：译林出版社，2003 年版，第 15、18、19 页。

于国家，社会组织和社会自身也成为风险防范化解的重要力量，风险防控的多中心格局开始形成，但国家和政治体系仍然是风险防空的枢纽，重大风险防范仍然是国家当仁不让的基本职能。

当前中国现代国家建设已经进入构建“基于发展的新治理型国家”历史新时期。如果说“古典治理型国家”政治统治的根本任务在于维持王朝政治的基本秩序，那么“新治理型国家”政治建设的根本任务则在于维持发展中的政治秩序，亦即维持现代社会自由、活力与秩序的平衡。因此，现代中国风险防控下的政治秩序，不是静态的，而是动态的。现代国家将发现它所面对的经济、社会基础以及它所面对的社会个体、群体与社会组织，通常处于变动不居的发展之中。对于现代中国来说，这种风险防控下的社会秩序，绝非通过削弱社会活力与创造就可以达成或者维持。毋宁说，现代中国的风险防控必须考虑如何通过这样一种秩序，使整个社会获得内生的发展动力。换言之，这种秩序必须具有稳定的政治功能，但更重要的是，它必须同时具有容纳、激励和推进发展的政治功能。

第二，精准脱贫是优化社会结构的内在要求。社会结构的优化，是构建政治的社会基础的内在要求；同时，社会结构的优化只能在经济发展中实现，并必须同时考量经济发展之需求。从这个意义上说，精准脱贫攻坚战是政治、经济、社会领域发展的交叉点，是政治建设、经济建设和社会建设的交叉点。

从最直接的动因来看，精准脱贫源出于全面建成小康社会的第一个“一百年”目标：因为没有数千万贫困人口的脱贫，中国就不能宣称已全面建成小康社会，这是小康社会必须补上的最大短板。但是精准脱贫的意义远非仅仅如此：精准脱贫所指向的贫困人口和弱势群体，关联着中国经济社会发展中的乡村振兴、城镇化发展、社会保障体系建设、区域发展战略、产业结构调整、消费社会建构、教育发展和人力资源建设等一系列问题的基础性问题。归根结底，在新发展理念的指引下，经济领域与社会领域的交叉使得当前中国经济的可持续发展面临一个“社会转向”：经济发展是为了人民、依靠人民，经济发展的成果必须为社会所共享——这绝非仅仅是一种理念的宣誓，而且是一种现实的发展策略。在当代中国和当今世界的经济发展周期和经济格局下，中国的经济发展必须转向一种更多地依赖于完善的市场体系、完整的经济体系、合理的产业结构、健康的社会结构、可持续的消费结构的战略，更多地依赖于人的因素、创新驱动因素和优良的国家治理因素的经济发展新模式。为此，在当下中国的发展中，必须告别“先经济后社会”的发展策略，在经济发展与社会结构优化的互动中实现经济与社会的协同发展。

而要实现经济发展与社会结构优化的协同，就离不开政治体系的介入。只有政治行动才能将这种可能性转变为现实，因此精准脱贫首先是一项政治议题和政治决策。从社会结构优化的角度来说，通过精准扶贫和精准脱贫，使社会不至于在发展中断裂，使发展不至于因为社会结构的断裂而中辍，使政治的社会基础得以巩固，使现代国家的社会属性和社会主义国家的人民属性得以实现，使作为社会之一部分的人群和作为社会之全体的人民的生存权、发展权、保障权得以维护，使社会的政治认同和政治的合法性得以建筑在持续稳定的社会结构之上，这是精准扶贫在政治学视野中呈现出来的深刻意义。从经济发展的角度来说，精准脱贫绝非仅仅意味着政策倾斜、财政支持、社会保障或者“分蛋糕”，绝不能因为精准脱贫政策而削弱经济、社会发展的动力与活力，这是精准脱贫攻坚战所必须通盘考虑的问题。精准脱贫之精准，不仅仅来源于建档立卡、信息技术和大数据等数字管理技术的介入，而且更重要的是来自于精准发力、精准见效，来自于对精准脱贫所处的经济、社会、政治建设之交叉点的通盘考虑，来自于对精准脱贫政策所产生的精准效果——经济成效、社会效应与政治效果的统筹。

第三，防治污染攻坚战是高质量发展的内在要求。随着中国逐渐超越“发展型国家”形态，走向一种“基于发展的新治理型国家”形态，中国的发展理念也在发生深刻变化，创新、协调、绿色、开放、共享的新发展理念进入宪法。中共十九大报告指出，中国经济“已由高速增长阶段转向高质量发展阶段，正处在转变发展方式、优化经济结构、转换增长动力的攻关期”，在这一时期，必须改变传统发展理念，贯彻实施新发展理念。五大发展理念分别针对新时代发展的动力问题、不平衡问题、人与自然关系问题、内外联动发展问题以及社会公平正义问题，揭示了实现更高质量、更有效率、更加公平、更可持续发展的必由之路，是一种科学的、全面的发展观。

防治污染攻坚战最直接的动因是在经济发展中人与自然关系的紧张，亦即生态环境恶化带来的环保压力。因此，防治污染攻坚战首先处于经济发展与生态保护的交叉点上，旧有的发展模式中重开发轻保护、先开发后治理甚至只开发不治理的做法难以为继，必须替代以资源友好型、环境友好型发展方式。同时我们也应当关注到防治污染攻坚战所处的其他交叉线——经济发展与社会发展的交叉、经济发展与文明发展的交叉，以及经济发展与政治发展之间的交叉线。从经济与社会的交叉来说，污染问题直接损害了社会中部分群体的生存、发展与保障权，因此随着公众维权意识的觉醒，污染问题往往伴生着社会运动或者邻避运动等公共事件，造成社会群体间关系的紧张状态；而随着现代社会传播的发展，这种由生态危机引起的社会运动过程及其效应可能会被放大。从经济与文明的交叉来说，传统中国有人与自然和谐共生的深厚文化传统，这已经成为现代中国最为重要、最可宝贵的文化理念之一，“美丽中国”的想象与目标，不仅存在于未来，而且曾经在古典文明中以现象或者现实的方式存在过，这种穿越历史时空的生态文明理念，构成今日中国发展之强有力的衡量标准之一。历史文明、现实问题和未来目标在这里交汇，构成今日中国发展方式转型的内在诉求。今日中国之伟大复兴首先建筑于发展之上，但同时必然是一种文明复兴，而这种文明复兴决不能是缺少生态维度的跛脚的复兴。

更为重要的是，防治污染攻坚战处在经济发展与政治发展的交叉线上。正如我们已经指出的，当代中国的政治发展，已经进入一个以构建“基于发展的新治理型国家”为特征的新时期，现代中国政治的成长，继“向解放寻求现代”、“向发展寻求解放”逻辑之后，进入一个“向治理寻求发展”的逻辑转换。通过对改革开放以来40年发展经验的总结以及对其中所存在问题的反思，今日中国之发展，已逐渐超越“发展型国家”的旧套路：政府大规模投资驱动、通过“政策洼地”招商引资、GDP 中心主义、某些行政区域事实上存在的市场壁垒与地方保护、产业政策与环保政策以及法治与政策的倚轻倚重等策略，而转向一种以市场主体的创新活力、消费社会的建构、市场机制和政府监管体制的完善、法治经济与法治社会的全面推进、支撑经济持续发展的优良社会结构等治理要素的构建为重点的发展模式。在这种全面升级的发展模式中，营商环境的优化是关键，而对营商环境的优化来说，国家治理的优化是关键。只有发展从治理中获得长远动力，那种以生态环境损害为代价的短期发展模式才会被彻底取代，亦只有这种发展模式，才称得上高质量发展。因此，防治污染不仅意味着一种新的经济发展模式之改变，而且意味着一种新的政治—经济关系之改变。

（二）交叉指向与现代中国的议题能力

“三大攻坚战”是中共十九大至 2020 年三年之间的三大议题，因此是特殊历史阶段的特殊议题。这当然不是说“三大攻坚战”之外别无重要的政治议题，也不是说“三大攻坚战”之后别无重要的政治议题。毋宁是说，“三大攻坚战”代表了当代中国在全面建成小康社会攻坚阶段最为重要的政治议程设定。“三大攻坚战”的内涵与意义当然不仅限于政治领域，正如我们前面所指出的，这三大议题是多领域交叉的关节点；我们所以称之为最为重要的政治议程设定，乃是因为这三大议题出自于当代中国政治体系对当代中国全面发展内在诉求之吸纳、选择、塑造、组织、协调与执行。

无论我们怎样界定政治的内涵，无论我们是将政治视为“价值的权威性分配”，还是特定时空条件下“人与社会关系的权威性安排”，又或者是“公共权力在约束条件下的行使”，我们都不能否认，政治体系对于政治议题的选择与设定，从来都是有门槛的；换言之，人类社会的公共活动，只有一部分是进入政治范畴的，只有这一部分公共活动才会吸引国家权力的介入，或者说因为人类的社会生活整体之需要，国家权力不得不介入、规范、引导这部分公共活动。这个过程就是政治议程设定的过程。

国家是人类政治文明发展史上最为重要的创造，现代国家因为现代政治价值——包括人民主权、民主、自由与法治等的确立、规范和保障而区别于传统国家。正是这些现代政治价值，确立了人民、社会与国家之间的政治伦理与政治逻辑，因而也在政治伦理和政治逻辑层面确立了人民、社会与国家共同塑造政治议题的格局。但是，这种政治伦理与政治价值是依托于现代国家的政治制度体系而实现的。对于每一个具体的现代国家来说，政治制度都不尽相同，因此不同国家与人民、社会合作塑造政治议题的方式、倾向与能力亦大不相同。因为国家仍然在形式上和法理上作为社会的代表并掌握公共权力，所以现代国家与社会合作塑造政治议程的过程在形式上和法理上依然体现为国家对政治议题的吸纳、选择、贯彻过程。我们将国家在这种议题塑造过程中的能力与倾向称之为现代国家的议题能力。由以上论述可知，特定现代国家的议题能力各不相同。

当代中国就是这样一种特定的现代国家。从历史政治学的视野来看，当代中国体现为三种国家形态的叠加：历史国家、现代国家和社会主义国家。这三种国家形态对当代中国的现实规定不是分裂的，而是统一的。这种统一的一个重要方面，就在于中国特殊的政治结构和政治制度体系，其中尤为重要的是中国共产党在整个国家治理结构和治理体系中的特殊地位和政治功能。这种统一的另一个重要方面在于其对当代中国政治议题偏好的塑造：历史中国的政治传统、现代国家的议题范围、社会主义国家的价值使命，使得中国在政治议题的选择、塑造与推进上存在着别具一格的独特性。由于这两个方面——政治制度与议题偏好——都来自于三种国家形态对当代中国的现实规定，因此在当代中国政治制度体系与议题偏好之间就存在着因果关系，这种因果关系就是决定当代中国议题能力的关键。中国经济社会发展的历史阶段、政治制度体系的功能发挥、当代中国政治议题偏好三者的结合，就构成了当代中国国家议题能力的完整逻辑。

当前中国正处于一个特定历史发展阶段。社会领域和专业领域的分化，是现代国家和现代社会发展的一个必经阶段，也是现代国家和现代社会成长的基础，是现代国家和现代社会区别于传统社会的一个重要方面。从大历史观来看，随着古典国家的瓦解，国家裹挟着经济与社会的泛政治化模式亦趋于式微；改革开放以来，在中国现代社会成长中，经济领域、政治领域和社会领域渐趋分化，经济、社会成长亦各自获得其发展动力，各有其成长路径与规律。于是，如何协调这些分化的社会领域，就成为政治建设和政治发展中的一个重要命题。正是在这个意义上，邓小平在 1986 年指出："现在经济体制改革每前进一步，都深深感到政治体制改革的必要性。不改革政治体制，就不能保障经济体制改革的成果，不能使经济体制改革继续前进，就会阻碍生产力的发展，阻碍四个现代化的实现。"这虽然是讲经济体制改革与政治体制改革之间的关系，但也适用于政治、经济、社会发展之间的相互关系。当中国特色社会主义进入新时代，政治、经济、社会、文化、生态等各领域之间分化与组合、张力与互动关系的复杂程度已远非 20 世纪八九十年代可比。当前，中国社会各领域之间的互动关系呈现出若干新特点：一是联系的紧密程度今非昔比；二是互动的链条和时间大为缩短，相互影响的即时效应开始显现；三是多领域交叉模式取代简单互动模式。中国社会已经呈现出"复杂社会"的基本面相，这种现状内在地要求当代中国发展必须采取全面发展、整体发展、系统发展的模式，必须兼顾问题导向的改革策略与立足长远的发展战略。

当今世界各国处于同一个历史时空。多领域交叉是世界各国国家治理中所面临的共同现象。所不同者在于特定现代国家在多领域交叉的背景下塑造议题，进而形成"指向"的一体能力。[①] 这种指向能力在人治条件下来自于政治领导者，在法治条件下来自于政治制度与法律体系。在当代中国，来自于包括政党制度、人大制度、

① 现代中国政治话语经常讲一个词"举旗定向"，指的就是这种"指向"能力；另一个表述"我们不能犯方向性、颠覆性错误"，指的也是这个"指向"能力。

政协制度、监察制度等在内的国家制度体系，来自于党的领导、人民民主、以法治国有机统一的政治过程。在这个政治制度体系中，中国共产党具有独特的枢纽地位。[①] 党通过群众路线、组织建设实现对社会的广泛、深度、制度化参与，通过党的领导与执政实现对国家权力的制度化运作，简言之，中国共产党通过其政治嵌入与社会参与，通过其政治属性与社会属性的双重实现，在当代中国政治结构与政治制度体系中居于一种整合者、协调者、动员者、组织者、监督者的相对超越地位，因而是当代中国议题选择与指向能力的主要制度设置。随着当代中国经济社会的发展，人大制度、政协制度作为规范当代中国政治过程的基础制度，具有吸纳诉求、形成议题的重要制度功能；随着市场主体经济行为和政治参与、随着社会主体社会行动与政治参与的活跃，对其制度功能的内在需求必然上升。从国家议题能力来说，监察制度对于政治议题塑造与指向能力，特别是对于地方党政机构的议题能力具有极为重要的制度保障作用。只有从国家议题能力建构视角来看，我们才能理解 2018 年中国为何要推进一场深度、广度前所未有的，包括党的机构、人大机构、政府机构、群团组织在内的全面机构改革；我们也才能理解中国共产党在自身建设中何以高度强调把政治建设放在首位，何以高度重视增强党对全面深化改革的领导能力；我们才能理解何以监察制度改革具有超越机构改革、体制改革的国家制度层面的政治意义。

当前中国所处的这个时代，正处于中国经济社会发展的重要转型期，个体之间、群体之间、个体与群体之间、经济社会发展各领域之间的交互运动日益活跃。对于微观市场主体来说，其所进行的经济活动可能是为了追求自身的经济利益；对于社会个体来说，其所参与的社会活动可能是为了主张自身的各种权利；对于社会组织来说，其所进行的一定范围内的公共活动可能是为了某一领域的优

---

① 三种国家形态对当代中国的现实规定，在中国共产党身上有明显体现：中国共产党必须回应民心、民情的期望；中国共产党作为现代政党必须遵循现代国家治理的内在规律；中国共产党的领导是社会主义国家价值与方向的旗帜与标识。

化治理。但是对于现代国家来说，特别是对于现代中国来说，通过其独特的议题能力，将这些有自身目的的个体以及个体所汇聚起来的社会运动指向一个发展的轨道，将这些由人的活动所组成的、相互交叉的领域聚合为一个发展的整体，既出自当代中国政治制度体系的赋能，也是当代中国转型发展的内在需求。从这个意义上说，当代中国的议题能力，已经成为中国作为现代国家最为重要的国家能力之一。

（三）审慎平衡与现代中国的政策取向

对于国家来说，政策能力是议题能力的延伸。对于当代中国而言，交叉指向的议题设定决定了在贯彻这些议题的过程中的总体政策取向，这种政策取向就是审慎平衡。因为这些议题来自于不同领域的交叉，因此推进这些议题的政策也必须兼顾不同领域的规律与要求，必须预见这些政策可能在不同领域所造成的效应与后果及其平衡。同时，政治议题的发展指向性则要求政策实施效果的发展指向性，因此国家的公共政策在总体上必须是积极的，而不是消极的；必须将问题导向的公共政策与预见性的公共政策结合起来，必须将不同类型公共政策之间的相互关系纳入通盘考虑；必须审时度势将政策实施的时机与节奏、政策连续性与政策转向纳入通盘考虑。另一方面，随着当代中国政治制度、法律体系的成熟及其在政治议题的吸纳、形成、选择、塑造、推进过程中影响力的上升，公共政策的制订、贯彻、实施、评估等一揽子政策过程都处于制度与法律的规范与审视之下，政策的合理性、合法性审查或将上升到与政策有效性同等重要的地位。

随着中国的发展进入一个高质量发展时期，中国政治也需要进入到一个高水平政治时期，审慎平衡的政策取向是高水平政治的基本特征。中国政治建设将在交叉指向的议题设定与审慎平衡的政策取向中获得实质性发展，在这个历史进程中，交叉性的政治议题决定了平衡性的政策取向：当前“新常态下的经济发展客观上要求建构新的政治经济学，其核心在于实现新经济与新政治的平衡；基于改革开放以来社会成长基础上的社会建设，客观上提出了一系列新的政治社会学议题，其核心在于实现社会自治与政治支撑之间的平衡；为了因应新经济常态与新社会发展，行政改革着力推进，其核心在于实现约束条件与政府能力的平衡；全面深化改革客观上要求全面推进执政党建设，其核心在于执政党组织化与现代化的平衡，亦即从严治党与从优治党的有机结合；国家治理现代化内在地要求稳步推进国家制度建设尤其是国家基本政治制度建设，其核心在于实现制度逻辑与制度厚度的平衡；依法治国全面推进，其核心在于实现‘法律共同体’与‘政治共同体’的平衡；正风反腐强力推进，其核心在于实现‘治标’与‘治本’的平衡，亦即‘破’与‘立’的平衡”。[①] 这对当代中国政治体系的政策能力提出了超出以往时代的更高要求。

在当代中国政治体系中，中国共产党作为执政党对于公共政策原则的确定、重大政策的制订、调整与转向负有总体上的责任。但是，各级政府及其职能部门对具体政策的制定、贯彻、调整负有直接责任。这种在公共政策上的责任分工，是当代中国力图建构的责任政治的重要体现。只有理解了这一点，我们才能深入理解 2018 年党和国家机构改革中政府机构改革篇幅最重、涉及最广、调整力度最大的原因，也才能理解改革开放以来 8 次政府机构改革的周期性律动。每一次重要的政府机构改革，无不与政治议题变化相关，无不与政府职能转变相关，也无不与政府公共政策能力构建相关。理解了审慎平衡的政策取向，我们才能理解近年来在中国政治建设中“把权力关进制度的笼子里”的改革取向；才能理解何以在全面改革开放深入推进、全面建成小康社会以及全面从严治党的关键时期，中共十八届四中全会以全面依法治国为主题，通过《中共中央关于全面推进依法治国若干重大问题的决定》。可以说，在当代中国，法

① 参阅上海社会科学院政治与公共管理研究所编：《中国政治发展进程 2017 年》，北京：时事出版社，2017 年版，第 10—50 页。

律和制度约束下的政策过程正在卸去其政策功能之外的负担，逐渐回归现代国家公共政策的本位。①

通过政府职能转变与政府机构改革增强政府产出公共政策的能力，通过包括代表制度、决策制度、监督制度在内的政治制度体系、法律体系的完善提升公共政策的科学性、合理性、合法性、有效性，在此基础上实现公共政策的集群效应和协同效应，是当代中国构建审慎平衡的政策能力的题中之义。随着政府与市场、政府与社会关系在全面深化改革进程中的厘清，政府体系的自我革命——确权、限权、放权——将改变旧的行政方式，将政府行政从对经济、社会中可以实现自治的领域及具体事务干预过多、过细的困境中抽离出来，把政府的监管职能和政策能力提升到前所未有的高度。实现公共政策的集群效应和协同效应，虽然在当代中国政治体系中不单是政府体系的责任，但却是新时代政府政策能力中越来越重要的方面。

2018 年 12 月召开的中央经济工作会议，强调“精准把握宏观调控的度，主动预调微调、强化政策协同”是对“做好新形势下经济工作的规律性认识”。会议指出，宏观政策要强化逆周期调节，继续实施积极的财政政策和稳健的货币政策，适时预调微调；结构性政策要强化体制机制建设，坚持向改革要动力，深化国资国企、财税金融、土地、市场准入、社会管理等领域改革，强化竞争政策的基础性地位；社会政策要强化兜底保障功能，实施就业优先政策。这是当前中国对政策类型、政策过程与政策功能的最新认识，也是在实践层面对审慎平衡政策取向的权威脚注。毫无疑问，在当前中国全面发展中，在其功能定位的回归基础上，公共政策的制订、贯彻、执行将进入一个活跃期，新时代的到来将伴随着政策活跃期的到来。正是因为这种审慎平衡的政策取向，使得此一政策活跃期不

① 在中华人民共和国成立之后的 30 年间，政策过多地承载了制度乃至法律应当承担的功能，这不仅对于政治制度建设和法治建设来说客观上是不利的，而且影响到政策效果本身。改革开放后，随着中国对制度、法治问题的重视，这一现象得以改观，制度、法律与政策间关系正在得以重塑。详见张树平：《从政党能力到国家能力：转型中国国家能力的一种建构路径》，《复旦政治学评论》，2018 年第 1 期。

同于“政策治国”的历史阶段——在公共政策的精致化、科学化、民主化、法治化、集成性、系统性、协同性水平上，对国家的政策能力，尤其是政府的政策能力，特别是地方政府的政策能力提出了高水平要求。

（四）从议题、政策到国家形态

现代中国独特的国家形态决定了中国独特的议题能力与政策能力。现代中国在政治议题塑造与政策贯彻能力上引人瞩目的独特性，一度成为比较政治学、比较政治经济学研究的热门话题。现代中国区别于西方发达国家的政治议题偏好，以及现代中国区别于一般发展中国家的政策贯彻执行能力，成为解释现代中国经济社会发展奇迹的重要变量。从这个意义上说，正如我们前文所分析的，现代中国国家政治结构和政治制度体系是赋予现代中国议题能力与政策能力的关键因素。而现代中国独特的政治结构与政治制度体系，则来自于中国从传统国家到现代国家变迁中国家形态的三重规定性：历史国家、现代国家和社会主义国家的内在规定性共同塑造了现代中国国家形态，因而塑造了现代中国独特的政治结构与政治制度。因此，在现代国家形态与国家议题能力和政策能力之间，存在着内在的逻辑关系。

从历史政治学的范畴来说，中国现代国家形态赋能予现代中国独特的议题能力与政策能力。也正是从历史政治学的视野来看，国家形态与议题、政策能力之间的关系，并非是一次性的，也并非是单向的。原因在于：直到21世纪中叶中国建成富强民主文明和谐美丽的现代化国家之前，现代中国国家建设就仍旧在历史进程之中。由此，现代中国国家形态的三重规定性与中国经济社会发展的现实条件相遇接而形成的国家形态现实性，亦将处于历史变革进程之中——现代中国对“历史国家”的发明、对现代政治文明的接纳以及社会主义国家的实现程度，将随着现代中国的发展程度而发生变化，这个过程就是现代中国国家建设的具体过程。因此，同样是在现代中国国家形态“三重规定性”之下，随着中国国家形态的变化，比如从“发展型国家”到“基于发展的治理型国家”的转进，中国的国家议题能力与政策能力亦将有重要变化，这是一方面。

另一方面，国家议题能力与政策能力的构建，内在地需要国家机构改革、政府行政体制变革、政治体制改革、政治制度体系建设的跟进与支撑；换言之，国家为了实现其议题、贯彻其政策，需要对政治结构、政治过程、制度体系进行调整和变革，从这个意义上说，不仅国家形态影响国家的议题能力与政策能力，反过来，国家议程选择与政策过程也会影响国家的现实形态。包括“三大攻坚战”在内的政治议题的推进，就已经、或正在、或将会对当代中国的政治建设与政治发展产生实质性影响。以生态环保领域的“防治污染攻坚战”为例。“防治污染攻坚战”涉及到诸如生态环境部、农业农村部、国家发改委等不同部门之间，涉及到中央政府与地方政府等不同层级政府之间，涉及到不同行政地域之间，涉及到行政权力——审计权力——监察权力等不同性质的公共权力之间的关系，如何通过包括权责划分、职能转变、机构改革在内的行政改革，通过跨省协作与补偿机制的建立、督查与约谈机制的实施来建构一个“整体性政府”，对于“防治污染攻坚战”的切实推进极为关键。对于精准扶贫攻坚战和防范化解重大风险攻坚战来说同样如此。

2018 年中共中央印发的《深化党和国家机构改革方案》明确提出，要着眼于“提高党把方向、谋大局、定政策、促改革的能力和定力”，推进党中央机构改革，组建国家监察委员会、中央全面依法治国委员会、中央审计委员会等；要着眼于“加强和完善政府经济调节、市场监管、社会管理、公共服务、生态环境保护职能……增强政府公信力和执行力”，推进国务院机构改革；地方机构改革要“赋予省级及以下机构更多自主权，突出不同层级职责特点，允许地方根据本地区经济社会发展实际，在规定限额内因地制宜设置机构和配置职能”，“构建简约高效的基层管理体制”。从这个意义上说，当代中国的政治议题塑造与政策过程对国家现实形态的影响，仍处于一个正在进行的历史进程之中，这一历史进程与中共十九大确立的新历史时刻表相重叠，与当前中国全面建成小康社会、2020—2035 年基本实现社会主义现代化、2035 至本世纪中叶建成富强民主文明和谐美丽的社会主义现代化强国的历史周期重叠。在这些相互重叠的历史周期中，中国国家治理现代化将层层推进，中国作为特定现代国家的现实形态将发生具有深远意义的变化。当前，这种变化正在发生，但远未完成：当前中国已经感受到了这种变革的需求、方向和动力，但确保这种变革发生的体制、制度仍未完全确立起来。衡量这种变革的一个基本标准就是基层管理体制。从实践上说，只有当作为国家治理之神经末梢的“简约高效的基层治理体制”确立起来，我们才能说一种新的国家现实形态或者国家治理形态得以确立。在当代中国政治结构和政治体系中，执政党与政府、中央—地方与基层对新国家形态的感知能力与发展动力客观上是不一致的；当前中国全面深化改革进程中地方政府、特别是基层政府在基层治理中面临的种种困境和不适，在某种程度上就来自于这种不一致。

总而言之，中国作为特定现代国家的国家形态赋能予当代中国的议题—政策能力，当下中国的议题塑造与政策过程又影响和改变着当下和未来中国国家形态的现实构造。在这个相互关系中，当下和未来一段时期中国政治建设与政治发展将呈现出特定历史时代的特殊面貌。

第一，发展与治理。发展是古典国家与现代国家最为根本的区别：古典中国不以发展为存在前提，国家主要功能不在于发展而在于维护统治秩序和恒定的政治价值；而对处于竞合性国际体系的现代国家来说，发展已经成为国家存在的基础，成为国家的“第一要务”。对现代国家而言，发展是一种“变”的历史力量，治理是一种“稳”的历史力量。在 1949 年以来中国国家建设的历程中，发展与治理并非是自然而然地相融相合。事实上，在现代中国历史上的某些时段，发展与治理是相互脱节的。但是进入 21 世纪以来，特别是自中共十八大以来，当代中国已经进入一个“向治理寻求发展”

的新历史时期，[①] 发展与治理呈现为这样一种格局：国家治理以发展为基础，国家发展以治理为（持久）动力。国家治理与发展之间的这种互动格局，正将当代中国导向一种“基于发展的新治理型国家”形态。

第二，党治与法治。在现代中国的政治结构中，一方面，中国共产党是国家发展功能的主要承担者、体现者、象征者，是中国全面改革与发展的领导者、组织者、推动者、落实者；另一方面，中国共产党的领导体系与执政体系又是中国现代国家治理体系的重要组成部分，因而中国共产党也是国家治理功能的主要承担者、体现者、象征者。当现代中国进入一个“向治理寻求发展”的新历史阶段，这种集“治理功能”与“发展功能”于一身的政治责任，客观上要求中国共产党将其自身的执政治国纳入现代国家治理体系之中，纳入作为现代国家治理体系之集中表现的法治体系之中。因此，作为国家发展功能的承担者，一方面，中国共产党必须保持其集中、统一、高效的组织性和领导力；另一方面，中国共产党又必须将这种组织性纳入国家治理体系的整体之中，尤其是纳入其领导推进的全面依法治国的整体之中。

第三，理论与价值。现代中国的发展与治理，是有特定的理论根基的。这个理论根基就是马克思主义及其中国化的一系列理论成果，现代中国的发展与治理，正是在时代化、中国化的马克思主义指导下进行的。中国的发展需要理论指导，中国的发展需要理论创造；越是进入中国发展的关键历史阶段，越是需要关键性的理论创造。现代中国国家治理，是依托于特定的政治价值的；越是成熟的国家治理形态，其制度体系与政治过程越是有成熟、稳定的政治价值体系作支撑。指导中国发展的理论创造必须是“可信的”，支撑国家治理的政治价值必须是“可爱的”。当前中国全面深化改革中的一系列深层次问题的解决，已经触及到中国发展与治理的深层次理论和政治价值问题，如何将新时代的理论创造在“可信”的基础上转

---

① 张树平：《当代中国政治：逻辑在历史中展开》，《社会科学报》，2017 年 4 月 13 日。

化为“可爱”，将新时代的政治价值在“可爱”的基础上升华为“可信”，将是这个时代中国政治发展的最为独特的景观之一。

第四，政策与制度。当前中国将进入一个政策活跃期、制度巩固期交汇并存的历史时期。中国的发展越是到了关键期，公共政策的运用就越是活跃；国家治理越是到了成熟期，制度体系就越定型、越巩固。在当前及今后一段历史时期，在国家政治生活和政治过程中厘清政策与制度之间的关系，是建构“基于发展的治理型国家”的内在需求，是促进中国全面发展和优化国家治理的内在需求。公共政策得到政治制度体系之支撑，制度体系得到公共政策体系之“减负”，二者获得一种适度分离又相互支援的良性关系，将使中国政治发展再上一个新台阶。

第五，技术与艺术。技术是现代国家发展中的一种进步力量、变革力量，甚至是具有颠覆性影响的变革力量。在从传统国家到现代国家的发展历程中，技术改变着政治，改变着政治过程，改变着国家形态。总的来说，技术在现代国家发展与治理中的应用，推动了国家的全面发展与优化治理，但也体现出“多面性”。尤其是以互联网等信息技术为核心的现代技术发展，有望彻底改变历史学家所谓传统国家在国家治理问题上的模糊性，实现所谓国家治理中的“数目字管理”。但是，技术的应用及其治理效应，仍然视乎技术的应用者——人的因素仍然是技术的发展效应与治理效应的关键。正如我们所看到的，当前中国在基层治理中大量应用数字技术实现过程管理、痕迹管理的举措，在一定条件下转向了它的反面，成为新的形式主义的催化剂。因此，在技术高度发达的现代社会，政治仍然保持了它作为一种治国艺术的维度。在新时代的中国政治建设与政治发展中，我们仍然需要政治家，需要勇气、智慧、责任与担当，需要技术之上的政治艺术，需要技术之外的人的因素。

交叉指向的议题塑造与审慎平衡的政策取向决定了当代中国政治结构与政治过程中的各种政治主体——这些从前一个历史阶段走过来的行动者，在某种意义上、在某种程度上需要重新审视前一历史阶段通行的、或者潜在的政治惯例，告别他们曾经习惯的行为方式。在这个过程中，这些政治主体和行动者可能会面临不适、面临困惑、面临困境。那种在相互区隔的领域和边界之内以自我为中心的思维方式和行动方式，并不适用于这个新的时代，并不适用于这个需要时时处处关照到利益相关者、行政相对方、合作者与竞争者的新时代，并不适用于这个需要同时尊重社会发展各个领域基本规律、一个领域的充分发展以其他所有领域的充分发展为前提的新时代。因此在这样一个新的历史关口，中国社会需要全面、重新学习：执政党需要重新学习，学习在全面依法治国环境下整体推进政党—国家能力的新本领；政府需要重新学习，学习在市场经济、社会成长、法治政府等多重约束条件下增强政府能力特别是政策能力的新方式；包括股市、金融市场在内的市场体系和市场主体需要重新学习，学习在一个成熟的市场经济条件下和完善的政府与法治监管下通行的新规则；社会主体需要重新学习，学习现代国家对其社会基础的新要求以及现代国家治理条件下社会自治应当承担的新责任。概言之，现代中国需要重新学习，学习其所治下的社会与市场，学习其经济基础与社会基础，感受社会与市场的脉动与要求，感受历史国家、现代国家、社会主义国家规定性在新时代的内在统一与有机融合。

第二章　加强党的领导：顶层设计完善党和国家制度

2018 年是贯彻党的十九大精神的开局之年，是改革开放 40 周年，也是决胜全面建成小康社会、实施“十三五”规划承上启下的关键一年。这一年中，党的十九届二中全会和三中全会相隔一个多月相继召开，党的十九届二中全会提出了这次宪法修改的总体要求，强调要为新时代坚持和发展中国特色社会主义、实现“两个一百年”奋斗目标和中华民族伟大复兴的中国梦提供有力的宪法保障。十九届三中全会审议通过了《中共中央关于深化党和国家机构改革的决定》和《深化党和国家机构改革方案》，通过此方案，党的领导能力和执政能力进一步提高，党和国家机构改革呈现系统性改革、结构性优化、整体性推进三大特征。党的力量来自组织，党的全面领导、全部工作要靠党的坚强组织体系去实现，通过一系列组织人事制度的出台，党的干部队伍建设和基层组织建设进一步增强。同时，党风廉政建设与反腐败斗争继续深入，通过国家监察体制的改革，有效形成了对党和国家的监督体系。

一、十九届二中全会：提出宪法修改的总要求

2018 年 1 月 18—19 日，中国共产党第十九届中央委员会第二次

全体会议在北京召开。全会审议通过了《中共中央关于修改宪法部分内容的建议》。全会认为，宪法是国家的根本法，是治国安邦的总章程，是党和人民意志的集中体现。我国宪法必须随着党领导人民建设中国特色社会主义实践的发展而不断完善发展。全会认为，宪法是国家的根本法，是治国安邦的总章程，是党和人民意志的集中体现。全会高度评价全面依法治国取得的成就。我国宪法必须随着党领导人民建设中国特色社会主义实践的发展而不断完善发展。全会强调，由宪法及时确认党和人民创造的伟大成就和宝贵经验，以更好发挥宪法的规范、引领、推动、保障作用，是实践发展的必然要求。

党的十九届二中全会提出了这次宪法修改的总体要求，强调要为新时代坚持和发展中国特色社会主义、实现"两个一百年"奋斗目标和中华民族伟大复兴的中国梦提供有力宪法保障。目的就是通过修改使我国宪法更好体现人民意志，更好体现中国特色社会主义制度的优势，更好适应提高中国共产党长期执政能力、推进全面依法治国、推进国家治理体系和治理能力现代化的要求。

（一）我国宪法的修改历程

宪法是国家的根本大法，是党和人民意志的集中体现。从1954年我国第一部宪法诞生至今，我国宪法一直处在探索实践和不断完善过程中。

第一部宪法是在革命战争基本结束、新生人民政权初步巩固的基础上，于1954年9月20日在第一届全国人民代表大会第一次会议上审定通过的。这部宪法吸收了具有临时宪法作用的《中国人民政治协商会议共同纲领》的精髓，确立了人民民主专政的根本政治制度，但在很大程度上仍具有过渡性质。

第二部宪法的制定由于受到"文化大革命"内乱的干扰和林彪、江青反革命集团的把持，在极端"左"倾错误思想指导下进行的，于1975年1月7日，经四届全国人大一次会议审定通过。这部宪法是“文革”的产物，“左”的倾向严重，同时也助推了“文革”错误的延续，为后来的拨乱反正造成了宪法上的障碍。

第三部宪法是在结束十年“文革”的基础上，于1978年3月5日由五届全国人大一次会议审定通过的。这部宪法对于文革流毒的肃清不彻底，并且与1978年底党召开的十一届三中全会精神有很多相悖之处。于是，1979年、1980年，分别通过五届全国人大二次、三次会议做出了部分修正。

第四部宪法是在真理标准问题大讨论充分进行、拨乱反正基本结束、改革开放迈出重要步伐的基础上，于1982年12月4日由五届全国人大五次会议审定通过的。这部宪法是继承和发展了1954年第一部宪法的基本原则，总结了中国特色社会主义发展的经验，并吸收了国际经验，是一部有中国特色、适应总的社会主义现代化建设需要的根本大法。它将四项基本原则的主要内容写进了宪法，明确了今后国家的根本任务是集中力量进行社会主义现代化建设。它规定了公民在法律面前一律平等。1982年宪法一直沿用至今。

1982年宪法公布施行后，根据我国改革开放和社会主义现代化建设的实践和发展，分别于1988年、1993年、1999年、2004年、2018年进行了5次修改。其中主要的成果有：确立私有经济合法地位；增写社会主义初级阶段和建设由中国特色社会主义的理论以及改革开放的；建立起社会主义市场经济体制，取代计划经济；尊重和保障人权，维护和扩大了人民权利；不断坚持和完善党的领导，明确了党是中国特色社会主义事业的最高领导力量。每一次修改都为宪法注入新活力，很好地适应和推进了中国特色社会主义的蓬勃发展。

（二）本次宪法修改的时代背景

自2004年修改宪法以来，党和国家事业又有了许多重要发展变化。特别是党的十八大以来，以习近平同志为核心的党中央团结带领全党全国各族人民毫不动摇坚持和发展中国特色社会主义，创立了习近平新时代中国特色社会主义思想，统筹推进“五位一体”总体布局、协调推进“四个全面”战略布局，推进党的建设新的伟大工程，推动党和国家事业取得历史性成就、发生历史性变革。党的十九大对新时代坚持和发展中国特色社会主义作出重大战略部署，确定了新的奋斗目标。为更好发挥宪法在新时代坚持和发展中国特色社会主义中的重大作用，需要对宪法作出适当修改，把党和人民在实践中取得的重大理论创新、实践创新、制度创新成果上升为宪法规定。

（三）二中全会涉及的宪法修正的主要内容

2019 年十九届二中全会上提出的修改宪法部门内容的建议是自 2004 年后、时隔 14 年中国现行宪法启动第五次修订。党的十九届二中全会中宪法修改部分所涉及的主要内容包括：

1. 习近平新时代中国特色社会主义思想。习近平新时代中国特色社会主义思想是马克思主义中国化最新成果，是当代中国马克思主义、21 世纪马克思主义，是党和国家必须长期坚持的指导思想。

2. 党对一切工作的领导。中国共产党领导是中国特色社会主义最本质的特征，是中国特色社会主义制度最大的优势，必须坚持和加强党对一切工作的领导。

3. 五位一体、五大发展理念和奋斗目标。经济建设、政治建设、文化建设、社会建设、生态文明建设“五位一体”总体布局，创新、协调、绿色、开放、共享的新发展理念，到 2020 年全面建成小康社会、到 2035 年基本实现社会主义现代化、到本世纪中叶建成社会主义现代化强国的奋斗目标，实现中华民族伟大复兴，对激励和引导全党全国各族人民团结奋斗具有重大引领意义。

4. 人类命运共同体。坚持和平发展道路，坚持互利共赢开放战略，推动构建人类命运共同体，对促进人类和平发展的崇高事业具有重大意义。

5. 国家监察体制改革。国家监察体制改革是事关全局的重大政治体制改革，是强化党和国家自我监督的重大决策部署，要依法建立党统一领导的反腐败工作机构，构建集中统一、权威高效的国家监察体系，实现对所有行使公权力的公职人员监察全覆盖。

（四）宪法修正的启动与程序

在历次宪法修改过程中，也形成了相对固定的惯例，先由中共中央提出修改宪法的建议，再由全国人大常委会根据中共中央的建议提出宪法修正案草案，最后由全国人民代表大会通过无记名投票方式表决通过宪法修正案。

2018 年的宪法修正也同样遵循以上程序。从中央政治局开会研究修宪建议，再提交到二中全会讨论，最后由全国人大审议通过。习近平说："要善于使党的主张通过法定程序成为国家意志。"2018 年 1 月 26 日，中国共产党中央委员会向全国人民代表大会常务委员会提交了《中国共产党中央委员会关于修改宪法部分内容的建议》，建议中提出了需要修改的条款和具体内容，并请全国人民代表大会常务委员会依照法定程序提出宪法修正案议案，提请第十三届全国人民代表大会第一次会议审议。按照现行宪法规定："宪法的修改，由全国人民代表大会常务委员会或者五分之一以上的全国人民代表大会代表提议，并由全国人民代表大会以全体代表的三分之二以上的多数通过。"2018 年 3 月 11 日，十三届全国人大一次会议无记名表决，以赞成 2958 票、反对 2 票、弃权 3 票，高票通过《中华人民共和国宪法修正案》。十三届全国人大第一次会议表决通过的宪法修正案，把党的十九大确定的重大理论观点和重大方针政策载入国家根本法，把党和人民在实践中取得的重大理论创新、实践创新、制度创新成果上升为宪法规定。

党的十九届二中全会提出了这次宪法修改的总体要求，强调要为新时代坚持和发展中国特色社会主义、实现"两个一百年"奋斗目标和中华民族伟大复兴的中国梦提供有力宪法保障。《中共中央关于修改宪法部分内容的建议》站在健全完善党和国家领导制度、推进国家治理体系和治理能力现代化的高度，作出一系列保证党和国家长治久安的顶层设计和制度安排。宪法修正案明确把习近平新时代中国特色社会主义思想作为国家的指导思想，把建成富强民主文明和谐美丽的社会主义现代化强国确立为全国人民的共同奋斗目标，把国家监察体制改革的成果用宪法固定下来，把党的十九大对新时代坚持和发展中国特色社会主义做出的重大战略部署载入宪法之中。通过这一转换程序，把党的主张变为国家意志，把党和人民在实践中取得的重大理论、实践和制度创新成果上升为宪法规定，体现了党和国家事业发展的新成就、新经验、新要求。

二、持续深化党和国家机构改革

2018 年 2 月 26—28 日，中国共产党第十九届中央委员会第三次全体会议在北京举行。全会审议通过了《中共中央关于深化党和国家机构改革的决定》和《深化党和国家机构改革方案》，同意把《深化党和国家机构改革方案》的部分内容按照法定程序提交十三届全国人大一次会议审议。

（一）深化党和国家机构改革的背景

全会提出，深化党和国家机构改革是推进国家治理体系和治理能力现代化的一场深刻变革。党和国家机构职能体系是中国特色社会主义制度的重要组成部分，是我们党治国理政的重要保障。面对新时代新任务提出的新要求，党和国家机构设置和职能配置对统筹推进“五位一体”总体布局、协调推进“四个全面”战略布局的要求还不完全适应，对实现国家治理体系和治理能力现代化的要求还不完全适应。

（二）深化党和国家机构改革的主要内容

自党的十一届三中全会开始，党的历次三中全会都研究决定事关改革的重大问题。党的十九大对全面深化改革做出了重要部署。十九届三中全会做出的关于深化党和国家机构改革的决定就是对十九大决策部署的贯彻落实，这是在全面建成小康社会决胜阶段、在第二个百年奋斗目标即将开启的阶段我们党和国家政治生活中的又一件大事。

第一，提出了深化党和国家机构改革的目标。深化党和国家机构改革的目标是构建系统完备、科学规范、运行高效的党和国家机构职能体系，形成总揽全局、协调各方的党的领导体系，职责明确、依法行政的政府治理体系，中国特色、世界一流的武装力量体系，联系广泛、服务群众的群团工作体系，推动人大、政府、政协、监察机关、审判机关、检察机关、人民团体、企事业单位、社会组织等在党的统一领导下协调行动、增强合力，全面提高国家治理能力和治理水平。

第二，提出了深化党和国家机构改革的首要任务。深化党和国家机构改革的首要任务是完善坚持党的全面领导的制度，加强党对各领域各方面工作领导，确保党的领导全覆盖、更加坚强有力。要建立健全党对重大工作的领导体制机制，强化党的组织在同级组织中的领导地位，更好发挥党的职能部门作用，统筹设置党政机构，推进党的纪律检查体制和国家监察体制改革。机构改革的第一个特点就是“加强党的全面领导是核心问题”。重点加强和优化党对深化改革、依法治国、组织审计、宣传思想文化、政法、统战、纪检监察、国家安全、外交、民族宗教、经济、农业农村、教育、科技、网信等工作的全面领导。而其他方面的议事协调机构，也要同党中央决策议事协调机构的设立调整相衔接。

第三，提出了深化党和国家机构改革的重要任务。转变政府职能，优化政府机构设置和职能配置，是深化党和国家机构改革的重要任务。要坚决破除制约市场在资源配置中起决定性作用、更好发挥政府作用的体制机制弊端，围绕推动高质量发展，建设现代化经济体系，调整优化政府机构职能，合理配置宏观管理部门职能，深入推进简政放权，完善市场监管和执法体制，改革自然资源和生态环境管理体制，完善公共服务管理体制，强化事中事后监管，提高行政效率，全面提高政府效能，建设人民满意的服务型政府。

第四，提出加强党的集中统一领导、实现机构职能优化协同高效的必然要求。全会提出，统筹党政军群机构改革，是加强党的集中统一领导、实现机构职能优化协同高效的必然要求。要统筹设置相关机构和配置相近职能，理顺和优化党的部门、国家机关、群团组织、事业单位的职责，完善党政机构布局，深化人大、政协和司法机构改革，深化群团组织改革，推进社会组织改革，加快推进事业单位改革，深化跨军地改革，增强党的领导力，提高政府执行力，激发群团组织和社会组织活力，增强人民军队战斗力，使各类机构有机衔接、相互协调。

第五，提出理顺中央和地方职责，发挥两个积极性。全会提出，治理好我们这样的大国，要理顺中央和地方职责关系，更好发挥中央和地方两个积极性。要统筹优化地方机构设置和职能配置，构建从中央到地方运行顺畅、充满活力、令行禁止的工作体系，中央加强对宏观事务的管理，地方在保证党中央令行禁止的前提下管理好本地区事务，赋予省级及以下机构更多自主权，合理设置和配置各层级机构及其职能，增强地方治理能力，加强基层政权建设，构建简约高效的基层管理体制。

第六，机构编制法定化是保障。全会提出，机构编制法定化是深化党和国家机构改革的重要保障。要完善党和国家机构的法规制度，依法管理各类组织机构，加快推进机构、职能、权限、程序、责任法定化，全面推行政府部门权责清单制度，规范和约束履职行为，让权力在阳光下运行，强化机构编制管理刚性约束，加大对机构编制违纪违法行为的查处力度。

（三）深化党和国家机构改革的显著特点

第一，注重机构改革的顶层设计。从改革的目标可以看出，党和国家机构改革呈现系统性改革、结构性优化、整体性推进三大特征。从系统性改革讲，每个系统都进行顶层设计。例如，党的机构、国务院政府机构、人大政协机构、司法、群团等每个系统都有个优化、协调、高效的问题，系统与系统之间的结构性也要优化。

第二，进一步加强了中国共产党的领导能力。中国共产党的领导是中国特色社会主义最本质的特征。党政军民学，东西南北中，党是领导一切的。深化党中央机构改革，着眼于健全加强党的全面领导制度，优化党的组织机构，建立健全党对重大工作的领导体制机制，更好发挥党的职能部门作用，推进职责相近的党政机关合并设立或合署办公，优化部门职责，确保党的领导全覆盖。

第三，统筹党政军群机构改革。统筹设置相关机构和配置相近职能，理顺和优化党的部门、国家机关、群团组织、事业单位的职责。一是完善党政机构布局，理顺党政机构的职责关系，形成统一高效的领导体制。系统谋划和确定党政机构改革事项，统筹调配资源，减少多头管理，减少职责分散交叉，使党政机构职能分工合理、责任明确、运转协调。二是深化人大、政协和司法机构改革。三是深化群团组织改革。四是推进社会组织改革。五是加快推进事业单位改革。六是深化跨军地改革。

第四，本轮改革新建立的国家监察委改变了国家权力结构。过去我们常说人大产生一府两院，以后就是一府一委两院四个结构了，监察委排在国务院政府后、法院和检察院前，其权威性肯定会被确立起来。十三届全国人大一次会议贯彻党的十九大会议精神，以高票通过《中华人民共和国宪法修正案》，专门增写“监察委员会”一节，确立监察委作为国家机构的法律地位。监察委入宪健全和完善了中国特色社会主义国家监督体系，展示了中国共产党反腐方案有了创新式的跨越，由制度反腐升华为依法反腐。

（四）确定了拟推荐的国家机构领导人人选

十九届三中全会审议通过了中央政治局在广泛征求党内外意见、反复酝酿协商的基础上提出的，拟向十三届全国人大一次会议推荐的国家机构领导人员人选建议名单和拟向全国政协十三届一次会议推荐的全国政协领导人员人选建议名单，决定将这两个建议名单分别向十三届全国人大一次会议主席团和全国政协十三届一次会议主席团推荐。根据十九届三中全会通过的建议人选名单，2018 年全国两会期间，经过严格法定程序，新一届国家机构和全国政协领导人员相继产生，实现了党的十九大确定的党和国家领导人员新老交替大格局。出席十三届全国人大一次会议第五次全体会议的 2970 名全国人大代表以无记名投票方式，全票选举习近平总书记继续担任中华人民共和国主席、中华人民共和国中央军事委员会主席。

三、加强制度建设，优化组织设置

为了全面贯彻新时代中国特色社会主义思想，以组织体系建设为重点，着力培养忠诚干净担当的高素质干部。

（一）召开全国组织工作会议，为党的组织建设确定路线图

2018 年 7 月 3—4 日，全国组织工作会议在北京召开。习近平总书记在会上强调，组织路线对坚持党的领导、加强党的建设、做好党的组织工作具有十分重要的意义。

新时代党的组织路线是：全面贯彻新时代中国特色社会主义思想，以组织体系建设为重点，着力培养忠诚干净担当的高素质干部，

着力集聚爱国奉献的各方面优秀人才，坚持德才兼备、以德为先、任人唯贤，为坚持和加强党的全面领导、坚持和发展中国特色社会主义提供坚强组织保证。

习近平强调，党的力量来自组织。党的全面领导、党的全部工作要靠党的坚强组织体系去实现。党中央是大脑和中枢，党中央必须有定于一尊、一锤定音的权威。党的地方组织的根本任务是确保党中央决策部署贯彻落实，有令即行、有禁即止。党组织在党的组织体系中具有特殊地位，要贯彻落实党中央和上级党组织决策部署。每个党员特别是领导干部都要强化党的意识和组织观念，自觉做到思想上认同组织、政治上依靠组织、工作上服从组织、感情上信赖组织。[①]

习近平指出，要以提升组织力为重点，突出政治功能，健全基层组织，优化组织设置，理顺隶属关系，创新活动方式，扩大基层党的组织覆盖和工作覆盖。要加强社会组织党的建设，探索加强新兴业态和互联网党建工作。要加强支部标准化、规范化建设。基层党组织要在贯彻落实中发挥领导作用，强化政治引领，发挥党的群众工作优势和党员先锋模范作用，引领基层各类组织自觉贯彻党的主张，确保基层治理的正确方向。

（二）基层党建的各项制度不断完善

党的十八大以来，以习近平为核心的党中央将依规治党作为与依法治国、制度治党统筹推进的重要利器，围绕“为何要重视党内法规、要建设什么样的党内法规、怎样执行党内法规”时代课题，在实现依规治党、推进全面从严治党建设方面取得重大突破，开创了党内法规建设的新阶段。2018 年，中共中央印发《中国共产党支部工作条例（试行）》、中央政治局召开会议审议《中国共产党农村基层组织工作条例》《关于党的基层组织任期的意见》，基层党建的

---

① 《人民日报》，2018 年 7 月 5 日第 1 版。

各项制度不断完善。

1. 中共中央印发《中国共产党支部工作条例（试行）》

党支部是党的基础组织，是党在社会基层组织中的战斗堡垒，是党的全部工作和战斗力的基础。2018 年 11 月，中共中央印发《中国共产党支部工作条例（试行）》。《条例》共 8 章 37 条，内容全面、规定明确，覆盖了党支部建设的各领域、各方面。一是明确了党支部的功能定位，规定党支部是党的基础组织、党的组织体系的基本单元、党在社会基层组织中的战斗堡垒、党的全部工作和战斗力的基础，并提出党支部工作必须遵循的原则。二是规范了党支部的设置，明确党支部设立范围、条件和程序，对结合实际创新党支部设置形式作出规定。三是提出了党支部的基本任务和不同领域党支部的重点任务，强调村和社区党支部要全面领导隶属本村、本社区的各类组织和各项工作。四是完善了党支部的工作机制，对党员大会、党支部委员会和党小组的职责和运行方式等作出规范。五是规定了党支部组织生活，对“三会一课”和主题党日、组织生活会、民主评议党员、谈心谈话等细化内容和程序。六是强调了加强党支部委员会建设，规范党支部委员会组成、任期和选举，提出了党支部书记的任职条件和选拔渠道等。七是压实了党支部工作的领导指导责任，明确为党支部开展工作给予经费保障，干部考察应当听取考察对象所在党支部的意见等。

《条例》是我们党历史上第一部关于党支部工作的基础主干法规，为新时代的党支部建设提供了基本遵循。

2. 修订《中国共产党农村基层组织工作条例》

2019 年 1 月，中共中央印发新修订的《中国共产党农村基层组织工作条例》。农村基层党组织是党在农村全部工作和战斗力的基础，坚持党管农村工作、重视和加强农村基层党组织建设是我们党的优良传统。1999 年 2 月颁布实施的《条例》，作为党的农村基层组织建设的基本法规，为推进农村基层组织建设、夯实党在农村的执政基础提供了重要制度保证。

一是在总的定位上，明确规定乡镇党委和村党组织全面领导乡镇、村的各类组织和各项工作。二是在组织设置上，明确规定以行政村为基本单元设置党组织，县以上有关部门驻乡镇单位党组织除党中央另有规定的以外均受乡镇党委领导，农村经济组织、社会组织中成立的党组织一般由所在村党组织或者乡镇党委领导。三是在职责任务上，明确规定乡镇党委和村党组织讨论决定本乡镇本村的经济建设、政治建设、文化建设、社会建设、生态文明建设和党的建设以及乡村振兴中的重大问题，领导基层治理。四是在体制机制上，村党组织书记应当通过法定程序担任村民委员会主任和村级集体经济组织、合作经济组织负责人，村“两委”班子成员应当交叉任职，村务监督委员会主任一般由党员担任，可以由非村民委员会成员的村党组织班子成员兼任。五是在议事决策上，明确规定村级重大事项决策实行“四议两公开”，加强村务监督。六是在保障支持上，明确规定乡镇党委委员按照乡镇领导职务配备，投放农村的公共服务资源以乡镇、村党组织为主渠道落实，健全以财政投入为主的村级组织运转经费保障制度等等。通过这些制度设计和具体措施，确保农村基层党组织的领导是具体的而不是抽象的，是实在的而不是空泛的。①

《条例》的颁布实施，对于坚持和加强党对农村工作的全面领导，打赢脱贫攻坚战，深入实施乡村振兴战略，推动全面从严治党向基层延伸，提高党的农村基层组织建设质量，巩固党在农村的执政基础，具有十分重要的意义。

3. 出台《关于党的基层组织任期的意见》

党的十九大党章修正案规定，党的基层委员会、总支部委员会、

① 全面提高新时代党的农村基层组织建设质量——中央组织部负责人就修订颁布《中国共产党农村基层组织工作条例》答记者问。

支部委员会每届任期 3—5 年。为贯彻落实党章规定，严肃党内政治生活，严格党的组织制度，完善党的基层组织任期，现提出如下意见：党的基层委员会每届任期一般为 5 年，党的总支部委员会、支部委员会每届任期一般为 3 年，其中，村和社区党的委员会、总支部委员会、支部委员会每届任期为 5 年。本意见印发前已换届的党的基层组织，原则上从本届任期届满后，开始执行上述规定。

（三）加强干部队伍建设

1. 出台制度加强干部队伍建设文件

中共中央政治局 6 月 29 日召开会议，审议《关于适应新时代要求大力发现培养选拔优秀年轻干部的意见》，会议强调，发现培养选拔优秀年轻干部是加强领导班子和干部队伍建设的一项基础性工程，是关系党的事业后继有人和国家长治久安的重大战略任务。当前，中国特色社会主义进入新时代，我们党团结带领人民进行伟大斗争、建设伟大工程、推进伟大事业、实现伟大梦想，关键在于建设一支高素质专业化干部队伍，归根到底在于培养选拔一批又一批优秀年轻干部接续奋斗。

2018 年 7 月，中央办公厅、国务院办公厅印发《中央企业领导人员管理规定》，《规定》覆盖中央企业领导人员管理的全过程和各环节，对于坚持和加强党对中央企业的全面领导，建设高素质专业化的中央企业领导人员队伍，培育具有全球竞争力的世界一流企业，具有重要的意义。

2018 年 11 月，中央办公厅印发《干部人事档案工作条例》，《条例》总结吸收党的十八大以来从严管理干部人事档案工作的新经验新成果，对干部人事档案工作加以规范完善，是今后一个时期全国各级各类干部人事档案工作的基本遵循。

2018 年 11 月，中共中央印发《2018—2022 年全国干部教育培训规划》。《规划》是新时代加强和改进干部教育培训工作的重要依据，对于贯彻落实新时代党的建设总要求和新时代党的组织路线、培养造就忠诚干净担当的高素质专业化干部队伍、确保党的事业后继有人，具有重大而深远的意义。《规划》明确了总体要求、全面深入开展习近平新时代中国特色社会主义思想教育培训、完善培训内容体系、优化分类分级培训体系、建强培训保障体系、健全培训制度体系、组织领导等内容。

2. 党政干部队伍懒政、怠政的原因

党的十八大以来，党中央加大了党风廉政建设和反腐败斗争的力度，领导干部的作风建设有了明显改观，贪污腐败得到有效的控制。然而，党政干部“为官不为”的懒政、怠政的现象有所抬头、蔓延。党政干部的懒政、怠政不仅使国家机器难以正常运转，而且削弱了政府的公信力，损害了党与群众的鱼水关系，危害极大，亟需治理。

官员懒政、怠政的原因是多方面的，其中治理方式转型、铁腕反腐、制度建设方面的漏洞都是重要原因。

第一，治理方式的转型过程中，“规矩”依然在形成的过程中，并没有形成一个比较固定的模式。国家治理方式的转型是十八大做出的治国战略选择，现代化的治理方式要求依法、依规进行治理。虽然中央对党的建设、经济社会发展、思想文化建设等诸多领域思路是明确的，各项政策相继出台。但是对地方和部门而言，仍然处于旧体制向新体制转换时期，旧体制没有完全废除，新体制尚未完全建立起来，“规矩”依然在形成的过程中，并没有成为一个比较固定的模式。结果就是治理转型过程中，地方官员或者部门官员依然处于无规矩可循的状态，这是造成地方官员懒政、怠政的重要的客观原因。规矩尚未形成一个固定的模式表现在三方面：一是治理方式转型过程中，旧体制没有完全废除，新体制尚未完全建立起来，在体制、政策、机制上许多领域还处于“断档”状态。二是政策、法规之间不配套，甚至相互冲突。三是制定的政策不符合目前的现实。

第二，高压反腐下责任增大，职业风险增高。反腐败高压下，掌握公共权力的官员的职业风险明显增加。许多官员因腐败而被惩处，甚至有牢狱之灾，这对官员形成了巨大的威慑作用，除了不敢贪腐之外，也随之产生了如何在反腐高压下明哲保身、规避职业风险的问题，懒政、怠政成为了权衡利弊之后的理性选择。反腐败高压下，公务员的职业风险增大。一是新型政商关系还未建立。二是有贪腐污点的官员不敢做事。三是官员的责任加大。官员的心理压力普遍很大，公务员队伍担心违规违纪，成为抑郁患者的高发群体，地方官员如何规避风险，不犯错误，保乌纱帽成为官员的选择。四是社会转型期，有一个较长的试验过程。在方向不明朗之前，一些人不敢轻易创新，生怕出错担风险，遇到一点困难就推三阻四，设法规避。

第三，从官员的工作方式来看，还没有适应治理方式现代化、规范化的要求。过去的官员特别是地方官员做事情不规范，不管采取什么方式，只要把问题解决了就行。而治理现代化的大背景下，要求官员必须依法办事、依规办事，强调办事的规范化。因此，许多官员在过去的工作中形成的工作观念、工作方法、工作路数面临着需要调整和转变的问题。对许多官员来说，新的发展思路、新的工作方法尚未找到和形成，开展工作不得要领，甚至是束手无策，因此，表现出来的就是暂时不动、观察一下、等等看这样的懒政、怠政行为。

3. 官员懒政、怠政的治理对策

第一，加强顶层设计，建立制度明晰，政策间相互协调的治理环境。可加强相关的制度的建设，形成有制度可依的治理大环境。针对转型过程中政策、体制、机制上的“断档”状态，要在这些政策、机制上空白和缺失的地方加强调查研究，制定相关的政策以补齐制度、政策的缺口。

第二，建立新型的政商关系，加强廉政教育，营造良好的从政环境。规范政府权力边界，规范权力流程，建立新型的政商关系是党政官员从政能够规范和清廉的重要的生态环境，没有新型的政商关系，党政官员只要工作就可能会碰到与过去相同的问题。加强官员的公仆服务意识和行政伦理教育。加大对党政官员的人民公仆的服务意识和行政伦理的宣传和教育力度。通过宣传教育，砍断官员当官发财的观念，并树立官员的责任意识、担当意识。

第三，改革和完善干部选拔制度，建立“容错”机制。其一，形成能者上、庸者下的选拔机制。建立科学规范的干部选拔考核体系，把想干事、能干事、会干事、干成事的官员提拔到领导岗位上。同时，强化官员的问责机制，淘汰那些“不作为”干部，形成能者上、庸者下的良好政治生态环境。其二，加强对日常履职行为的监督管理。加强对日常履职行为的监督管理，对于应该作为而慢作为和无所作为的工作内容，实行具体工作内容问责制。其三，建立“容错”机制，允许一定程度的出错。建立“容错”机制，要允许有政治抱负、有担当的官员适度犯错，以解决官员行政的后顾之忧。

（四）加强党的基层组织建设

1. 基层党组织活动日益丰富

新疆巴州 2017 年探索推行“8 + X”主题党日活动，通过明确“干什么、怎么干、谁来干”，推动“三会一课”全面落实，进一步提升基层党组织的组织力。该州制定印发《基层党支部“8 + X”主题党日活动（办法)》，规定每周五为主题党日活动开展时间，以突出政治性、实效性为原则，明确主题党日活动的 16 个规定动作，即召开党员大会、诵党章、讲党课、唱国歌或重温入党誓词、知党情、过“政治生日”“民族团结一家亲”“党费日”、学典型、评工作、议维稳、志愿服务、扶贫帮困、红色教育、廉政教育、业务培训，每次活动结合实际选择开展不少于 8 项。目前，全州 4614 个党支部已举办“8 + X”主题党日活动 1.35 万余场次。①

山西黎城县委组织部制作《弘扬“红船精神”主题党日活动卡》，从活动时间、地点、内容、方式等方面进行规范，确保取得实效。各基层党支部以“5 + X”主题党日活动为主要形式，认真开展集中学习、诵读党章、重温入党誓词、缴纳党费、收看远程教育 5 项固定活动，同时结合实际，开展义务劳动、拓展培训、公益活动等形式多样的自选活动。②

2. 基层党建责任进一步落实

在落实管党治党责任方面，各级党委（党组）要切实履行主体责任，对党支部建设定期研究讨论，加强领导指导，县级党委每年至少要专题研究 1 次党支部建设。把抓党支部建设情况作为各级党委书记抓基层党建工作述职评议考核的重要内容，作为评判其履行管党治党政治责任的重要依据。

此外，党建标准化建设开始纳入村干部考核。广东廉江市出台村级干部绩效考核办法，将村级干部生活补贴与基层党建标准化建设情况结合起来，激发基层组织建设动力和活力。该市明确落实“三会一课”制度、规范党内组织生活、提升组织力等为基层党支部的基本工作任务，把村（社区）党组织推进“组织建设标准化、党员管理标准化、治理结构标准化、服务群众标准化、工作职责标准化、运作保障标准化”6 个基层党建标准化建设情况作为绩效考核的重要内容，把“党代表评议、党员满意度、群众获得感”作为绩效考核的重要评价标准。③

3. 基层党组织向“小个专”等党建空白点覆盖

山东威海市开展“小个专”党建提升年活动，促进个体工商户、

① 《探索推行“8 + X”主题党日活动》，《中国组织人事报》，2018 年 1 月 31 日。
② 《山西黎城：主题党日弘扬“红船精神”》，《中国组织人事报》，2018 年 1 月 24 日。
③ 《广东廉江：党建标准化建设纳入村干部考核》，《中国组织人事报》，2018 年 1 月 31 日。

小微企业、专业市场各项党建工作提质。该市依托市工商局成立市个体私营企业党委，由局长担任党委书记，出台加强个体工商户、小微企业、专业市场党建工作的意见，建立市、区市工商（市场监管）联动机制，逐级压实责任。强化组织建设，在工商注册登记窗口设置56个“非公党建信息登记牌”，结合企业登记、年报业务摸清党建情况；开展“联百企、构亲情”调研走访活动，对具备条件的立即建立党组织；选派基层市场监管所所长等优秀党建指导员，实现“小个专”党的工作全覆盖。强化作用发挥，开展“党员诚信示范商户”评选活动，发挥党员在经营活动中的作用。①

4. 整合区域资源，创新党建组织体系

上海市虹梅街道街道开展“区域化党建引领、园区企业协同、白领员工参与”的创新实践，开启“1+X”的党建模式。其中“1”指的是“虹梅街道党工委”，“X”指的是根据不同行业、单位特点，分层分类推出企业社会责任联盟、国字号企业党建沙龙等，发展出了涉及楼宇公共服务优化、社区公益事业发展共商共议楼宇公共事务小组，实现政府、企业、社会组织跨界合作，构建党建引领社会治理的共同体，引领区域发展和社区治理再上新台阶。②

健全各领域党建互联互动机制。推动街道社区党组织与单位、行业党组织的组织共建、活动共联、资源共享。山东逐级建立党建联席会议制度，共同协商解决问题。杭州制定行业系统党建工作指导意见，推动条块融合共建。武汉打造社区“红色物业”，将其培育成党的工作队。深圳建立“1+10+N”党群服务中心体系，打造党组织领导治理的坚强枢纽。

---

① 《山东威海：全面提升“小个专”党建工作》，《中国组织人事报》，2019年1月9日。

② 《徐汇区虹梅街道：强化楼宇党建构建园区“生态圈”》，http://www.shjcdj.cn/djWeb/djweb/web/djweb/home!info.action?articleid=8aafb7056817f43601687f2a651f02d5&catalogid=ff8080815ce39a70015cedd727aa004。

5. 细化、量化党支部、党员的考评

2018 年 7 月，青海省委组织部在深入总结 2015 年以来探索开展的党员“先锋指数”考评管理试点工作经验的基础上，制定出台《关于开展党支部“堡垒指数”和党员“先锋指数”考评工作的通知》，全面推行党支部“堡垒指数”和党员“先锋指数”考评机制。党支部“堡垒指数”由共性指数、个性指数和反向指数构成，按百分制方式进行量化考评，推动支部建设标准化、组织生活正常化、管理服务精细化、工作制度体系化、阵地建设规范化。共性指数（60 分）从领导班子、党员队伍、工作机制、基础保障等 4 个方面设置了 16 项考评标准；个性指数（40 分）对行政村、社区、机关事业单位、国有企业、非公经济组织、社会组织、中小学和高校等 7 个领域，结合行业工作实际，突出党建工作特点，注重从思想政治、组织建设、服务发展、社会治理、工作机制等方面设置了特色考评标准。根据考评情况，将党支部评定为“先进、一般、后进”3 个等次。按照巩固先进、推动一般、整顿后进的原则，对先进党支部，帮助打造建设成为基层党建示范点，积极推荐作为评优表彰对象；对一般党支部，加强教育引导，明确赶超目标，促进晋位升级；对后进党支部，采取“有方案支撑、有领导包抓、有干部指导”的整改措施，限期整顿提升。①

党员“先锋指数”由基本指数、正反向指数、清零指数构成。按百分制方式进行量化考评，基本指数（60 分）以“四个合格”为标尺、以促进发挥作用为导向、以党纪党规为红线，从政治自觉、遵章守纪、道德品行、发挥作用等 4 个方面设置了 18 项考评标准；正向加分指数（20 分）主要针对党员在思想政治工作、联系服务群众、推进中心工作、应对突发事件等方面发挥先锋模范作用情况设置了 6 个加分项；反向扣分指数（20 分）主要针对党员在政治信

---

① 《青海量化考评党支部和党员设立“堡垒指数”“先锋指数”》，《中国组织人事报》，2018 年 7 月 13 日。

仰、宗旨意识、组织纪律、行为操守等方面存在的问题设置了 6 个扣分项；清零指数主要针对党员在政治立场、组织生活、遵纪守法，尤其在反分裂反渗透等大是大非和廉洁自律方面存在突出问题的，考评分值直接清零。

6. 发挥党建功能，促进乡村振兴

2018 年 2 月，《中共中央国务院关于实施乡村振兴战略的意见》印发后，各地围绕“产业兴旺、生态宜居、乡风文明、治理有效、生活富裕”二十字方针，发挥党组织领导基层治理、团结动员群众、推动改革发展的坚强战斗堡垒作用，为乡村振兴提供了可持续、可壮大的组织力量。浙江持续推进“千村示范、万村整治”工程、湖南湘西州推广十八洞村“五兴”互助模式、黑龙江绥棱县开展“五星党组织”创建活动，推进党组织在改善村居环境中发挥作用。山东昌邑市引导文体等群众组织、四川苍溪县制定《村民积分制管理评分标准》，纯化乡风民风，引导村民向好向善；江西吉水县推行“党建 + 乡贤参事会”、陕西旬阳县探索自治、法治、德治“1 + 3”治理模式，强化党组织在乡村治理中的领导核心作用。

（五）区域化党建工作中的问题及治理对策

区域化党建是社会转型过程中单位和社区党建党组织的自身变化而做出的组织和制度变革，旨在有效地实现党对基层社会的有效整合，从而巩固党在基层社会的执政基础。

区域化党建是基层党组织在党建工作中的探索和创新，与过去的基层党建相比，具有鲜明的特征：一是组织建设的开放性。区域化党建突破了垂直型党组织结构的横向封闭性，形成在横向上相对开放的组织架构，能够把分布于不同性质、不同行业的企事业单位党组织，处于不断流动之中的党员组织起来共同开展活动。二是党建资源的统筹性。各基层组织的党建资源由区域化党组织统一筹划，可以实现党建资源多和强的党组织帮助、带动党建资源弱的党组织，从而促进党建资源在党组织之间的资源共享与互帮互促。三是组织架构的网络性。区域化党建基本上是以块为主、条块结合的网络化党建。区域内的基层组织包括企业、机关事业单位、“两新”组织等，甚至流动党员、离职党员、下班后党员等都可以作为网络上的一个节点参与到基层党建中来。四是党建功能的社会性。区域化党建以服务党员、服务群众为核心，全面考虑区域内的区域环境、区域治安、区域文化，协调区域内不同利益群体、不同阶层的关系，化解各种矛盾，引导和组织区域内的群众共同参与。因此，区域化党建不仅仅是区域内的党的建设问题（党务问题），而且是更加以化解矛盾、全面服务群众、全面服务社会为党建的核心取向。

目前，区域化党建虽然解决了组织的基本架构、党员覆盖等问题，但在运行的过程中还存在诸多的问题：

第一，共建、共享的认识尚未统一。区域化党建过程中，相关参与主体的主动性、积极性不高，社区单位的参与目前主要依靠领导重视和党政命令的推动。有些单位不愿意共享党建资源，区域化大党建使他们感到了人力、物力、时间上都有负担。

第二，街道党组织“块”与职能部门“条”的矛盾依然存在。大党委制旨在强化属地化党组织在街道辖区内的组织和协调能力。但由于职能部门、企事业单位的党组织与街道党工委之间不存在行政隶属上的关系，而且有的职能部门、企事业单位的行政级别位于街道党工委之上，导致区域化党建在实践过程中不能有效地整合和协调街道“块”的党组织与“条”的党组织之间的关系。

第三，工作方式过度依赖行政化，社会化、服务化的意识有待于提高。一些党组织仍习惯于单位制管理组织所形成的小党建、内循环的方式方法，存在权力领导路径依赖，习惯于以往依赖行政手段包揽一切、决定一切的思维定势。而在如何进行大党建、区域化大循环、动员和使用社会力量并有效服务社会、化解矛盾上还有待提高。

第四，共建双方缺乏相应的利益结合点。区域化党建格局还相对松散，共建双方在利益诉求等方面的对接力度不均衡，缺乏相应的利益结合点，这导致单位之间的党建共建缺乏持续合作的动力，党建的共建、资源的共享难以持续长久。

第五，在社区治理上，党建缺乏融入社会治理的有效突破口。区域化党建不仅仅要在党内形成完整的组织体系，更重要的是通过这一组织体系来完成基层社区治理的任务。目前，面对“多元共治”的治理要求，区域化党建在共治什么、如何治的问题上，尚难以形成普遍共识。这导致党建在推动社会治理方面缺乏有效的链接点，以党建在推动社会治理，融入社会治理方面缺乏有效的突破口。

第六，大党委委员的覆盖面和代表能力还有一定局限。目前，大党委委员主要涵盖了辖区内有影响力的单位或组织，而相对弱势的党组织或党员被排除在外。这就导致基层的党组织或党员没有充足的动力参与街道大党委制及其所开展的党的活动。

加强区域化党建的对策：

第一，以党建为引领，打造区域化的利益、情感为纽带的生活共同体。街道社区是目前区域化党建的基本地域范围。区域化街道社区是以行政区划地域为基本单位的治理单元，它的治理面积不大、人口适中，有着较为相同的区域环境、人文风貌和共同的生活区域，这为区域化党建提供了协商、合作、治理的基础。社区党组织要在社区建设中发挥政治核心作用，坚持把社区文化建设、社区生态环境建设、社区经济建设作为党建工作的重要抓手，打造区域化的利益、情感为纽带的生活共同体。

第二，推进“条块党组织关系”法治化、制度化和规范化进程：一是向上要建强三级联动机制。进一步明晰城区、街道、社区三级党组织的职能定位、重点任务和工作举措。按照明责、履责、负责、追责“四责合一”要求，确保责任到位，加强城区、街道、社区三级联动机制建设。二是在制度上规范街道大党委和上级党委之间的关系，既要保证上级党委对下级党委的权威，又要给予街道大党委必要的、与其职责相匹配的权力。三是进一步强化街道大党委的综合协调的权力。为了有效协调区域内“条”与“块”的矛盾，需要强化街道党组织对区域内党组织的综合协调的权力。

第三，找准党建推动社区治理的结合点。区域化党建工作必须在社区党组织的领导下，找准住区单位、社会组织、自治组织、居民群众等社会治理主体共同的利益链接点，激发各方的积极性和主动性。善于把党的领导建立在社区公共利益和为民服务的基础之上，把党的政治工作建立在社区公共事务和企业管理之中，把党组织的社会活动融入到为社区居民提供所需服务之中。

第四，引领基层党组织的行为导向由管理型向服务型转变。区域化党建模式下的基层党组织和党员之间的关系，不再是党员对党组织的单向度依赖关系，也不是单纯意义上的领导与被领导、管理与被管理关系，而是建立在组织与党员相互依赖、共同发展基础上的双向互动关系，在这种关系模式下构建的体制机制和运行方式，必然使区域内的各类党组织的服务功能得到进一步强化，并以此向社会传导明确而强烈的服务信号。

第五，培育枢纽型社会组织，增加社会组织的社会影响力。目前枢纽型社会组织的发育还无法有效承接社会治理过程中政府转移出来的职能，因此，通过党组织和地方政府根据需要来培育枢纽型社会组织成为了加强社区治理能力转型中的重要一环。党和政府可以根据社会治理的需要，培育一些对接政府和民间需求的枢纽型社会组织，在成立初期可以为这些社会组织提供一定的经费来源、核心组织成员、办公地点，扶植、辅助这些枢纽型社会组织尽快成长。

第六，健全制度体系，使基层党建制度与基层治理机制有机衔接。由于基层治理主体的多元化，创新民主的治理机制意义重大，必须把它作为区域化党建的重要任务。当前，重要的是健全党组织领导下的居民自治机制、民主协商机制、群团带动机制、社会参与机制，让党建引领有抓手、好操作、能持久，发挥市民公约、行业规章、团体章程等社会规范的作用。

四、健全监督体系，加强党风廉政建设

反对腐败、建设廉洁政治，是党一贯坚持的鲜明政治立场，是人民关注的重大政治问题。2018 年 1 月 11 日，在十九届中央纪委二次全会上，习近平总书记再次强调，当前反腐败斗争形势依然严峻复杂，特别是政治问题和经济问题交织、区域性腐败和领域性腐败交织、用人腐败和用权腐败交织、“围猎”和甘于被“围猎”交织等问题依然突出，全面从严治党依然任重道远，要锲而不舍落实中央八项规定精神，保持党同人民群众的血肉联系。要继续在常和长、严和实、深和细上下功夫。3 月，监察法施行和国家监委成立后，各级纪检监察机关加强对所有行使公权力的公职人员作风状况的监督，将改革形成的制度优势转化为治理效能。8 月，新修订的《中国共产党纪律处分条例》，对变相公款旅游等违反中央八项规定及实施细则问题细化完善了相关规定，并增加对形式主义、官僚主义问题的处分规定。

（一）“打虎”“拍蝇”“猎狐”继续保持高压态势

2018 年，党中央全面推进从严治党，反腐倡廉，“打虎”“拍蝇”“猎狐”继续保持高压态势，不敢腐的目标初步实现，不能腐的笼子越扎越牢，不想腐的堤坝正在构筑，反腐败斗争压倒性态势已经形成并巩固发展。反腐败斗争坚持无禁区、全覆盖、零容忍，坚持重遏制、强高压、长震慑，坚持受贿行贿一起查，坚定不移、精准有序，聚焦党的十八大以来不收敛、不收手的领导干部。

1. 打虎势头不减，中管干部多名落马。对比近几年的“打虎”数据可以发现，中纪委 2018 年查处的省部级官员数量很多，从 1 月 3 日陕西省原副省长冯新柱开始，平均到每月至少有 2 名省部级高官被通报，到 11 月已有 20 余名省部级干部落马，查处范围涉及中央部委、地方党委、人大、政府、政协等多个领域。2018 年落马“老虎”的职务，约一半为现职，并且是分管多个重点领域实职工作。例如：国家发改委副主任、国家能源局局长努尔·白克力，公安部副部长孟宏伟，广东省委常委、统战部部长曾志权，陕西省委常委、秘书长钱引安以及江苏、山东、江西、陕西、贵州等多省份的在任副省长。

违反党纪是落马的重要原因。在被查处的中管干部中，违反党纪党规成为被查处的首要原因。第一，违反政治纪律和政治规矩。80% 以上被通报的落马中管干部都违反了政治纪律，对抗组织审查是常见情形，另外还有干扰中央巡视，背离党中央的要求、弄虚作假，搞政治投机、为个人职务升迁拉关系，阅看有严重政治问题的境外书刊，搞“小圈子”、拉帮结派等。第二，违反组织纪律。76% 的被通报落马中管干部“不够老实”，存在不如实说明问题的情况。有的不如实填写个人有关事项报告，有的在组织谈话和函询时不如实说明，有的在接受组织审查调查时还企图瞒天过海。买官卖官、拉票贿选现象也是违法组织纪律的重要方面。第三，违反中央八项规定精神。2018 年被通报的中管干部几乎都踩了中央八项规定精神的红线。

2. 整治群众身边腐败问题是全面从严治党的重要内容，关乎群众的幸福感和获得感。省区市党委和纪委开展专项巡视巡察，突出审查重点，加大对“小官巨贪”惩处力度，紧盯群众反映的突出问题，加大集中整治和督查督办力度，把全面从严治党覆盖到“最后一公里”。随着治理行动深入开展，贫困县区一年两例会、一月一报告、直查直办、定期分析研判等制度日益健全完善。准脱贫离不开精准监督。作为其中一项重要举措，甘肃省实行信访前哨到村、廉政监督员到村、乡镇纪检干部到村、扶贫纪法宣传到村。截至目前，“四个到村”在全省 58 个贫困县基本全覆盖。

3. 加强反腐败国际合作，国际追逃追赃不停步。切断贪官外逃后路。党的十八大以来，中央和省级反腐败协调小组设立国际追逃追赃工作办公室，形成集中统一的协调机制，加强基础工作，摸清底数，建立外逃人员数据库，制定责任追究制度，把追逃追赃作为遏制腐败蔓延的重要一环。发布百名外逃人员红色通缉令，连续组织开展“天网行动”，因国施策、因案制宜，追拿归案一批外逃腐败分子。坚持追逃防逃两手抓，设置防逃程序，严格执行出入境证件管理和审批报备制度，开展打击利用地下钱庄和离岸公司转移赃款专项行动，有力遏制了人员外逃和赃款外流。“天网 2018”行动全国共追回外逃人员 1335 名（引渡 17 人，遣返 66 人，异地追诉 1 人，缉捕 275 人，劝返 500 人，边境触网 202 人，境内抓获 198 人，主动自首等 76 人），其中党员和国家工作人员 307 人，包括“百名红通人员”5 名，追赃金额 35.41 亿元人民币。此外，敦促投案公告也对外逃人员主动回国归案也发挥了重要作用。2018 年 8 月 23 日，《关于敦促职务犯罪案件境外在逃人员投案自首的公告》同时出现在国家监委、最高法、最高检等 5 部门官网的显要位置，这是自国家监委成立以来，5 部门首次联合发布“敦促投案公告”。《公告》显示，自公布之日起至 2018 年 12 月 31 日前，职务犯罪案件外逃人员自动投案，如实供述自己罪行，可以依法从轻或者减轻处罚。其中，有效挽回被害单位、被害人经济损失，积极退赃的，可以减轻处罚；犯罪较轻的，可以免除处罚。公告发布当日，外逃职务犯罪嫌疑人吴青、倪小沪相继主动回国投案。公告发布以来，已有近百名外逃人员投案自首。

（二）曝光力度不减，八项规定持续发力

2018 年 1 月 11 日，在十九届中央纪委二次全会上，习近平总书记再次强调，要锲而不舍落实中央八项规定精神，保持党同人民群众的血肉联系。要继续在常和长、严和实、深和细上下功夫。

第一，违反八项规定受到处分的人员数量增幅很快。从 2018 年全年数据看，查处问题数、处理人数、给予党纪政务处分人数三项数据均为中央八项规定出台以来最高值，11、12 两个月单月处理人

数破万。据统计，2018 年查处问题 65055 起，较 2016 年、2017 年分别增长 59.34%、27.54%；处理人数 92215 人，较 2016 年、2017 年分别增长 59.75%、28.71%；给予党纪政务处分人数 65558 人，较 2016 年、2017 年分别增长 54.38%、30.94%。数据的增量有很大一部分是 2018 年以前的存量问题，充分表现了纪检监察机关扭住问题不放、一查到底的鲜明态度。

第二，乡科级及以下干部占比近 9 成，纠治“四风”须不断向基层传导压力。从违反中央八项规定精神党员干部结构看，2018 年处理的 92215 人中，省部级 6 人、地厅级 1166 人、县处级 9467 人、乡科级及以下 81576 人。乡科级及以下干部占比近 9 成，反映出各级纪检监察机关直面“四风”问题并不断向基层传导压力，坚决纠正群众反映强烈的“四风”问题，坚决纠正损害群众利益的行为，让群众在全面从严治党中有更多获得感。

第三，三公经费、违规发放福利依然是问题多发类型。从 2018 年查处问题类型看，违规发放津补贴或福利、收送礼品礼金、配备使用公务用车、公款吃喝、大办婚丧喜庆等显性问题仍然较多，分别占全年查处问题总数的 25.54%、18.64%、14.44%、13.68% 和 9.63%。

第四，对违反八项规定曝光的内容更加详实，针对细节不放过。中央纪委对违反中央八项规定精神的典型问题进行公开曝光，例如，河南省气象局原党组书记、局长赵国强接受超标准公务接待问题。2017 年 3 月 16 日，赵国强等人到洛阳市气象局调研，当晚接受该单位超标准接待，共计消费 5332 元，人均消费 761.7 元，其中违规饮用 3 瓶高档白酒共计 3930 元。当天，赵国强等 4 人入住洛阳市某酒店，4 人当晚住宿费共超出标准 322 元（其中赵国强个人超出标准 118 元）。以上费用均由洛阳市气象局采取拆分单据、伪造公函、虚列会议费等方式公款报销。赵国强还存在其他违纪问题。赵国强受到党内严重警告处分，其他责任人受到相应处理。像这样调研过程中的接待超标的问题在工作、调研的过程中是时有发生的事情，八项规定发布后明令禁止，从这则被曝光的案例中我们可以看到曝光的力度之大，事无巨细，只要违反了八项规定就有被公开曝光的风险，这给了全党党员一个明确的信号，只要违反了八项规定，就会受到惩处。

第五，曝光直指“四风”问题。四川省纪委监委公开通报曝光9起扶贫领域的形式主义官僚主义典型案例。主要内容为履职不力、扶贫资料弄虚作假、慵懒懈怠、敷衍应付危房改造整改工作等问题。例如，中纪委网站曝光了脱贫攻坚工作中的慵懒懈怠问题。2018年2月，时任双河村党支部书记叶章勇，未认真履行贫困村党支部书记职责，对扶贫政策学习和宣传不力，该村部分组干部对扶贫工作不了解，部分贫困户不清楚自身享受政策及帮扶责任人；双河村道路建设、危房改造、易地扶贫搬迁等扶贫项目工作推进滞后；对上级督查发现并要求整改的工作未认真落实，整改不到位。2018年6月，叶章勇受到撤销党内职务处分。2018年，甘肃省共通报曝光扶贫领域腐败和作风典型问题338批次1547人，其中省纪委监委集中通报曝光13批次101人。除媒体曝光外，还通过召开乡镇党组织民主生活会、村“两委”会及乡村微信平台通报乡村干部违纪违法问题。

第六，加大曝光力度，警戒违规党员干部。曝光的目的在于通过案例来警戒全体党员干部时刻记住警戒红线，引以为戒。对于当天曝光的8起事件，中纪委还有一个总结性的小结，并告诫所有党员干部要引以为戒。中央纪委有关负责人强调，上述8起问题中，有的变换手法，把餐桌摆到内部食堂当幌子，掩盖公款吃喝的事实；有的坦然接受管理服务对象的宴请、礼金和旅游安排，既违反了廉洁纪律，又破坏了“亲”“清”的政商关系；有的借喜庆事宜收金敛财，甚至向贫困户、低保户伸手，陈规陋俗屡禁不改；有的组织公款出国旅游，慷公家之慨；有的单位一把手带头违纪，带坏了单位风气。这些受到处理的党员干部教训极为深刻，广大党员干部必须引以为戒，时刻反躬自省。

自从2013年9月中央纪委公开通报全国第一起因违规购买月饼而被处理的案例，到抓违规公款吃喝送礼、公款旅游、公车私用、违规建设楼堂馆所、大办婚丧喜庆、滥发钱物、出入私人会所等 12 个具体问题，八项规定在改善党风政风方面收到了显著的成效。

（三）扫除黑恶势力，查处涉黑“保护伞”

2018 年 1 月，中共中央、国务院发出《关于开展扫黑除恶专项斗争的通知》。《通知》指出，把扫黑除恶与反腐败斗争和基层“拍蝇”结合起来，深挖黑恶势力“保护伞”。纪检监察机关要将治理党员干部涉黑、涉恶问题作为整治群众身边腐败问题的一个重点，纳入执纪监督和巡视巡察工作内容。纪检监察机关和政法各机关建立问题线索快速移送反馈机制，对每起涉黑涉恶违法犯罪案件及时深挖其背后的腐败问题，防止就案办案、就事论事。各级纪检监察机关要将党员干部涉黑、涉恶问题作为执纪审查重点，对扫黑除恶专项斗争中发现的“保护伞”问题线索优先处置。

（四）健全党和国家监督体系

1. 再造反腐体制

长期以来，我国反腐败的主要问题是反腐败机构职能分散、形不成合力，有些案件难以坚决查办，腐败案件频发却责任追究不够。就反腐败力量而言，除了纪委扮演反腐败“主角”之外，行政监察机构、预防腐败机构、检察机关、反腐败协调小组都承担相应的反腐败职能，反腐败机构多头、职能分散，且相关反腐败工作交叉重叠，反腐败的综合效能未有效发挥出来。为应对腐败现象以及反腐败斗争出现的新情况、新变化，以改革创新的思路提升治理腐败的能力和水平、加强反腐败体制机制创新和制度保障就成为必要。

2018 年 3 月 5 日，中国共产党第十九届中央委员会第三次全体会议通过的《中共中央关于深化党和国家机构改革的决定》中，已经提出了“组建国家、省、市、县监察委员会，同党的纪律检查机关合署办公”的建议。3 月 11 日，十三届全国人大一次会议通过《中华人民共和国宪法修正案》，其中第三章“国家机构”中增加一节，正式增设“监察委员会”作为国家的监察机关。此前至 2018 年 2 月，全国 31 个省、自治区、直辖市和新疆生产建设兵团的省级监察委员会领导班子已全部按照法定程序产生。

为加强党对反腐败工作的集中统一领导，实现党内监督和国家机关监督、党的纪律检查和国家监察有机统一，实现对所有行使公权力的公职人员监察全覆盖，将监察部、国家预防腐败局的职责，最高人民检察院查处贪污贿赂、失职渎职以及预防职务犯罪等反腐败相关职责整合，组建国家监察委员会，同中央纪律检查委员会合署办公，履行纪检、监察两项职责，实行一套工作机构、两个机关名称。主要职责是，维护党的章程和其他党内法规，检查党的路线方针政策和决议执行情况，对党员领导干部行使权力进行监督，维护宪法法律，对公职人员依法履职、秉公用权、廉洁从政以及道德操守情况进行监督检查，对涉嫌职务违法和职务犯罪的行为进行调查并作出政务处分决定，对履行职责不力、失职失责的领导人员进行问责，负责组织协调党风廉政建设和反腐败宣传等。国家监察委员会由全国人民代表大会产生，接受全国人民代表大会及其常务委员会的监督。不再保留监察部、国家预防腐败局。2018 年 3 月，全国各级监委全面成立并与纪委合署办公。

作为国家监察制度的顶层设计，国家监察体制改革将进一步加大对腐败的监督和对腐败的惩处。

第一，作为国家监察制度的顶层设计，国家监察体制改革的本质要求就是要加强党的领导。改革之后，监委与纪委合署办公，履行监督职责，向党委报告工作，对党委负责，接受党委的领导和监督，也使反腐败斗争的领导权牢牢把握在党的手里，党对反腐败工作的统一领导得到充分保障。

第二，实行国家监察体制改革，将政府的行政监察、预防腐败及检察机关查处贪污贿赂、失职渎职、预防职务犯罪职能整合，组建反腐败专门机构，有助于破解反腐败机构多头、职能分散等问题，大大强化反腐败的威力，夯实法治反腐的组织和制度基础。

第三，国家监委成立后，监察对象范围扩大到所有公职人员。深化国家监察体制改革，就是要进一步加强党风廉政建设和反腐败工作，对所有行使公权力的公职人员监察全覆盖，旨在做到哪里有公权力，哪里就有监督。纪委的主要监督对象是党组织和党员领导干部，而监察委员会的监察对象是所有行使公权力的公职人员。以往，依据行政监察法，监察部门的覆盖范围只包括国家行政机关及其公务员，以及国家行政机关任命的其他人员。监察对象数量上增加了 3 倍以上。对于“行使公权力的公职人员”的范围，《中华人民共和国监察法》给出了明确的界定，归纳起来有 6 类人员。从 6 类人员的范围可以看出监察对象有了很大范围的扩大。

第四，全国各级监委全面成立并与纪委合署办公，相关部门各负其责、协同配合、无缝对接的工作机制，大大提升了办案效率。纪委监委协同作战，既执纪又执法，对违纪、职务违法和职务犯罪问题纪律审查和监察调查同步进行，正是纪检监察双重职责有机统一、相互衔接，纪检监察机关内部工作流程再造的生动体现，有利于加强纪法贯通、法法衔接，有效保证了审查调查权高效运行。党的十九大以来，十余名省部级高官落马并被处分及移送司法。这些高官从被查到处分通报公布，最短历时 1 月余，最长也不到 6 个月。省部级官员从被查到其党纪政务处分公开期间的“时间差”正不断缩短。

2. 深化派驻机构改革

2018 年 10 月，中办印发《关于深化中央纪委国家监委派驻机构改革的意见》。在巩固党的十八大以来派驻监督取得的明显成效基础上，进一步深化中央纪委国家监委派驻机构改革，完善派驻监督体制机制，为推动全面从严治党和反腐败斗争向纵深发展提供有力保证。

（五）彰显巡视利剑作用

党的十八大以来，以习近平同志为核心的党中央高度重视巡视工作，对加强和改进巡视工作作出一系列重大决策部署，继续让巡视成为“国之利器、党之利器”。十九大以来通过制定中央巡视工作规划，贯彻巡视工作方针，以政治建设为统领深化政治巡视，统筹安排常规巡视，深化专项巡视，强化机动式巡视，综合运用巡视成果，狠抓整改落实，提升全覆盖质量。

1. 十九届中央首轮巡视正式拉开序幕。本轮巡视除“首次将副省级城市纳入巡视部署”，经党中央批准，2018 年 2—5 月，十九届中央第一轮巡视对河北、山西、辽宁等 30 个地方、单位党组织开展常规巡视。根据《中国共产党巡视工作条例》规定，对第一轮巡视省区涉及的沈阳、大连、哈尔滨、南京、厦门、济南、青岛、广州、深圳、成都等 10 个副省级城市党委和人大常委会、政府、政协党组主要负责人，一并纳入巡视范围。同时，巡视时间则由 2 个月延长至 3 个月。

2. 中共中央办公厅印发《中央巡视工作规划（2018—2022 年）》。3 月，中共中央办公厅印发了《中央巡视工作规划（2018—2022 年）》，明确今后 5 年巡视工作总体思路、目标任务、主要举措。根据党章规定，《规划》明确了新一届巡视全覆盖的任务、内涵和实现路径。一是坚决实现一届任期内全覆盖目标。对中央巡视、省区市巡视、中央单位巡视、市县巡察全覆盖分别提出要求。二是明确全覆盖实现路径。统筹安排常规巡视，深化专项巡视，强化“机动式”巡视，加大“回头看”力度。三是深化全覆盖质量。坚持有形覆盖和有效覆盖相结合，坚决防止巡视表面化、形式化，做到发现问题、形成震慑全覆盖，推动落实管党治党政治责任全覆盖，增强党的意识、严明党的纪律全覆盖。

3. 开展了中央脱贫攻坚专项巡视。从 10 月 17 日到 10 月 20 日下午，十九届中央第二轮巡视——中央脱贫攻坚专项巡视的 15 个中央巡视组，全部完成对 26 个地方和单位的进驻工作，党的历史上首次中央脱贫攻坚专项巡视全面展开。巡视工作重点聚焦“八看”，即：看党委（党组）贯彻落实习近平总书记重要讲话指示批示精神和党中央脱贫攻坚方针政策情况；看省区市党委履行脱贫攻坚主体责任情况；看中央单位履行脱贫攻坚责任情况；看纪检监察机关履行脱贫攻坚监督责任情况；看各类监督检查发现脱贫攻坚过程中的问题整改落实情况；看扶贫领域干部队伍建设情况；看抓党建促脱贫攻坚和基层党组织建设情况；看东西部扶贫协作和中央单位定点扶贫工作开展情况。

4. 以政治建设为统领深化政治巡视。2018 年，安徽省在全省县处级以上领导班子和领导干部中开展“三查三问”。一查政治上是否做到“两个维护”，重点对政治巡视巡察中发现的突出问题监督问责；二查工作上是否坚决贯彻落实党中央重大决策部署，重点对落实打好“三大攻坚战”决策部署中存在的突出问题监督问责；三查作风上是否严格落实中央八项规定精神，重点对“四风”特别是形式主义、官僚主义问题，以及乱作为、不作为、慢作为等突出问题监督问责。一年以来，安徽以“三查三问”为统领，通过专题警示教育、述责述廉等方式，推动“两个责任”落实，持续夯实管党治党政治责任。全省开展党内问责 3616 例，其中，问责党组织 359 个，同比增长 51.5%；问责党员领导干部 3257 人，同比增长 101%；给予党纪政务处分 1277 人，同比增长 137.3%。

巡视已经成为党风廉政建设和反腐败斗争的重要平台、党内监督和群众监督相结合的重要方式、上级党组织对下级党组织监督的重要抓手。通过巡视，既可以发现思想政治方面和组织建设方面存在的问题，还可以发现作风建设方面和反腐倡廉方面的问题。同时，巡视工作的巨大震慑作用，使越来越多的党员领导干部拧紧思想阀门，筑牢廉洁堤坝，时刻提高拒腐防变的自觉性，初步取得了不敢腐、不想腐的效果。

（六）修订《中国共产党纪律处分条例》

2018年8月26日，中共中央公布新修订的《中国共产党纪律处分条例》，这是继2015年修订《中国共产党纪律处分条例》之后的再次对党纪处分条例进行修订。此次修订《条例》，再次彰显了党的十八大以来，以习近平同志为核心的党中央以铁的纪律全面从严治党的坚定决心和责任担当，与2015年《条例》一脉相承。

《条例》与修订前相比，新增11条，修改65条，整合了2条，是在原框架内的“升级版”，条例增写的主要内容有以下方面：一是以习近平新时代中国特色社会主义思想为指导。二是坚决维护习近平总书记党中央的核心、全党的核心地位，坚决维护党中央权威和集中统一领导。三是将不收敛、不收手、问题线索反映集中、群众反映强烈、政治问题和经济问题交织的腐败案件作为重点审查内容。四是增写“党组织和党员必须牢固树立政治意识、大局意识、核心意识、看齐意识”和运用监督执纪“四种形态”的内容。五是处纪法衔接，即对党纪与国法的衔接在第27至30条、第33条中作出详细规定，如增加规定党组织在纪律审查中发现党员严重违纪涉嫌犯罪的，原则上先作出党纪处分决定，并按照规定给予政务处分后，再移送有关国家机关依法处理等。六是对组织利用宗教活动反党，破坏民族团结，搞有组织的拉票贿选或者用公款拉票贿选，扶贫领域侵害群众利益，民生保障显失公平，组织利用宗族势力对抗中央方针政策、破坏基层组织建设，贯彻新发展理念失职等6种违纪行为从重或加重处分。七是对典型违纪行为，如对干扰巡视巡察工作，党员信仰宗教，借用管理和服务对象钱款、住房、车辆等，民间借贷获取大额回报，利用宗族、黑恶势力欺压群众，形式主义、官僚主义突出表现，不重视家风、对家属失管失教等八种新型违纪行为作出处分规定。

新修订的《条例》全面贯彻习近平新时代中国特色社会主义思想和党的十九大精神，以党章为根本遵循，将党的纪律建设的理论、实践和制度创新成果，以党规党纪形式固定下来，着力提高纪律建设的政治性、时代性、针对性，进一步释放了用铁的纪律管党治党的强烈信号，为推动全面从严治党向纵深发展提供了坚强的纪律保证。

第三章　国家制度建设：使制度更加定型

国家制度是国家治理的根本，关系着政治安定、社会繁荣与人民幸福。中共中央总书记习近平提出，执政党现在面临的一项重大历史任务，就是推动中国特色社会主义制度更加成熟、更加定型。在国家制度中，政治制度处于核心地位，决定着国家的本质特征与发展方向。人民代表大会制度是根本政治制度，中共领导下的多党合作与政治协商制度是基本政治制度，它们共同构成了中国政治制度的核心框架。近年来，国家制度在“以人民为中心”的发展理念下不断改革、发展与完善，国家制度也更加定型与成熟。

一、国家制度建设的基本方位

国家制度的发展，是特定背景、特定条件下的发展。国家制度建设，也是在特定背景、特定条件下的建设，体现了时代与环境对其内在要求或外在压力。总体来看，国家制度建设受制于政治发展与国家发展的双重逻辑：一方面，国家制度建设受到中国政治发展自身的客观规律支配，要适时对中国政治发展的内在要求及其衍生问题作出回应；另一方面，国家制度建设又是全国大棋盘的重要组成部分，要服务于国家发展的大局、中心任务与阶段性目标。这使得国家制度建设既带有政治发展的一般性要求，又带有国家发展的特殊性要求。当然，不管是国家发展还是政治发展，它们最终都统一于执政党的领导，通过执政党的领导来实现。

（一）政治发展中的国家制度建设

国家制度建设首先受制于中国政治发展的客观规律与内在要求，首先要为解决中国政治发展所面临的问题服务。

1. 制度自身的发展与完善

制度作为一种理性的规制力量，是人类历史发展到一定阶段的产物。制度化生存是现代国家的普遍特征，现代国家治理无不建立在制度的理性基础上。一个国家的成熟更多地取决于国家制度的成熟。成熟与定型的国家制度是维系社会稳定、实现国家善治、保障人民幸福的根本，反之，国家制度的失败则易于导致社会动乱、政治无序甚至国家衰败。

同任何事物一样，国家制度并不是一蹴而就的，它要经历从不成熟到成熟、从不完善到完善的成长过程。即便是相对成型的制度，随着时间的推延、社会经济基础的变迁、适用场景条件的位移，也可能因为过时、不适应、错位等问题而面临调整与改革。

中国的国家制度建设同样如此，虽然中国特色社会主义制度的基本架构已经确立，但自身面临着不断完善的问题。一些制度可能已经滞后、过时或不合时宜，难以适应新的社会形势；一些制度可能过于原则难以操作，迫切需要进行细化；一些新形势、新问题要求在制度上作出适时回应；实践中的成熟做法与有益经验，有待上升为制度；人民群众对国家制度的期待，也需要国家制度作出反应。

国家制度的自我发展与自我完善包括了宏观制度的发展、中观制度的健全与微观制度的细化三个层面。宏观制度的发展即根本制度层面的发展，比如对人民代表大会制度的重大变革。中观制度的健全是指具体制度层面的充实与健全，比如对选举制度、代表制度、人大监督制度等的变革。微观制度的细化即工作方式、工作机制、程序、体制等方面的改进与细化，比如全国人大常委会执法检查制度的细化。一般而言，国家制度建设较少发生在宏观制度层面，而是更多地发生在中观、微观制度层面，通过由点带面、由局部带动全局的方式推动国家制度的渐进式发展。

2. 社会主义民主的内在要求

中国是工人阶级领导的、以工农联盟为基础的人民民主专政的社会主义国家，国家一切权力属于人民。保障人民当家作主是保障人民主体地位、以人民为中心理念在政治生活中的集中体现，同时也构成了社会主义民主的核心内容。正如中共中央总书记习近平所言，社会主义民主就是“维护人民根本利益的最广泛、最真实、最管用的民主”，它要求一切国家机关及其工作人员必须依靠人民的支持，保持同人民的密切联系，倾听人民的意见和建议，接受人民的监督，全心全意为人民服务。

应该看到，社会主义民主最终通过国家制度的建构与完善具体实现。毋宁说，国家制度的核心内容正是落实与保障社会主义民主，以人民代表大会为主要载体的选举民主与以人民政协为重要载体的协商民主是社会主义民主的两种制度形态。作为选举民主的制度形态，人民代表大会制度需要不断健全人大监督制度、代表选举制度、代表联系选民制度、代表履职制度等，切实保障人民当家作主的权利。作为协商民主的制度形态，则需要不断创新政治协商机制、拓展政治协商的形式，使得协商民主广泛、多层、制度化发展，形成政党协商、人大协商、政府协商、政协协商、人民团体协商、基层协商以及社会组织协商多元并举的局面，保证人民有广泛持续深入参与的权利。

社会主义民主要求国家制度建设持续提供制度供给，通过建立健全相关的法律制度和体制机制，保证人民依照法律规定、通过各种途径和形式管理国家事务；通过制度建构与制度供给，推进社会主义民主制度化、规范化、法治化、程序化，畅通人民管理国家事务的制度化渠道。正如中共十九大报告所提出的那样，要“用制度体系保证人民当家作主”，要“健全人民当家作主制度体系”，并且“加强人民当家作主制度保障”。

3. 公民有序政治参与的扩大

现代政治的发展主要体现为三个方面：权威的合理化、结构的分离、政治参与的扩大。[①] 公民有序政治参与是现代政治的基本特征。随着社会经济的发展、人民受教育水平的提高、公民参政意识的增强，社会主义民主同样要求适时扩大公民有序政治参与。当政治制度化落后于不断扩大的政治参与时，就可能会发生参与爆炸甚至政治动乱，因而，扩大公民有序政治参与需要相应的政治制度化跟进，国家制度建设要为公民有序政治参与提供更多的制度与机制。

国家制度建设还要为民众提供意见表达与利益表达的制度机制。随着社会结构与社会阶层的多元化、分殊化，不同社会群体的意见表达或利益表达日益显示出迫切性。有效的意见表达机制是消弭社会矛盾、促进社会和谐、推进民主决策的前提。畅通的利益表达机制不仅会增强政府的合理性，而且也在根本上有利于政治秩序的稳定，“只有在利益表达机制顺畅时，公民才会信任法律与维护现有政治秩序，才会相信有序的政治参与能够达到利益表达的目的；反之，利益表达机制不顺畅，现有政治秩序与权威均受到质疑，公民可能寻求体制外因素进行利益诉求”。[②] 因而，国家制度建设需要不断解决意见表达与利益表达机制不畅、缺失或不到位的问题，这在任何社会时期都是如此。

---

① ［美］塞缪尔·亨廷顿：《变化社会中的政治秩序》，王冠华等译，上海：上海人民出版社，1989 年版，第 87 页。

② 魏星河等：《当代中国公民有序政治参与研究》，北京：人民出版社，2007 年版，第 115 页。

（二）国家发展中的国家制度建设

国家制度在国家发展中承担着以下重要角色：（1）立法者：为国家发展制定法律，修订不合时宜的法律，完善法律体系，更好地保障社会主义现代化建设。（2）决策者：为社会经济发展把脉，在党的领导下形成国家的重大决策或公共政策。比如，全国人民代表大会及其常委会针对某个议题作出重大决定或重大决策。（3）治理者：通过对民众、社会的关切作出回应，解决社会发展中的矛盾与问题，实现对国家的有效治理。比如，人大代表提案、政协委员提案以及提案处理反馈等等。（4）守护者：一切权力属于人民，国家权力机关要对人民负责。人民代表大会及其常委会对“一府两院”的权力行使进行监督，特别是对财政监督的强化，扎紧了约束权力的制度笼子。全国人大常委会每年的执法检查及其跟踪监督也督促政府相关部门积极落实相关法律。（5）智库者：为国家发展出谋划策，提供政策建议。以人民政协为重要载体的社会主义协商民主更大程度上发挥了各界别的智库作用，通过为社会经济发展出谋划策提供智力支持。（6）引领者：通过提供制度渠道让民众有序参与政治，表达民众的关切；定期选举人大代表，对代表进行履职培训，鼓励代表积极提案，督促代表述职等。（7）建制者：为个人与社会、个人与国家的关系以及国家各机构之间的关系提供制度与规范，使其有章可循、有制可依。比如，全国人大常委会的备案审查制度加强了社会主义法律体系的统一。

国家制度建设除了受到来自政治发展逻辑的规定，还受到来自国家发展逻辑的制约。如果说，前者的要求是相对恒定的，后者的要求则体现出阶段性，它受到特定国内外环境以及国家所采取的相应对策的影响，而国内外环境在每个具体时期会有所变化，比如2018年突如其来的中美贸易摩擦及其升级，加剧了国内经济下行压力，国家发展的政策不得不作出相应调整。

从根本上说，中国国家制度的基本框架是中国共产党领导全国各族人民共同确立的，国家制度的变革、发展与完善同样也是中国共产党领导全国各族人民完成的，它属于国家发展的重要组成部分。中国共产党对不同时期国家发展的路线、方针、政策、主张同样也指引国家制度建设的方向。这些路线、方针、政策、主张、决议，甚至中共领导人的重要讲话，同时也包含了中国共产党对国家制度建设的顶层设计与战略谋划，对国家制度建设具有指引意义。在执政党的领导下，国家制度建设服务于不同阶段、不同年度的国家发展任务或国家治理目标。

（三）2018 年的国家制度建设

2018 年是中共中央贯彻落实十九大精神的开局之年，是改革开放 40 周年，也是决胜全面建成小康社会、实施“十三五”规划的关键之年。新时代向国家制度建设提出了新的更高的要求，国家制度建设是在政治发展与国家发展的双重逻辑中展开的。

1. 选举民主与协商民主迎来新的开端

从政治发展的逻辑看，2018 年是全国人大与全国政协的换届之年，全国 35 个选举单位共选举产生 2980 名十三届全国人大代表，其中新代表超过 2200 名，约占代表总数的 75%；新一届全国政协 2000 多名委员中，一多半都是“新面孔”。

从第十三届全国人大代表的组成来看，新一届全国人大代表具有广泛的代表性，各地区各民族各方面都有适当数量的代表，一线工人、农民代表、妇女代表比例有所上升，党政领导干部代表比例有所下降，代表结构进一步优化。据统计，在选出的代表中，少数民族代表 438 名，占代表总数的 14.70%，全国 55 个少数民族都有本民族的代表；归侨代表 39 名；连任代表 769 名，占代表总数的 25.81%。与十二届相比，妇女代表 742 名，占代表总数的 24.90%，提高了 1.5 个百分点；一线工人、农民代表 468 名（其中有 45 名农民工代表），占代表总数的15.70%，提高了2.28个百分点；专业技术人员代表613名，占代表总数的20.57%，提高了0.15个百分点；党政领导干部代表1011名，占代表总数的33.93%，降低了0.95个百分点。[①] 基层代表与群众的联系最为紧密，最了解民生问题，这些群体代表比例的增加，有利于将基层人民的意志、利益和愿望带到人民代表大会，提升基层社会问题的能见度，有助于基层社会问题的解决。

为了充分发挥全国人大代表的作用，十三届全国人大常委会首次建立列席常委会会议的全国人大代表座谈机制，这是加强联系代表、主动接受监督的重要举措和创新做法。2018年，十三届全国人大常委会已连续在第五次、第六次和第七次常委会会议期间，邀请共计162名全国人大代表进行座谈，并听取代表的意见与建议。[②]

为提高提案工作质量，全国政协提案委员会于2018年从健全完善工作制度机制入手，修订了《全国政协提案工作条例》，制定了《全国政协提案委员会关于提高提案质量的意见》。这次修订条例和制定意见，旨在顺应新时代新使命对提案工作的新要求，两个文件是推进提案工作上新台阶新水平的重要依据和抓手。

协商民主不断开拓新的协商形式。2018年10月24日，全国政协召开“优化营商环境，促进民营经济高质量发展”网络议政远程协商会，身处四面八方不同地点的委员们，“出现”在同一个会上，线上线下的互动都很热烈，大家在“远隔千里”的交流探讨中，逐渐凝聚起共识。13位委员在北京、浙江、湖南、广东四个会场以及通过手机连线方式发言，积极建言资政。这是拓展政协协商民主形式的一次重要探索，互联网优势和政协协商特色在这里融合在一起。

---

① 李小健、王博勋：《2980名十三届全国人大代表的代表资格全部有效》，《中国人大》，2018年第5期。

② 李小健：《以担当精神、饱满热情、良好作风履行代表职责》，《中国人大》，2019年第1期。

2. 国家制度建设积极为中心任务、工作大局服务

从国家发展的逻辑看，在中美贸易摩擦升级、经济持续下行的情况下，全面加强党的领导、全面建成小康社会、全面从严治党、全面依法治国、打好“三大攻坚战”、以人民为中心保障民生成为国家发展的中心任务。

全国人大及其常委会的立法工作、执法检查、审查报告、专题询问等深入贯彻以人民为中心的发展思想。在立法方面，全国人大常委会以人为本、立法为民、保障民生的理念融入到立法实践中，不断推进民生领域的立法，比如旅游法、特种设备安全法、消费者权益保护法、环境保护法、行政诉讼法、慈善法、反恐怖主义法、食品安全法、反家庭暴力法、人口与计划生育法、网络安全法、民法总则、公共文化服务保障法、中医药法、公共图书馆法等，这些立法项目都与民生息息相关。在执法检查方面，全国人大常委会也是围绕关系民生的许多法律开展执法检查，比如种子法、统计法、大气污染防治法、传染病防治法、农产品质量安全法、防震减灾法、海洋环境保护法等。在审计报告方面，全国人大常委会审议了国务院关于财政医疗卫生资金分配和使用情况的报告、“十三五”规划纲要实施中期评估报告、审计署关于 2017 年度中央预算执行和其他财政收支审计查出问题整改情况的报告等，也与民生问题息息相关。在专题询问方面，全国人大常委会结合执法检查对其中发现的问题进行专题询问。

此外，为了贯彻落实党的十九届二中全会精神，适应深化国家监察体制改革的需要，进一步弘扬宪法精神、彰显宪法权威，十二届全国人大常委会第 33 次会议于 2018 年 2 月进一步修改完善了宪法宣誓制度，修改内容涉及了宣誓誓词、适用范围与举办仪式三个方面，这是宪法宣誓制度自 2015 年以来的重大修改。修改后的宪法宣誓制度自 2018 年 3 月 12 日起施行。

3. 领导体制与监察体制：宪法修改中的国家制度建设

2018年，十三届全国人民代表大会一次会议对宪法的修改既体现了政治发展的逻辑，又体现了国家发展的逻辑。这次修宪虽然只是局部修改，但意义重大，涉及了多项国家制度的调整与完善。

（1）把十九大的重大方针政策载入宪法。此次修宪的重要内容之一，是将党的十九大确定的重大理论观点和重大方针政策，特别是习近平新时代中国特色社会主义思想载入国家根本法，融入了中共中央在国家发展上的新理念、新探索、新经验，使宪法在保持连续性、稳定性与权威性的基础上与时俱进。这是中共中央在新时代坚持与发展中国特色社会主义战略全局的重大决策，也是推进全面依法治国、国家治理体系与治理能力现代化的重要举措。

（2）确立了“三位一体”的国家领导体制。采用何种领导体制对于大国治理、国家发展乃至国家兴衰起着举足轻重的作用。现行宪法对国家主席任期作出了连任不超过两届的规定，不过，党章对党的中央委员会总书记、党的中央军事委员会主席，宪法对中华人民共和国中央军事委员会主席，都没有作出“连续任职不得超过两届”的规定。为了实现“三位一体”的国家领导体制，修改后的宪法删去了国家主席“连续任职不得超过两届”的规定。代表们认为，对宪法的这一修改是健全国家领导体制的重要举措，可以使国家主席与党的中央委员会总书记、党的中央军事委员会主席任期相协调，有利于维护以习近平为核心的党中央权威和集中统一领导，有利于加强和完善国家领导体制，有利于党和国家的长治久安。

（3）健全了党和国家监督体系。此次宪法修改的一项内容，就是增写了“监察委员会”一节，确立监察委员会作为国家机构的法律地位。设立监察委员会并赋予其宪法地位，旨在整合反腐败的资源力量，加强党对反腐败工作的集中统一领导，建立集中统一、权威高效的国家监察体制。宪法的修改再辅以监察法的出台，共同奠定了新国家监督体系的框架，不仅是对国家监察体制的重大发展，更是对国家制度的重大变革，它将“监察委员会”嵌入了人民代表大会制度，使得过去的人民代表大会统领“一府两院”体制变成了人民代表大会统领“一府一委两院”体制，整合后的“监察委员会”与“一府两院”平起平坐，提升了监察权的自主性与权威性。

（4）完善社会主义立法体制。全国人大专门委员会的相关规定自“八二宪法”实施以来未曾变动。此次宪法修改的又一亮点，是将全国人大设立的“法律委员会”修改为“宪法和法律委员会”，虽然只是名字上的微调，但它所透显的意义非同寻常，其背后隐含着全面依法治国、依宪治国的逻辑，预示着对宪法实施和监督的加强。修改宪法的职权唯全国人民代表大会所有，不过，解释宪法与监督宪法实施却是全国人大常委会的职权，因而，宪法修正案把“法律委员会”修改为“宪法和法律委员会”，有利于加强全国人大常委会对宪法实施的监督以及对规范性文件的合宪性审查，是人大加强宪法和法治工作的重要举措。除此之外，新修改的宪法还以国家根本法的形式对设区的市的立法权给予确认。实际上，2015 年新修改的立法就赋予了所有设区的市立法权，但一直以来未在宪法层面有所体现。此次在宪法层面的确认，扩大了地方立法的主体和权限范围，是完善社会主义立法体制的重大举措。

二、宪法宣誓制度：从确立到发展

宪法宣誓制度的确立及其发展是近年来国家制度建设的一大亮点。它要求国家公职人员就职时要对宪法宣誓：“我宣誓：忠于中华人民共和国宪法，维护宪法权威，履行法定职责，忠于祖国、忠于人民，恪尽职守、廉洁奉公，接受人民监督，为建设富强民主文明和谐美丽的社会主义现代化强国努力奋斗！”这一制度的设立是全面依法治国、依宪治国、提升宪法与法律权威的重要举措。

（一）宪法宣誓制度的确立

全面依法治国，建成社会主义法治国家，首当其冲的是维护宪法与法律的尊严，让宪法与法律在社会中受到尊重，令国民对宪法与法律生敬畏之心，使宪法与法律成为规范政府权力运行、保障公民合法权益、维护社会公平正义的可靠力量。宪法宣誓制度正是全面依法治国逻辑外化的一个产物。宪法是国家的根本大法，依法治国首先要依宪治国，法治的权威首先要通过宪法权威来体现。正是在这个意义上，国家公职人员向宪法宣誓制度应运而生。

宪法宣誓是一种政治仪式，同时也是政治社会化的重要途径，传递与散播的是依法治国、依宪治国的价值理念以及尊法、敬法、守法的正能量。改革开放以来，虽然中国在社会主义法制建设方面取得了重大进步，但不可否认的是，司法公信力不足、官员权力任性不绝、权大于法观念犹存，有法不依、执法不严、违法不究的现象依然存在。在法治观念不彰、守法意识淡薄的当下，宪法宣誓制度绝不仅仅是一种政治仪式，更是一种思想变革。这种政治仪式通过不断的重复、暗示与强化，提升了宪法与法律的社会能见度，彰显了对法治的价值关怀。

宪法宣誓制度正式确立于2015年。当年7月1日，十二届全国人大常委会第十五次会议通过了《全国人民代表大会常务委员会关于实行宪法宣誓制度的决定》，以国家立法形式确立了中国的宪法宣誓制度，该决定自2016年1月1日起施行。依据此决定，宪法宣誓的主体几乎涵盖了所有国家机关及其职能部门的领导人、负责人甚至组成人员，宣誓誓词也作了统一，宣誓形式、宣誓细节以及负责宣誓仪式的组织机构也做了明确，这使得宪法宣誓具有较强的可操作性。

2016年是宪法宣誓制度正式实施的一年。由于宪法宣誓制度涉及的人员范围十分广泛，情况也比较复杂，许多具体问题难以作出统一规定。因此，全国人大常委会结合实际情况授权地方立法机关自行制定宣誓办法。不过，由地方立法机关制定的宣誓办法要以全国人大常委会的决定为依据，对宣誓的人员范围、宣誓时间、誓词、仪式组织和基本程序等作出进一步明确与细化。截至 2016 年 2 月底，31 个省（自治区、直辖市）已全部制定了实施宪法宣誓制度的具体办法，这些具体办法在宣誓时间、宣誓仪式等方面作出了不少新探索。①

自 2016 年宪法宣誓制度正式实施以来，宪法宣誓逐渐进入人们的视野，尤其是每年的两会，全国人大常委会、国务院、最高人民法院、最高人民检察院都曾组织宪法宣誓仪式。宪法宣誓制度已经步入常态化，成为国家政治生活的独特风景，对于激励和训诫国家工作人员忠于宪法、遵守宪法、维护宪法，加强宪法实施，弘扬宪法精神，发挥了积极作用。据统计，截至 2018 年 2 月底，全国人大常委会共举行了 12 次宪法宣誓仪式。②

（二）宪法宣誓制度的发展

2018 年，宪法宣誓制度迎来了重大的发展完善。2 月 24 日，十二届全国人大常委会第 33 次会议表决通过了修订后的全国人大常委会关于实行宪法宣誓制度的决定。该决定自 2018 年 3 月 12 日起施行。

此次完善宪法宣誓制度，是为了贯彻落实党的十九届二中全会精神，适应深化国家监察体制改革的需要，进一步弘扬宪法精神、彰显宪法权威。党的十九大确立了习近平新时代中国特色社会主义思想的历史地位，确定了中国发展新的奋斗目标，并对深化国家监察体制改革、制定国家监察法提出了新要求。党的十九届二中全会通过了《中共中央关于修改宪法部分内容的建议》，提出把党的十九大确定的重大理论观点和重大方针政策载入国家根本法，体现党和

---

① 张维炜：《向宪法宣誓》，《中国人大》，2016 年第 5 期。

② 张维炜：《宪法宣誓制度迎来修改完善》，《中国人大》，2018 年第 5 期。

国家事业发展的新成就、新经验、新要求。在学习贯彻党的十九大和十九届二中全会精神过程中，一些地方、部门提出，应当根据党的十九大精神和十九届二中全会宪法修改精神，对2015年确立的宪法宣誓制度中的誓词作出适当修改，进一步完善宪法宣誓制度。

根据党中央关于深化国家监察体制改革的决策部署，2016年12月和2017年11月，全国人大常委会先后作出关于在北京市、山西省、浙江省开展国家监察体制改革试点工作的决定和在全国各地推开试点工作的决定。同时，国家监察立法工作也在积极推进。各地监察委员会陆续成立，由地方各级人大及其常委会选举或者任命的监察委员会主任、副主任、委员，在就职时普遍进行了宪法宣誓。许多地方建议在国家法律层面作出明确规定，监察委员会组成人员依法产生后应当进行宪法宣誓。

正是在这些背景之下，2018年全国人大常委会对宪法宣誓制度作出修改，修改内容涉及宣誓誓词、适用范围、举办仪式三个方面。[①]

首先，宣誓誓词的修改。根据党的十九大报告和十九大修改的党章，对宪法宣誓誓词中有关奋斗目标的表述作出修改，增加了"美丽"和"社会主义现代化强国"的字样，将之前的"为建设富强、民主、文明、和谐的社会主义国家努力奋斗！"修改为"为建设富强民主文明和谐美丽的社会主义现代化强国努力奋斗！"

其次，适用范围的修改。根据党中央关于深化国家监察体制改革的决策部署，在宪法宣誓制度的适用范围方面增加了与监察委员会有关的内容，共涉及5条6处。根据该决定，各级人民代表大会及县级以上各级人民代表大会常务委员会选举或者决定任命的国家工作人员，以及各级人民政府、监察委员会、人民法院、人民检察院任命的国家工作人员，在就职时应当公开进行宪法宣誓。与此同时，在宪法宣誓适用的人员和组织工作等有关条款中，也分别作了相应调整。

---

① 参见张维炜：《宪法宣誓制度迎来修改完善》，《中国人大》，2018年第5期。

再次，举办仪式的修改。2017 年 9 月，全国人大常委会通过了国歌法，其中涉及了宣誓仪式的规定。为了使宪法宣誓仪式与国歌法的相关规定相衔接，此次对宪法宣誓仪式的有关规定作出修改，增加了“宣誓仪式应当奏唱中华人民共和国国歌”的条款。

三、监察制度改革：国家制度的重大变革

2018 年，国家监察制度的改革可谓国家制度建设的浓重一笔，它不仅是国家监察制度的重大发展，更涉及人民代表大会制度的重大变革。

（一）监察制度的重大发展

全面从严治党、对腐败现象零容忍，构筑不敢腐、不能腐、不想腐的反腐败体系，成为十八大以来中国政治发展的最强音。深化国家监察体制改革正是其中的关键一环。如何整合现有的多种反腐败力量，统筹政党反腐与国家反腐两种资源，打出一套有效的反腐败组合拳，成为国家监察体制改革的核心目标。2018 年新宪法对“监察委员会”的增设并辅以监察法的出台，构筑了新时代的国家监察体制，是一项事关全局的重大政治体制、监督体制改革，是强化党和国家自我监督的重大决策部署。

深化国家监察体制改革，是以习近平为核心的中共中央作出的重大决策部署。2016 年 12 月 25 日，全国人大常委会就选择在北京、山西、浙江三个省市进行监察体制改革试点。2017 年 6 月，全国人大常委会初次审议监察法草案，并将草案送至中央有关部门及 31 个省、自治区、直辖市人大常委会征求意见。此外，全国人大常委会还召开专家会，听取相关法律专家的意见建议。2017 年 11 月 7 日，中国人大网全文公开了监察法草案，共征集了 3771 人提出的 13268

条意见、建议。[①] 2018年1月，党的十九届二中全会审议通过了《中共中央关于修改宪法部分内容的建议》，建议在将要提请十三届全国人大一次会议审议的宪法修正案中，专门增写监察委员会一节，确立监察委员会作为国家机构的法律地位，这是以习近为核心的中共中央审时度势作出的重大战略决策。

2018年3月，十三届全国人大一次会议表决通过了监察法。监察法共9章69条，对监察机关产生办法、监察范围、权限划分、监察程序、法律责任、国际合作等作出了明确规定。与此同时，十三届全国人大一次会议通过了宪法修正案，其中对宪法修改的21条中有11条与国家监察体制改革有关。宪法修正案在宪法第三章国家机构第六节后增加一节，专门就监察委员会作出规定，以宪法的形式明确了监察委员会的性质、地位、产生办法、人员构成、任期要求、监督方式、工作原则、领导体制以及与其他有关国家机关的关系等。

第一，关于监察委员会的产生。在宪法的第三条增加了监察机关由人民代表大会产生，对它负责、受它监督的内容。

第二，关于监察委员会组成人员的选举和任免。宪法第六十二条，关于全国人民代表大会职权的规定中增加了一项，即选举国家监察委员会主任。在宪法第六十七条，关于全国人大常委会的职权当中增加了一项，即根据国家监察委员会主任的提请，任免国家监察委员会副主任、委员。

第三，关于监察委员会主任的任期。宪法修正案规定，监察委员会主任每届任期同本级人民代表大会每届任期相同，特别规定国家监察委员会主任连续任职不得超过两届。

第四，关于领导体制的规定。宪法修正案规定，国家监察委员会是最高监察机关，国家监察委员会领导地方各级监察委员会的工作，上级监察委员会领导下级监察委员会的工作。

第五，关于监察机关与其他有关国家机关的关系。宪法修正案

---

① 彭东昱：《监察法草案将提请十三届全国人大一次会议审议》，《中国人大》，2018年第2期。

规定，监察机关办理职务违法和职务犯罪案件，应当与审判机关、检察机关、执法部门互相配合，互相制约。

宪法修正案与监察法的这些规定，体现了中国特色社会主义政治发展道路和法治发展道路的一致性，为监察委员会履职尽责提供了依据和遵循，是国家治理体系的重大完善，也是国家治理能力现代化的重大进步。同时，它为加强党对反腐败工作的统一领导，建立集中统一、权威高效的国家监察体系，实现对所有行使公权力的公职人员监察全覆盖，奠定了坚实宪法基础，产生重大深远影响。

（二）人民代表大会制度的重大变革

新宪法增设的监察委员会的相关规定以及监察法的出台与实施，更是对国家制度的重大变革，它将“监察委员会”嵌入了人民代表大会制度，升格了整合后的监察权，形成了人民代表大会统领“一府一委两院”体制，提升了监察权在国家制度与国家治理中的政治权重，拓展了人民代表大会制度的内涵与外延。

1. 人民代表大会统领“一府一委两院”体制的形成

在过去，人民代表大会制度主要体现为人民代表大会统领“一府两院”的体制。作为人民直接选举或间接选举[①]产生的人民代表大会，是同级政权组织中最高权力机关，同级人民政府、人民法院、人民检察院（即“一府两院”）由同级人民代表大会产生，并对其负责、受其监督。

在国家层面，国务院、最高人民法院、最高人民检察院由全国人民代表大会产生，对全国人民代表大会及其常务委员会（全国人民代表大会闭会期间）负责，受其监督。在地方层面，地方人民政府、人民法院、人民检察院由同级人民代表大会产生，向同级人民

---

① 县级及以下人民代表大会代表由选民直接选举产生，县级以上人民代表大会代表由下级人民代表大会选举产生。

代表大会及其常务委员会报告工作，受其监督。

修改后的宪法与新颁布的监察法将监察委员会作为法定的国家机关，并且与“一府两院”一样，由同级人民代表大会产生，并向其负责，受其监督。监察法明确规定了监察委员会的产生办法及其与同级人民代表大会的关系。

（1）国家监察委员会是最高监察机关，由全国人民代表大会产生，负责全国监察工作。国家监察委员会由主任、副主任若干人、委员若干人组成，主任由全国人民代表大会选举，副主任、委员由国家监察委员会主任提请全国人民代表大会常务委员会任免。国家监察委员会主任每届任期同全国人民代表大会每届任期相同，连续任职不得超过两届。国家监察委员会对全国人民代表大会及其常务委员会负责并接受其监督。

（2）省、自治区、直辖市、自治州、县、自治县、市、市辖区设立监察委员会。地方各级监察委员会由本级人民代表大会产生，负责本行政区域内的监察工作。地方各级监察委员会由主任、副主任若干人、委员若干人组成，主任由本级人民代表大会选举，副主任、委员由监察委员会主任提请本级人民代表大会常务委员会任免。地方各级监察委员会主任每届任期同本级人民代表大会每届任期相同。地方各级监察委员会对本级人民代表大会及其常务委员会和上一级监察委员会负责并接受其监督。

可以发现，监察委员会作为一种相对独立的监察权被移入人民代表大会的制度框架，使先前人民代表大会统领“一府两院”体制向人民代表大会统领“一府一委两院”转变，重构了人民代表大会制度的原有格局。

2. 监察权在国家制度与国家治理中地位的提升

过去，国家监察权高度分散于各级纪检监察机关、政府的预防腐败局、各级检察机关的查办和预防职务犯罪机构，多头反腐在很大程度上造成了职能重叠、权责不清、执法不一、协调低效，难以形成反腐败的合力。

党的十八大之前，各级纪委的职能长期定位于办大案要案，这和之后的司法机关侦查工作很容易造成重叠。党的十八大以来特别是新修订的纪律处分条例出台后，各级纪委通报的内容聚焦违纪而非违法事实，执纪审查时间也明显缩短，一定程度上厘清了纪检监察机关与司法机关的职能定位。但在对贪腐分子的立案调查方面，依然存在一定程度的职能交叉。另一方面，检察机关作为国家的法律监督机关，其主要职责是追究刑事责任，提起公诉和实施法律监督，但目前却自侦自查、自捕自诉，有既当裁判员又当运动员之嫌。

健全国家监察体系，就要改变监察权的配置模式，将纪检、审计、监察、侦查等执法权剥离出来，提升整合为集中统一的国家监督权，在国家层面拓展与丰富监督对象和监督内容。建立国家监察机构，旨在整合现有的行政监察、预防腐败和检察机关查处贪污贿赂、失职渎职以及预防职务犯罪等工作力量，在党的统一领导下，厘清各自职责，避免职能交叉重叠、定位不清等现象的发生。它意味着进一步调整现行纪检监察合署办公体制，明确监察机构的国家职能。纪律检查职能属于党内监督，在参与党的领导过程中实施，以保证党的先进性、纯洁性；国家监察职能属于国家监督，在参与国家机器运行中实施，以确保国家机关和公务员廉政勤政。

在过去，监察权不仅各自为战、不成合力，而且隶属于政府职能或政党职能，不具有相对独立的地位，缺少相对的自主性。整合后的“监察委员会”与“一府两院”平起平坐，提升了监察权的自主性与权威性，实质上加强了对“一府两院”的监督。当然，监察法坚持“有权必有责，用权受监督”的原则，对监察委员会自身的权力也进行约束。这种约束主要体现在四个方面：一是监察委员会向同级人民代表大会及其常务委员会负责并受其监督。国家监察委员会对全国人民代表大会及其常务委员会负责并接受其监督。地方各级监察委员会对本级人民代表大会及其常务委员会负责并接受其监督。二是规范监督行为。监察法规定了监察机关及其工作人员的办案原则、操作规范以及需要回避的一些情形。明确了监察机关人员违法行为的责任追究机制。鉴于监督机关工作人员的特殊身份，监督法对监察人员离职或退休后从业也做出了必要的限定。三是确立了监察机关与审判机关、检察机关、执法部门之间既相互合作又相互制约的机制。四是明确了上级监察机关对下级监察机关的垂直监督机制。

四、人大监督精细化：扎紧制度的笼子

近年来，全国人民代表大会及其常委会围绕中心、服务大局，坚持监督与支持相统一，寓支持于监督之中，逐步推进人大监督的精细化，不断扎紧约束权力的制度笼子。

（一）综合监督：有效整合监督方式

听取报告、专题询问、执法检查是全国人大常委会的传统监督项目。综合监督是近年来人大监督的亮点，它并不是一种全新的监督，而是对现有监督形式的有效整合。2018 年，全国人大常委会就将听取报告、专题询问、执法检查等多种监督手段综合运用，通过监督手段的整合打出了一套组合拳，切实提升了监督的实效。

听取报告即听取“一府一委两院”的专项工作报告、审查和批准决算，听取和审议国民经济和社会发展计划、预算的执行情况报告，听取和审议审计工作报告等。听取专项报告也是全国人大常委会开展工作监督的一种方式，是宪法赋予人大常委会的法定职责。2018 年 10 月，十三届全国人大常委会第六次会议听取了审议最高人民检察院关于人民检察院加强对民事诉讼和执行活动法律监督工作的报告。全国人大常委会听取此次专项报告，有助于督促检察机关在开展民事诉讼和执行活动法律监督工作中更加全面、平衡、充分地履职。

专题询问是全国人大常委会在审议议案和有关报告时，向到会的有关的国家机关或有关部门提出问题，由这些国家机关的负责人作出答复的一种监督形式。这种监督方式有三个特点。首先，专题询问的主题很明确，都是落实党中央决策部署的大事、事关改革发展的难事、关乎群众利益的急事。其次，专题询问体现了人大依法履职、政府依法行政、共同推动工作的机制，发挥了制度优越性。专题询问过程中，人大常委会组成人员和国务院及其部门负责人直接面对面，常委会组成人员提问抓住关键和要害，不回避矛盾，如对回答问题情况不满意，可以进一步深入询问。再次，专题询问不仅主题突出，而且工作深入扎实。人大相关专工委通常提前针对专题询问的选题进行深入的调研，弄清这个题目的基本情况、工作成效、存在问题、有何对策等，为常委会组成人员了解情况，提出询问问题做好必要的基础工作。常委会组成人员围绕专题询问的选题，有针对性地进行询问准备，提出目前存在的、急需解决的关键问题，代表人民行使监督职权。

自 2010 年 6 月十一届人国人大常委会第十五次会议首次开展专题询问以来，专题询问成为了全国人大常委会依法进行正确监督、有效监督的重要方式。2018 年，全国人大常委会主要开展了三次专题询问：（1）7 月 10 日，十三届全国人大常委会第四次会议举行联组会议，就大气污染防治法执法检查报告进行专题询问。（2）10 月 25 日，十三届全国人大常委会第六次会议举行联组会议，就人民法院解决“执行难”工作情况的报告和人民检察院加强对民事诉讼和执行活动法律监督工作情况的报告进行专题询问。（3）12 月 28 日，十三届全国人大常委会第七次会议举行联组会议，就国务院关于财政医疗卫生资金分配和使用情况的报告进行专题询问。其中，对“两高”工作开展专题询问，这在全国人大常委会历史上还是第一次，既是贯彻党中央决策部署，支持和保障司法改革、促进司法公正的一个具体举措，也是常委会开展监督工作的一次积极探索和实践创新。人大对审判机关、检察机关工作的监督，体现了国家一切权力属于人民的宪法原则，目的是确保法律法规得到有效实施，维护司法公正和司法公信力。

执法检查是全国人大常委会常态化的监督方式。全国人大常委会委员长栗战书曾将人大执法检查称作“法律巡视”，将其喻为行使宪法法律赋予的监督权、保证法律得到有效实施的一把“利剑”。2018 年，全国人大常委会对统计法、传染病防治法、大气污染防治法、防震减灾法、农产品质量安全法和海洋环境保护法 6 部法律的实施情况进行了检查。在这些检查中，全国人大常委会尝试采取随机走访、随机抽查的方式，不断创新执法检查手段，增强执法检查实效。事先不跟地方打招呼，在座谈会结束后还继续进行随机调研和暗访，这些创新机制大大增强了执法检查的实效性，有利于发现法律实施过程中的真正问题，摸清法律贯彻落实的实际情况，使人大执法检查不再是走过场。在大气污染防治法执法检查中，全国人大常委会就敢于动真碰硬，开展随机抽查，深入查找重点地区、重点领域、重点行业存在的突出问题，创新检查方式，召开 5 级人大代表和群众代表、专家学者座谈会，倾听民意、集中民智。

（二）预算监督：使政府花钱不任性

审查批准预算、决算和监督预算执行是宪法和预算法、监督法等法律赋予全国人大及其常委会、地方各级人大及其常委会的重要职权。人大依法开展预算审查监督，对规范预算行为、促进依法行政、推动经济社会发展，发挥了重要作用。近年来，全国人大常委会不断创新预算审查监督的工作方式方法，健全预算审查监督制度，增强监督的针对性与实效性，使政府花钱不再“任性”。

听取并审议国务院年度审计报告，内容包括财政资金是否合法合规使用、重大项目预算执行是否合乎规范、相关工作人员是否严守财经纪律等，成为近年来全国人大常委会监督工作的重点内容。新一届全国人大常委会除听取与审议国务院年度审计报告外，还增加了听取与审议国务院年度审计查出问题整改情况的报告。自 2015 年以来，听取和审议国务院关于审计查出问题整改情况的报告，已经成为全国人大常委会每年的常态化监督工作。这一审计监督形式的创新使审计问题整改落到实处，增强了审计监督的实效，避免了“屡审屡犯”“审而不改”的尴尬局面。[①] 在 2018 年年底召开的十三届全国人大常委会第七次会议上，全国人大常委会连续第四年听取和审议国务院关于审计查出问题整改情况的报告。常委会组成人员在肯定审计整改工作取得明显成效的同时，指出存在的问题并提出改进的意见和建议，推动审计整改工作不断进步完善。

2018 年 3 月，中共中央办公厅印发了《关于人大预算审查监督重点向支出预算和政策拓展的指导意见》（中办发［2018］15 号）（以下简称《指导意见》），并发出通知，要求各地区各部门结合实际认真贯彻落实。这是党中央加强人大预算决算审查监督职能的重要决策部署，是在新的历史条件下推动人民代表大会制度与时俱进、健全人大监督制度的一项重要举措。

过去，政府预算审核管理和人大预算审查监督的重点主要是赤字规模和预算收支平衡状况，对支出预算和政策关注不够，对财政资金使用绩效和政策实施效果关注不够，不利于发挥政策对编制支出预算的指导和约束作用，不利于提高人大预算审查监督的实效性与针对性。实施人大预算审查监督重点向支出预算和政策拓展，是依法加强和改进人大预算审查监督工作的内在要求，是建立和完善中国特色社会主义预算审查监督制度的重要举措，是提高财政资金使用绩效和政策实施效果的客观需要，也是对预算法、监督法关于人大预算决算审查监督特别是支出预算和政策审查监督规定的细化深化。

《指导意见》提到，人大财政经济委员会每年对预算草案进行初步审查时，可结合人大常委会年度监督工作重点、人大代表和人民群众关心的热点难点问题、审计查出的突出问题等，对有关支出预算和政策开展专题审议。政府有关部门负责人应到会听取意见，回答询问。人大有关的专门委员会可以结合开展执法检查、听取政府

① 参见李小健：《审计监督：创新机制，守护好公共资金》，《中国人大》，2018 年第 3 期。

专项工作报告等，对相关领域部门预算草案、相关重点支出和重大投资项目、有关转移支付资金和政策开展调查研究，更好发挥人大专门委员会的专业特点和优势。根据需要，可以引入社会中介机构为人大预算审查监督工作提供服务。

《指导意见》还提出了推动落实人大及其常委会有关预算决算决议的具体措施。通过听取报告、开展专题调研、组织代表视察等形式，推动政府及其有关部门积极落实本级人民代表大会及其常委会有关预算决算的决议。人大常委会预算工作委员会等工作机构应当听取政府财政等部门落实预算决算决议的工作安排情况通报，并将有关情况发送本级人大代表。对于事关全国或者本级行政区域内经济社会发展全局、涉及群众切身利益的重大财税政策，各级政府在政策出台前应当向本级人大常委会报告。预算执行中，政府财政等部门出台增加收入或者支出、减少收入的政策措施，需要进行预算调整的，应当及时向本级人大常委会预算工作委员会等工作机构通报有关情况，依法编制预算调整方案，报本级人大常委会审查批准。

《指导意见》还提出要加快推进预算联网监督工作，实现预算审查监督信息化和网络化。要充分利用预算联网平台，加强对支出预算和政策的审查监督，提升审查监督内容的翔实性和时效性，增强审查监督工作的针对性和有效性。

（三）备案审查：从有案必备到有备必审

党的十八大以来，以习近平为核心的党中央高度重视宪法在治国理政中的重要地位和作用，采取一系列有力措施加强宪法实施和监督。贯彻落实党中央要求，全国人大常委会不断加强备案审查制度和能力建设，加快建设全国统一的备案审查信息平台，不断加大监督纠正力度，取得明显成效。

党的十九大进一步提出，加强宪法实施和监督，推进合宪性审查工作，维护宪法权威。推进合宪性审查，要始终坚持党的领导，坚持正确的政治方向，建立健全合宪性审查机制，积极稳妥地推进合宪性审查工作，要以高度负责的政治态度和扎实严谨的工作作风，认真开展审查研究，审慎提出审查意见，努力实现政治效果和法律效果相统一。

2018 年 3 月 11 日，十三届全国人大一次会议表决通过宪法修正案。根据宪法修正案，全国人大“法律委员会”更名为“宪法和法律委员会”，在继续承担统一审议法律案工作的基础上，增加推动宪法实施、推进合宪性审查、加强宪法监督等职责，这是新时代提出的新任务、新要求。

全国人大常委会 2018 年监督工作计划明确提出，做好宪法实施监督的相关工作，其中一项就是，加强对备案行政法规、地方性法规、司法解释的审查工作，做好对国家机关和社会团体、企业事业组织以及公民提出的审查建议的研究、处理、反馈工作。一年来，法工委共收到公民、组织涉及规范性文件的各类来信来函 4578 件，可以明确为审查建议的有 1229 件，其中属于全国人大常委会备案审查范围的有 112 件，占 9.1%。[①] 2018 年底，十三届全国人大常委会召开第七次会议，听取并审议了全国人大常委会法制工作委员会关于 2018 年备案审查工作情况的报告，这是全国人大常委会第二次对年度备案审查工作报告进行审议。此次备案审查工作情况报告公开了多起根据公民审查建议发起的备案审查案例，例如，对河北省人大常委会有关“露天焚烧秸秆没有当事人的，由农业经营主体承担责任，可以对农业经营主体主要负责人处罚款”的规定以及上海市关于“机动车在本市有道路交通违法行为逾期未接受处理记录累积达到 5 起以上的，可以先予扣留机动车行驶证”的规定进行审查研究。

2018 年，备案审查工作不断取得新进展，不仅基本实现了“有件必备”，还通过组织开展专项清理等工作，积极落实“有备必审”。对备案审查工作中发现的问题，也加大监督纠正力度，努力做到“有错必纠”。报告显示，一年来，制定机关共向全国人大常委会

① 蒲晓磊：《“法律巡视”利剑出鞘备案审查“回头看”》，《法制日报》，2019 年 1 月 9 日。

报送备案行政法规、地方性法规、司法解释1238件，其中，行政法规40件，省级地方性法规640件，设区的市地方性法规483件，自治条例和单行条例33件，经济特区法规24件，司法解释18件。据不完全统计，截至2018年11月底，制定机关共向全国人大常委会报送备案现行有效行政法规、地方性法规、司法解释12397件。[①] 按照法治原则，只要规范性文件的制定主体属于人大监督对象，这些主体制定的各类规范性文件就都应当纳入人大备案审查范围。据此，全国人大常委会还积极推动地方人大常委会开展备案审查工作。以推进政府规章备案审查工作为例，2018年2月，全国人大常委会法工委向北京等4个直辖市和深圳等4个经济特区市人大常委会发函，要求发挥先行先试作用，督促梳理全部现行有效的政府规章，并探索形成切实可行的备案工作机制。目前，4个直辖市和4个经济特区市共梳理出现行有效的政府规章1235件，正抓紧开展规章的纸质和电子报备工作。

五、协商民主：不断提升协商质量

近年来，全国政协完善了以全体会议为龙头，以专题议政性常委会议和专题协商会为重点，以双周协商座谈会、对口协商会、提案办理协商会等为常态的协商议政格局。同时，建立了制定年度协商计划制度。坚持民主协商、平等议事，多向沟通协商和多方互动交流、综合报告与专题信息相结合方式报送重要成果成为制度化安排。新一届政协也在汲取既有制度资源的基础上，不断在提升提案质量、创新协商形式上下功夫。

---

① 王傅勋：《备案审查：从“有件必备”到“有备必审”“有错必纠”》，《中国人大》，2019年第1期。

（一）提升提案质量：各地的经验

党的十八大以来，中共中央先后下发《关于加强社会主义协商民主建设的意见》《关于加强人民政协协商民主建设的实施意见》《关于加强人民政协民主监督工作的意见》等重要文件，对包括提案工作在内的政协协商民主作出制度性安排，为新形势下做好提案工作提供了基本遵循。

近年来，全国政协提案委员认真落实全国政协关于加强提案工作制度建设的部署要求，力促提案各项相关制度文件的制定和修订。2014 年，新修订的《重点提案遴选与督办办法》实施；2015 年，《提案办理协商办法》出台；2017 年，《提案委员会工作指南》印发。2018 年，为提高提案工作质量，全国政协提案委员会从健全完善工作制度机制入手，修订了《全国政协提案工作条例》，制定了《全国政协提案委员会关于提高提案质量的意见》。这次修订条例和制定意见，旨在顺应新时代新使命对提案工作提出的新要求，两个文件是推进提案工作上新台阶新水平的重要依据和抓手。

在提高提案质量上，各省市政协形成了不少新探索、新做法①：

1. 上海市政协：提案格式标准化

在上海市政协提案信息系统中，提案实行标准化格式。“三段式”的格式，使提案主题更聚焦、分析更透彻、建议更明确。而办理答复文本也实行标准化格式，对建议逐条答复的要求也使提案答复更具针对性。此外，上海市政协通过每年向委员通报党政重点工作，与市民互动筛选热点问题调研，领导和专家学者介绍情况等各种方式和渠道，让委员将选题更好地聚焦到发展大局和事关民生的重要领域。支持各党派团体、界别和专委会将提案酝酿与课题调研、

① 《提案委员会座谈会：紧扣现实持续创新提高质量》，《人民政协报》，2018 年 5 月 9 日。

视察考察结合起来，将调研成果转化为集体提案；倡导各界别在组织提案酝酿中集思广益，鼓励联名提案。上海市政协认为，创新制度机制是提高提案工作科学化水平的关键。近年来，上海市政协不断用制度将经验固定下来，先后形成了《提案审查操作指引》《提案审查工作细则》《提案办理协商办法》等制度文件。

2. 江苏省政协：从源头抓质量

江苏省政协坚持把提高提案质量放在首位，注重从源头抓质量。通过在委员学习研讨班等举办提案知识专题讲座，帮助委员把握高质量提案的标准。组织召开政情通报会，邀请党政部门负责人向委员介绍重点工作和工作思路；通过网络向社会公开征集提案线索，汇总梳理形成提案选题参考；积极组织委员、党派团体参加调研视察、民主监督和专题协商，注重提高集体提案比重，加大集体提案提交力度，注重推动党派团体、各专门委员会将调研成果、大会发言中的有关内容及时转化为提案，注重发挥优秀提案的示范引导作用，坚持每届政协任期内评选表彰三次优秀提案的做法，对提高提案整体质量起到了促进作用。

3. 浙江省政协：将提案打包成专题

浙江省政协把内容相近、主办单位一致的若干件提案打包成一个专题，进行集中协商、统一答复。最近 5 年共打包办理了 31 个专题，促进党政部门广纳群言，推动了一批问题的有效解决。5 年来，先后就治理城市交通拥堵、打击防范通讯网络诈骗等 5 件民生类重点提案，召开网络直播办理协商会，扩大了提案工作的社会影响。先后就推广山稻种植、钱塘江古海塘保护等提案开展了现场办理，促成了一些问题的就地解决。选择部分专业性较强的提案，与主会办单位的工作部署、经验推广等业务工作相结合，扩大了提案办理成效，推动了相关工作深入开展。而一件提案想进入这些办理方式范围也并非易事，浙江省政协坚持立案件“两审”（提案组初审、提案委终审）、不立案件“三审”（提案组初审、提案委再审、主任会议复审）的审查协商机制，把牢办理协商关口。

4. 山东省政协：开展提案查重

山东省政协针对没有调研作支撑的应景式和临时动议性提案较多的问题，将全会提案征集受理时间由会前 1 个月提前至每年 10 月份。每年组织召开党派、团体、界别和政协专委会集体提案征集协商座谈会，参会单位通报选题情况，减少重复选题，提高集体提案质量。针对个别委员提案存在抄袭的问题，从 2015 年开始在全国率先开展提案查重，对发现存在抄袭的提案予以撤案并约谈提案者。针对提案立案标准不完善的问题，山东省政协多次进行专题调研，对现有的立案原则和不立案标准进行了修改完善。在出台《省政协提案审查工作细则》的基础上，制定《大会提案组提案审查指引》，进一步规范提案审查程序和标准。

5. 南京市政协：督办重要提案办理

南京市政协依据《市领导督办政协重要提案暂行办法》，积极推动市委、市政府、市政协领导根据工作分工督办市政协重要提案，形成了督办前制定专门办理工作方案，督办时实地视察，召开督办会，督办后形成会议纪要，跟踪督查，促进提案建议落到实处的一整套行之有效的工作流程，充分发挥其在提案办理工作中的示范引领作用。实践中，市委书记、市长、市政协主席及其他市委常委、副市长、市政协副主席通过批示、视察调研、召开提案办理协商会等方式督办政协提案，不少重要提案的意见建议纳入到相关政策、法规、工作计划中，落到了实处，为推动南京发展发挥了重要作用。

（二）设置专门委员会：完善工作机构

2018 年 3 月 16 日，政协第十三届全国委员会常务委员会第一次会议通过了《中国人民政治协商会议第十三届全国委员会常务委员会关于设置专门委员会的决定》。根据《中国人民政治协商会议章程》第四十九条“中国人民政治协商会议全国委员会根据工作需要，设立若干专门委员会及其他工作机构，由常务委员会决定”的规定，中国人民政治协商会议第十三届全国委员会设置以下 10 个专门委员会：提案委员会、经济委员会、农业和农村委员会、人口资源环境委员会、教科卫体委员会、社会和法制委员会、民族和宗教委员会、港澳台侨委员会、外事委员会、文化文史和学习委员会。

（三）远程协商：拓展协商民主形式

2018 年，面对异常复杂严峻的国际形势和国内艰巨繁重的改革发展任务，中国经济运行开始稳中有缓，经济发展中“变”的因素逐步增加。在一系列叠加和延迟效应中，经过 40 年发展的民营经济遭遇不少困难。“优化营商环境，促进民营经济高质量发展”的协商议题成为当年经济发展中的热点和难点之一，备受各界关注。

10 月 24 日，全国政协“优化营商环境，促进民营经济高质量发展”网络议政远程协商会召开，“面对面”，“键对键”，全国政协第一次远程协商会给委员们带来了诸多惊喜，这是拓展政协协商民主形式的一次重要探索，互联网优势和政协协商特色在这里融合在一起。

以往，全国政协委员分散在各地，不可能经常召集开会，委员履职平台少，京外的委员参加履职活动机会也少。这一次，身处四面八方不同地点的委员们“出现”在同一个会上，线上线下的互动都很热烈，大家在“远隔千里”的交流探讨中，逐渐凝聚起共识。13 位委员在北京、浙江、湖南、广东 4 个会场以及通过手机连线方式发言，积极建言资政。

这次远程协商参与面之广、即时性之强，是现实中任何一间会议室都难以实现的。这次会议，前后共有 800 多位全国政协委员通过手机上的移动履职平台在线进行文字发言。会上，部分观点滚动出现在北京主会场的屏幕下方。主持会议的中共中央政治局常委、全国政协主席汪洋从中抽取委员的问题，请部委负责人现场作答。委员们在主会场、分会场、手机终端以及全国政协委员移动履职平台，同时与有关部委进行远程"面对面"协商，还是第一次。

此次远程协商会的参与者有的来自基层民营企业，有的是金融行业的代表，还有的是长期从事研究工作的专家学者。形式上，互联网把分布在各地的委员们连接到一起，开拓了全新的履职新渠道。开展网络议政、远程协商是贯彻落实习近平总书记关于加强和改进人民政协工作的重要思想、拓展政协协商民主形式的重要探索。不断丰富完善网络议政、远程协商方式，有助于更好彰显人民政协作为专门协商机构的作用。

六、提案建议：代表、委员能力的提升

（一）全国人大代表的提案与建议

依法提出议案、建议，是人大代表反映民情民意，参与行使国家权力的重要途径。议案与建议的数量与质量也是人大代表履职能力的重要体现。

1. 代表提案质量的提升

依法提出议案，是代表行使代表权利的重要途径，也是社会主义民主政治的重要方面。2018 年是十三届全国人大任期的第一年。本次会议共收到代表提出的议案 325 件。其中，有关立法方面的 322 件，有关监督方面的 1 件，有关决定事项方面的 2 件。代表团提出的 12 件，代表联名提出的 313 件。

大会前，代表们积极参加代表学习活动，深入开展调查研究。会议期间，代表们认真酝酿讨论议案，努力提高议案质量。2018 年代表提出的议案，绝大多数为法律案。其中涉及制定法律的 174 件，占 54.04%，修改法律的 147 件，占 45.65%。内容主要集中在以下几方面：一是完善国家机构组织法，为深化国家机构改革提供法律支持。提出修改地方组织法、人民法院组织法、人民检察院组织法、法官法、刑事诉讼法等法律。二是适应建设现代化经济体系需要，完善市场经济法律制度。提出制定民法典各分编、商法通则、电子商务法、军民融合促进法、质量促进法、社会信用法等，修改公司法、专利法、商标法、个人所得税法等法律。为防范化解重大金融风险，提出修改商业银行法、证券投资基金法等，就互联网金融监管等提出制定法律的议案。三是切实保障和改善民生，加强和创新社会治理。提出修改老年人权益保障法、妇女权益保障法、职业教育法、道路交通安全法、药品管理法等，就社区矫正、校园安全、学前教育、法律援助、社会救助等提出制定法律的议案。四是发展文化事业和文化产业，培育和践行社会主义核心价值观。提出制定文化产业促进法、文明行为促进法、中国传统村落保护法等法律。五是加强生态文明建设，推动解决突出环境问题。提出修改森林法、野生动物保护法、固体废物污染环境防治法及相关法律，就湿地保护、垃圾分类、土壤污染防治等提出制定法律的议案。同时，在加强法律监督方面，代表提出 1 件议案，要求对环境保护法的实施情况进行执法检查。

根据全国人民代表大会组织法和全国人民代表大会议事规则的规定，大会秘书处对代表提出的议案逐件进行认真分析研究，认为没有需要列入本次会议审议的议案。大会秘书处建议，将代表提出的议案分别交由全国人大有关专门委员会审议。其中，交由宪法和法律委员会审议 104 件，监察和司法委员会审议 21 件，财政经济委员会审议 68 件，教育科学文化卫生委员会审议 50 件，外事委员会审议 1 件，华侨委员会审议 6 件，环境与资源保护委员会审议 41 件，农业与农村委员会审议 13 件，社会建设委员会审议 21 件。有关专门委员会对上述议案进行审议后，向全国人大常委会提出审议结果的报告，经全国人大常委会审议通过后印发第十三届全国人民代表大会第二次会议。[①]

2. 代表建议数量的高位运行

2018 年 3 月举行的十三届全国人大一次会议期间，近 3000 名全国人大代表本着对人民群众高度负责的政治担当，共提出建议 7139 件。

从建议数量上看，今年代表建议总数继续保持高位运行态势，其中有 4499 件建议是新当选代表提出的，占建议总数的 63%，特别是专业技术人员代表、一线工人代表和农民代表提出的建议数量比较多。

从建议形成上看，代表通过专题调研、视察、座谈、走访等形式形成的建议有 4402 件，占建议总数的 61.7%。这充分反映出代表依法履职、参加管理国家事务的积极性和责任感，也充分体现了人大代表反映群众意见、集中群众智慧的桥梁纽带作用。

从建议内容上看，代表提出的建议着眼于党和国家工作大局，重视反映人民群众关注的突出问题。特别是在打好“三大攻坚战”、实施乡村振兴战略、推动经济高质量发展以及保障和改善民生等方面，代表普遍关注，建议比较集中。

从代表对建议办理工作的要求看，明确提出承办单位在办理过程中加强联系沟通的建议有 3433 件，占建议总数的 48.1%。这反映出代表对参与建议办理工作、积极反映情况、推动解决问题有很高期待。[②]

---

① 《关于第十三届全国人民代表大会第一次会议代表提出议案处理意见的报告》，《人民日报》，2018 年 3 月 17 日。

② 李小健：《努力做到民有所呼、我有所应——十三届全国人大一次会议代表建议交办会侧记》，《中国人大》，2018 年第 8 期。

（二）全国政协委员的提案

提案也是政协委员参政议政的重要形式，提案的质量与数量同样体现了政委委员参政议政、民主监督、政治协商的能力。政协十三届一次会议期间，政协委员、政协各参加单位以习近平新时代中国特色社会主义思想为指导，聚焦决胜全面建成小康社会、开启全面建设社会主义现代化国家新征程重大问题，瞄准抓重点、补短板、强弱项，积极通过提案建言献策。

截至2018年3月9日，政协十三届一次会议共收到提案5360件。根据政协全国委员会提案工作条例、提案审查工作细则，经审查，立案4438件，合并处理88件。不予立案834件，其中，转为意见和建议777件。在立案提案中，委员提案4049件，占91.23%；集体提案389件，占8.77%。总体看，提案重视质量、不比数量，注重一事一案，围绕中心选题准，反映民意接地气，内容精练、建议具体。但也有些提案过于宏观、内容空泛、涉及办理部门较多。[①]

在立案提案中，经济建设方面提案1613件，占立案总数的36.35%；政治建设方面提案437件，占9.85%；文化建设方面提案336件，占7.57%；社会建设方面提案1446件，占32.58%；生态文明建设方面提案403件，占9.08%；其他提案203件，占4.57%。[②]

反映比较集中的建议主要有：

一是在发展社会主义民主政治方面，主要有坚持和加强党的全面领导；加强宪法实施、宣传和教育，深化依法治国实践；坚持和完善中国共产党领导的多党合作和政治协商制度；深化党和国家机构改革；助推“放管服”改革；优化营商环境；解决政务“信息孤岛”；完善监察程序与司法程序衔接机制；推进科学立法、民主立

① 《中国人民政治协商会议第十三届全国委员会第一次会议提案审查委员会关于政协十三届一次会议提案审查情况的报告》，《人民日报》，2018年3月16日第4版。

② 《中国人民政治协商会议第十三届全国委员会第一次会议提案审查委员会关于政协十三届一次会议提案审查情况的报告》，《人民日报》，2018年3月16日第4版。

法、依法立法。

二是在打好防范化解重大风险、精准脱贫、污染防治攻坚战方面，主要有强化金融监管统筹协调，防范化解地方政府债务风险；加大对深度贫困地区支持力度，激发脱贫内生动力，改进考核监督方式；持续打赢蓝天保卫战，加强污染物排放治理。

三是在推动高质量发展方面，主要有深入推进供给侧结构性改革；推动集成电路、新能源汽车、新材料等产业发展；大数据与实体经济融合；共享经济新业态健康发展；提升军民融合整体水平；进一步减轻企业税负，改革个人所得税；创新知识产权融资租赁模式，促进科技成果转化；深化基础性关键领域改革，加强国家质量基础设施建设；大力实施乡村振兴战略，推进农村土地制度、经营制度和集体产权制度改革；持续推动京津冀协同发展，高标准建设雄安新区，加快粤港澳大湾区建设。

四是在社会主义文化繁荣兴盛方面，主要有广泛弘扬社会主义核心价值观；继承发展中华优秀传统文化；壮大数字文化产业；加快大运河文化带建设，深化"一带一路"文化交流合作。

五是在提高保障和改善民生水平方面，主要有鼓励大学生、返乡农民工创业就业；普惠性学前教育健康发展；构建中国特色现代学徒制，培养"大国工匠"；推动家庭医生签约服务广泛覆盖；打击房地产投机炒作，加快培育住房租赁市场；大力发展医养结合养老模式；切实保护妇女儿童权益；运用大数据、物联网等信息技术，提升社会治理智能化水平。

六是在建设美丽中国方面，主要有扩大山水林田湖草生态保护修复工程试点；加强垃圾源头减量和资源化利用；整治农村人居环境；完善环境监测体系；建立健全生态文明建设责任审计制度。

七是在促进民族团结、宗教和睦，落实侨务政策，走中国特色强军之路，全面准确贯彻"一国两制"方针，推进祖国和平统一进程，推动构建人类命运共同体等方面，提出了建议。

全国政协十三届一次会议提案重视质量、不比数量，注重一事一案，围绕中心选题准，反映民意接地气，内容精炼、建议具体。反映比较集中的建议集中在发展社会主义民主政治，打好防范化解重大风险、精准脱贫、污染防治攻坚战，推动高质量发展，社会主义文化繁荣兴盛，建设美丽中国，促进民族团结、宗教和睦等 7 个方面。大会闭幕后，提案交由承办单位办理，经主席会议审定后开展重点提案督办。

第四章　行政机构改革：40 年后再出发

一、行政机构改革 40 年回顾与分析

政府机构改革是行政体制改革的重要组成部分。纵观改革 40 年来，我国已经经历了 8 次机构改革，分别是 1982 年、1988 年、1993 年、1998 年、2003 年、2008 年、2013 年和 2018 年。特别是当前的这次机构改革，又把政府机构改革推向了纵深发展，回顾政府机构改革的进展路程，总结改革经验，为未来行政体制改革发展，提供了有益的启示。

（一）行政机构改革的历程回顾

1982 年是改革开放后的第一次机构改革。1982 年 1 月 13 日，邓小平提出，“精简机构是一场对体制的革命”。[①] 同年，我国机构改革正式启动。这次改革主要针对当时国务院结构过于膨胀的问题进行机构的裁撤。国务院机构由原先的 100 个减为 61 个，裁减人员，实行干部的革命化、年轻化、知识化、专业化。[②] 因为这次改革主要是针对机构膨胀问题而开展的，所以机构改革成效显著，对微

---

① 《邓小平文选》第 2 卷，北京：人民出版社，1994 年版，第 396 页。

② 许耀桐：《中国政府机构改革 40 年来的发展》，《行政论坛》，2018 年第 6 期。

观经济管理部门削减力度最大，也为经济转型发展奠定了重要基础。但由于没有真正触及体制，所以改革最后还依照制度的逻辑陷入精简—膨胀的怪圈。

1988 年是国家的第二次机构改革。本次改革明确提出“转变政府职能是机构改革的关键”。改革按照政企分开的要求，进行部门设置。重点是设置与经济体制改革关系极为密切的经济管理部门，比如成立专业管理部门和综合部门内的专业机构。同时，机构改革实行“三定方案”（定职能、定机构、定编制），进一步明确职能定位。这次改革解决了机构臃肿、职责不清、效率低下等问题，是适应社会主义市场经济需要进行机构调整，但无论是从职能转变，还是机构精简方面，改革效果与进展都有限。①

1993 年是第三次改革。这次机构改革围绕“适应社会主义市场经济发展的要求”的目标，按照政企职责分开和精简、统一、效能的原则，重构了政府与市场、企业、社会的关系。同时也调整了中央与地方的关系。改革重在转变政府的经济管理职能，通过转变职能、理顺关系、精兵简政、提高效率，建立适应社会主义市场经济体制的行政机构。

1998 年是第四次改革。1998 年的机构改革要解决政府机构不适应市场经济体制环境的问题，改革提出“建立办事高效、运转协调、行为规范的政府行政管理体系，完善国家公务员制度，建设高素质的专业化行政管理队伍，逐步建立适应社会主义市场经济体制的有中国特色的政府行政管理体制”的要求。此次改革裁撤国务院机构 53 个，精简机关行政编制 50%，改革几乎撤销了所有工业经济专业管理部门，消除了政企不分的组织基础，还成立了国家经济贸易委员会，成为国家经济体制改革最重要的机构。应该说这次改革是历次精简幅度动作最大的一次。②

2003 年是第六次机构改革。这次改革可以说是国家机构改革的

---

① 王澜明：《政府体制改革研究》，《中国行政管理》，2011 年第 12 期。

② 《罗干关于国务院机构改革方案的说明》，《行政人事管理》，1998 年第 3 期。

转折点。改革的思路从规模调整转型为结构优化，政府职能转变应集中于经济调节、市场监管、社会管理和公共服务等四个方面进行展开。比如通过国家发展和改革委员会与国有资产监督管理委员会的重组，进一步加大宏观调控能力，加大机构整合力度，健全部门间协调机制。[①] 从 2003 年开始，国家开始提出大部制的机构改革设想，也对跨部门的协作治理高度关注，但改革虽然开始了，并未得到实施并取得效果。

2008 年和 2013 年分别进行了第六次和第七次改革。这两次改革的特点是对大部制改革进行了初步探索。2008 年改革的主要任务是探索大部制改革，理顺部门权责关系，应该说，此次改革还是处于起步阶段，比如只是将国务院部门从 28 个减少到 27 个。但改革存在对职能界定、属性功能认识模糊的问题，在比如 2003 年、2008 年都出现了国务院部委频繁变动的情况，也说明当时国家对职能如何划分重组的思路并不明确。[②] 2013 年继续稳步推进大部门体制改革。大部制改革主要解决的是政府内部职能分工碎片化问题，也即在既定职能分工下，解决部门林立、协调成本过高等管理问题，关注机构间的职能匹配合理，建立政务综合管理的组织体制，形成大职能、宽领域、少机构的政府管理结构。[③] 经过前 7 次改革，总体来说对于行政组织自身的调整是有成效的，机构体系趋于完整，并在一定程度上减少了组织冗余。

2018 年是第八次改革。2018 年 2 月 26—28 日，党的十九届三中全会审议通过《中共中央关于深化党和国家机构改革的决定》和《深化党和国家机构改革方案》，揭示了新一轮机构改革的全貌。此次改革的特点是“以加强党的全面领导为统领，以国家治理体系和治理能力现代化为导向”，把机构改革从单维度的行政体系改革推向整个治理体系拓展，是系统性、整体性、重构性的重大变革。

---

① 《关于国务院机构改革方案的说明（2003 年）》，中国人大网，http：//www.npc.gov.cn/wxzl/gongbao/2003－04/04/content_5312163.htm（2019 年 1 月 5 日查阅）。

② 何艳玲、李丹：《机构改革的限度及原因分析》，《政治学研究》，2014 年第 3 期。

③ 黄小勇：《机构改革的历程及其内在逻辑》，《行政管理改革》，2018 年第 5 期。

为进一步深化党和国家机构改革，推进国家治理体系和治理能力现代化，地方也开始进行系统性的机构改革。2018 年 9 月 13 日，《海南省机构改革方案》印发，成为首个获得重要批准的省级机构改革方案。此后，全国各省机构改革方案陆续公布，均对机构改革作出全面部署。11 月，党中央、国务院正式批准上海市机构改革方案。至此，我国 31 个省份机构改革方案全部对外公布。作为深化党和国家机构改革的重要组成部分，地方机构改革进入落地实施阶段。根据方案，2018 年底前，省级党政机构调整基本到位，所有地方机构改革任务要在 2019 年 3 月底前基本完成。

（二）如何理解机构改革 40 年

我国的传统行政体制是适应计划经济要求的、高度集中的，是全能型、管制型行政管理体制。转变政府职能是深化行政体制改革的核心，同时也是促进发展的强大动力和重要保障。由于我国在计划经济体制下建立的全能型政府职能模式不适应市场经济的要求，政府职能越位错位和不到位的问题，已经成为制约经济社会发展的制度因素。虽然改革已经取得了较大的成绩，但传统体制的遗留问题、制度老化的问题、工作观念问题和工作方法问题等依然在阻碍政府行政职能转变的深入。从 20 世纪 70 年代末期开始，我国开始了市场化改革，经济体制逐步转型。在这一转型过程中，放管服改革主要以中央向地方下放权力、政企分开为重点。[①] 进入 21 世纪，我国的社会主义市场经济体制不断发育完善，政府机构改革围绕着发挥市场在资源配置中的基础性作用进行，重点是推进政企分开、强化政府的公共服务职能、建设服务型政府。

党的十八大提出："更大程度更广范围发挥市场在资源配置中的基础性作用"，"要按照建立中国特色社会主义行政体制目标"。党

① 李军鹏：《改革开放 40 年：我国放管服改革的进程、经验与趋势》，《学习与探索》，2018 年第 6 期。

的十八大以来，“简政放权、放管结合、优化服务”成为我国行政审批制度改革的主要原则。政府转变放权改革的思路，从过去注重精简机构和职能改变，逐渐转向权力下放和激发活力。《“十三五”规划纲要》明确指出了改革的方向，以行政审批制度为突破口，通过这个制度理顺中央与地方的关系，激发地方政府改革的活力，极大拓展改革空间，充分释放了市场活力。2013 年开始的机构改革在简政放权、加快政府职能转变上迈出了重大步伐。

行政机构改革目标日益清晰。纵观 40 年来的改革经历，改革的目标日益清晰化。在改革初期，邓小平确定了改革和开放的基本国策，但是并没有为改革的具体过程设计详细的路线图。在“摸着石头过河”的战略下，中央启动的政府体制改革也基本上处于“摸着石头过河”，在摸索中前行的状态。[①] 比如 1982 年机构改革的主要目标是解决经济建设中的领导体制问题。1988 年改革的近期目标是提高行政效率，适应政治、经济发展的需要，长期目标则是逐步建立一个具有中国特色的功能齐全、结构合理、运转协调、灵活高效的行政管理体制。1993 年，随着社会主义市场经济体制的逐步建立，机构改革的目标主要是适应经济体制改革的要求，强调转变职能的根本途径是政企分开。1998 年开始了建国以来规模最大的一次政府机构改革，改革的目标是按照完善社会主义市场经济体制和推进政治体制改革的要求进一步转变政府职能。前一阶段的机构改革注重在经济职能的调整上，关注体制与市场经济的适应问题。

但是，政府体制改革方向在十六大更加明确。党的十六大提出了市场经济体制改革的思路后，开始对政府改革提出了明确的要求，即建立与社会主义市场经济体制相适应的政府体制，建立服务型政府。这个目标在十七大得到了加强，并进行了系统部署与实践推进。党的十八大更是将这一目标明确化，把“建设人民满意的服务型政府”作为政府改革的目标。党的十九大明确提出党和国家的机构设置和职能配置必须与实现国家治理体系和治理能力现代化相一致，

① 《邓小平文选》第三卷，人民出版社，1993 年版，第 156、372 页。

以加强党的全面领导为统领，突出以人民为中心价值观，以国家治理体系和治理能力现代化为导向。把实现好、维护好、发展好最广大人民根本利益作为党的一切工作的出发点和落脚点，牢牢把握政府职能转变这个核心，积极有为地推进政府放管服改革，把机构改革的目标和方向定位清晰化。

机构改革具有适应性特征。社会适应性主要是指政府改革围绕“人民满意”这个目标进行的改革调整，归根到底是“建设人民满意的服务型政府”。纵观 40 年，政府体制改革呈现出阶段性特点，即在不同的阶段有不同的具体目标。在 20 世纪 90 年代初，机构改革开始从特别强调经济职能，到民生服务功能的转向，突出以人民为中心的本质要求。政府改革首先是以市场效率为取向的改革，实行政府职能转变。重点在政府减持不合理的职能总量，方式和途径是机构撤并和向市场转移权力为取向的审批制度改革，目的是适应市场经济需要，具有明显的“适应性”特征，其任务是扫除制约市场经济发展的各种体制机制障碍，不拖市场主体的后腿，确保“不踩刹车”。[①] 随着市场经济的发展，到 2000 年左右，在解决利益获取问题后，也即私人物品的供给不再成为问题后，政府改革方向开始转向公共物品供给不足的问题。这时候政府改革从政策性的利益调整转变为政府职能转变，开始以人民的根本利益为着力点，注重公共服务的供给，开始追求公平公正的价值追求，改革更加注重结构完善与制度安排。简言之，政府根据社会经济发展所产生的新情况、新问题不断调整、改革和完善自身机制和治理模式，以便提高政府对民众的服务质量和服务水平，这也符合政府作为一个履行社会公共管理职能主体的基本特性。[②]

改革从机构精简到组织优化整合。纵观改革开放以来的 8 次改革，机构改革是从简单的数量精简到职能调整，再到优化整合

---

① 黄小勇：《机构改革的历程及其内在逻辑》，《行政管理改革》，2018 年第 5 期。

② 杨弘等：《论新时代中国政府改革的方向和着力点》，《东北师大学报（哲学社会科学版）》，2018 年第 4 期。

的发展过程。改革之初，为了解决行政成本过高、政出多门等组织问题，国务院从 1982 年开始进行机构精简，1988 年裁撤和合并经济管理部门。1990 年代期间，国家机构改革都是围绕机构不断精简而开展。2003 年开始，机构改革的思路从精简开始转向优化整合。

机构优化整合主要表现为两个方面。一方面是理顺关系。中国政府改革的实质是政府简政、分权与放权。这个分权既包括党政之间的分权，也包括政府间的分权，同时还包括纵向的分权，即政府与市场、政府与社会之间的分权。所以，政府改革涉及的主体不仅仅是政府，还包括党的组织、市场系统的组织和社会系统的各类组织以及广泛的群众。所以，政府改革的目标虽然是以转变政府职能为核心，但关键还是需要在各主体间建立相对明晰的权责体系，理顺各个主体间的关系。这些关系主要包括：纵向的中央与地方政府以及地方政府上下级机关之间的关系；横向的党政各机关之间以及政府内部各部门之间的关系；条块结合上的垂直管理部门与所在地政府之间的关系；外部的还包括与市场和社会的关系。所以，后期的机构改革还包括权力清单、责任清单或者负面清单在内的各种权责改革，都是在明确执政党、政府、市场和社会之间的权责关系，以此为突破点调整关系，分清职能。而理顺关系的重点是理顺党政关系、中央与地方之间的关系和机关内部各部门之间的关系，即合理划分管理权限、明确各自的职责范围、科学规定工作联系的方式和程序。

另一方面，机构改革还表现为职能整合。政府职能转变不仅是内部的结构调整，还注重职能资源整合，主要表现为整合宏观调控职能，整合市场监管职能，整合社会服务职能。[①] 政府职能的转变更加重视放权后的职能重新规划。早期的机构精简侧重于机构组织形式的调整，主要强调政府机构数量的改变，并未涉及权力结构的调

① 吕志奎、曾荣：《改革开放以来中国政府机构改革的创新路径》，《社会主义研究》，2018 年第 5 期。

整或者说体制特征的变化。从 2013 年以后，中央政府在行政改革方面重新调整了策略，改革的焦点由简政到放权的转换以及放权维度的扩展，以行政审批制度改革为突破口，以供给侧改革为核心的大幅度放权改革不断深入推进，也彰显了中央政府在全方位、系统化、渐进式改革中的决心和行动力。自此之后，机构改革工作就在简政放权、放管结合、优化服务的大整合格局中齐头并进，为改革开放注入了强大动力。

二、简政放权改革：经验与特点

（一）中央与地方的改革进程

“放管服”改革以行政审批制度改革为抓手，根据中央的部署和行政许可法要求，整体谋划，分步推进，大力下放、取消行政审批事项，简政放权，放管结合，优化服务，取得了重要成果。5 年来，大幅削减行政审批事项、企业投资核准项目，彻底终结非行政许可审批，国务院部门行政审批事项削减 44%，非行政许可审批彻底终结，中央政府层面核准的企业投资项目减少 90%，行政审批中介服务事项压减 74%，职业资格许可和认定大幅减少。中央政府定价项目缩减 80%，地方政府定价项目缩减 50% 以上。全面改革工商登记、注册资本等商事制度，企业开办时间缩短三分之一以上。[①]

从中央层面看，中央始终坚持把行政审批制度改革向纵深推进，在促进政府由“全能型”向“服务型”转变上下功夫，把能精简的政府权限再次精简。2018 年 6 月 28 日，国务院在北京召开全国深化“放管服”改革转变政府职能电视电话会议，李克强总理特别强调要通过简政放权、放管结合、优化服务的深刻改革，推动政府职能深

① 《行政审批制度改革有大成效》，《光明日报》，2019 年 1 月 5 日第 1 版。

刻转变、极大激发市场活力。2018 年 8 月 5 日，国务院印发《国务院办公厅关于印发全国深化“放管服”改革转变政府职能电视电话会议重点任务分工方案的通知》，部署深化“放管服”改革，提出 2018 年继续取消部分行政许可等事项，2020 年底前基本实现行政许可事项“应放尽放”。同时，《方案》明确，市场机制能有效调节的经济活动不再保留审批和许可，对现有 1300 多项行政许可事项要进行论证、摸底。一方面，能取消的坚决取消；另一方面，持续精简行政许可事项。①

在地方上，在“放管服”改革中，各地也进行了积极探索、主动作为，推出了许多受市场主体和群众欢迎、值得推广的举措。地方上关于机构改革的探索可以分为两个阶段。

第一个阶段是审批权集中改革，以“行政服务中心”的创立为代表。行政服务中心最早出现在 20 世纪 90 年代中后期，深圳进行了全国的首次地方实验，把与外商投资项目相关的 18 个部门集中起来，成立了专业性的联合审批服务中心。② 审批服务中心实现了行政权力的集中化，克服了行政碎片化。但是，行政服务中心的问题在于，后台操作仍然存在着条块分割的职能各自分设的问题，各职能部门分别掌握审批权和监管权，所以机构改革并未能解决职能分化降低效率的问题，各职能部门不断分割审批权与监管权，最典型的表现是政府职能部门之间、部门内部业务科室的割裂带来的审批程序的牵制。③

第二阶段以行政审批局模式为代表，相对行政服务中心模式，审批局模式将“分裂”的审批与监管权集中起来，事权集中，但“审管分离”的方式将散落在各处的审批权重新集中、整合起来，由

① 《国务院办公厅关于印发全国深化“放管服”改革转变政府职能电视电话会议重点任务分工方案的通知》，转引自中国政府网，http：//www. gov. cn/zhengce/content/2018 - 08/14/content_5313752. htm（2019 年 1 月 7 日查阅）。

② 王胜军，丁云龙：《行政服务中心的缺陷、扩张及其演化—— 一个行政流程再造视角的经验研究》，《公共管理学报》，2010 年第 4 期。

③ 杨小军，杨霞：《行政审批制度改革成效、问题与探索》，《行政管理改革》，2018 年第 12 期。

行政审批局统一行使。2014 年天津滨海新区用一枚行政审批专用章替代 18 个部门的 109 枚印章，在全国实现了“一枚公章管审批”的模式，建立了行政审批局的方式。改革后，滨海新区行政审批办结率达 98.5%，大幅提升了企业和群众对政府的信任度、满意度。2015 年 3 月，中央编办、国务院法制办联合印发《相对集中行政许可权试点工作方案》，将天津所有区县以及河北、山西、江苏、浙江、广东、四川、贵州 8 省、市列入相对集中行政许可权试点，并要求其余试点省份各选择 2—3 个市、县（市、区）或所属国家级开发区开展改革试点。2018 年地方进入行政审批整合时代。北京通过整合行政审批和政务服务事项，将减少约 800 项。湖北省武汉将突破口放在集成机构“减窗口”、集成流程“简环节”、集成信息“提效率”三方面：集成流程“简环节”就是改变原来按部门内部流程划分事项的做法，按照“一个流程”解决“一件事”的标准，对单部门办结事项流程不断压缩、简化；对多部门综合办结事项流程进行整合、归并；对没有法定顺序要求的流程一律同步推进，杜绝不同环节互为前置等问题。到 2018 年年底，浙江将实现办事事项“最多跑一次”100% 全覆盖，所有民生事项和企业事项“一次办结”，其中 80% 以上开通网上办理。目前，其他许多省份也积极要求建立行政审批局，比如河北、山东等省要求在全省市县设立行政审批局。在重庆，426 项市级公共服务事项被列入目录清单，各级部门正在编制具体办事指南，企业和群众未来可在实体政务大厅或线上办理这 426 项事项，实现“一次不跑”或“只跑一次”。[①]

（二）简政放权改革的特点

行政审批制度改革是转变政府职能、完善行政管理体制的重要

① 《百姓少跑腿、政府有效率、企业更安心，看 2018 年各地落实“简政放权”有良方》，转引自中华网，https://news.china.com/domesticgd/10000159/20181221/34755733_1.html（2019 年 1 月 19 日查阅）。

改革。改革已经取得了阶段性成果，行政审批改革日益科学化、法治化、服务化、透明化与责任化，通过减少大量行政审批事项，已建立起使市场发挥决定性作用而又能弥补市场缺陷的行政审批制度。[①] 改革的主要成效主要表现为以下几个方面：

一是审批事项进一步减少。行政审批事项的减少不仅仅是数量上的减少，更重要的是通过行政审批制度改革的深化，改革从注重数量转向提高质量，继续取消附带寻租空间的行政审批事项，减少放小不放大、名减实留等倾向，最大限度地减少行政审批事项。

二是突出行政审批的服务功能，约束行政审批权力。使行政审批权相对集中的改革，将分散式、封闭式的审批方式改革为集中式、开放式的审批方式。特别是各地兴起的行政审批局，“最多跑一次”等行政审批模式的建立，极大突出了行政审批集中化与强化服务功能。同时，为了合理控制、约束行政权力，也建立了一套清单化的管理模式，通过权力清单制度对审批权进行了有效控制。比如“权力清单”、“责任清单”以及“负面清单”制度的建立与推广。这种以政府自我控权的方式把应行使的权力和要承担的责任清晰化，有效规范政府行为，明确勘定政府的职责边界，成为全面深化改革的亮点。

三是行政审批制度改革日益规范化、标准化。“十三五”规划纲要将“行政审批标准化”明确为“优化政府服务”的重要一环。作为规范审批权力，提供无差别、高品质审批服务的途径，行政审批标准化建设既是对持续 5 年的行政体制改革的延续，也是在更大范围、更深层次上推进“简政放权、放管结合、优化服务”改革的有力保障。比如浙江省台州市以标准化推动行政审批服务规范化，引领“最多跑一次”改革，打造审批事项、网上审批、中介服务、窗口管理、督查机制 5 个标准化，形成独具台州特色的行政审批标准化范本。行政审批标准化是现代行政管理制度的运用，是深化行政审批制度改革的创新之举，建立一套科学、完备、符合实际的标准

① 李军鹏：《十九大后深化放管服改革的目标、任务与对策》，《行政论坛》，2018 年第 2 期。

体系是扎实推进行政审批标准化工作的前提保障。通过提升行政审批的标准化水平，规范审批权力，防范行政审批环节的高廉政风险，为行政相对人提供无差别、高品质的审批服务。

三、市场监管改革：成绩与方向

市场监管是现代市场经济条件下的政府基本职能。过去形成的以行政审批为主的传统市场监管模式最突出的问题就是行政主管部门既是“运动员”又是“裁判员”，难以保证行政审批的公正性，且容易滋生权力寻租等腐败问题。党的十九大对深化机构和行政体制改革作出重要部署，要求统筹考虑各类机构设置，科学配置党政部门和内设机构权力、明确职责。《“十三五”市场监管规划》出台，不仅涉及政府监管模式的改变，还涉及深层次的行政权力结构调整和政府理念变革。新一轮市场监管机构改革，要求统一市场监管综合执法的制度体系，针对以往市场监管“多头管理”的弊端，提高政府监管的效率和有效性。此次规划提出，市场监管的主要原则是依法依规监管、简约监管、审慎监管、综合监管、智慧监管、协同监管。

（一）成立市场监管总局，明确监管责任主体

2018 年 3 月 21 日，国家市场监督管理总局宣布正式成立并开始履行职责，原国家工商总局、质检总局、食药总局撤销，组建市场监管总局，这是中国特色社会主义进入新时代，在继续加快完善社会主义市场经济体制的进程中完善市场监管体制的重要举措。国家市场监管总局的成立，是新一轮的政府机构的优化，从此国家市场监管进入权威体系与大整合的综合改革状态，体现大监管思路。市场监管总局不仅将工商、质监、食药监的相关产品监管和标准化职

能囊括其中，而且还将发改委、商务部等部门的物价监管和反垄断职能以及知识产权保护等职能并入，成为事实意义上的一个综合的市场监管机构。统一市场监管，将复杂的监管规则及监管机构全部统一，有利于维护市场主体公平竞争秩序和消费者权益，充分发挥市场竞争机制作用。这次改革也是历次市场监管体制改革中力度最大的一次，也是自 2013 年以来为期最长、争议最多的新一轮机构改革。

同时，根据《深化党和国家机构改革方案》的明确要求，所有地方机构改革任务应在 2019 年 3 月底前基本完成。截至 2018 年 9 月，各级市场监管部门按照中央部署和地方党委的安排，积极做好各项机构改革工作，包括海南、吉林、广东、浙江、云南、黑龙江、山东、山西、江苏及重庆等省市的市场监管机构已先后完成挂牌和领导任命工作。

现在各地都成立了市场监管机构，但相关中央政策目标多元；各地自发探索了多种机构改革模式，同时“下改上不改”与“左右不同样”现象引发混乱。[①] 目前全国没有统一的市场监管模式，各地机构设置不同，基层执法机构复杂多样，机构数量、机构名称、执法证件和制服都不统一。如辽宁、吉林、江苏等地，在县级层面采取工商、质监、食药监“三合一”。安徽、山西、河北、湖南、四川部分基层是工商、质监“二合一”，但省级层面却又是工商、质监、食品药监的整合。浙江的舟山实行工商、质监、食药监“三合一”，浙江的宁波是工商、食药监“二合一”，而宁波各县级局则实行工商、质监、食药监“三合一”。如此冗杂的监管和执法体系，工作层面存在上下对接难的问题，也是今后地方改革的难点。[②]

---

① 薛澜、李希盛：《深化监管机构改革　推进市场监管现代化》，《中国行政管理》，2018 年第 8 期。

② 王健、王鹏：《新一轮市场监管机构改革的特点、影响、挑战和建议》，《行政管理改革》，2018 年第 7 期。

（二）推进商事制度改革向深度广度扩展

纵观40年，国家市场主体登记注册改革发展有了巨大进步。“我国市场主体数量从改革开放初期的49万户，增长到2018年11月底的1.09亿户，增长了222倍”[①]。从2014—2017年底，平均每天新增市场主体4万多户，其中日均新登记企业1.37万户，2017年增长更快，日均新登记企业达1.66万户。根据世界银行发布的数据显示，从2013—2017年度，中国营商环境的世界排名提高了18位，其中开办企业便利度上升了65位。[②]

近年来，商事制度改革取得显著成效。在放宽市场准入方面。从2013年开始，国家围绕制定了《注册资本登记制度改革方案》，推进工商注册便利化。从2014年3月实施《注册资本登记制度改革方案》，到2017年8月，先后实行企业住所改革、企业名称改革、全程电子化和电子营业执照改革，有效降低了创业创新的制度性成本。继续实行证照合一的改革。2015年实行“证照合一”改革，通过“三证合一”、加强监管，持续深化便利化改革；到2016年围绕“五证合一”、个体工商户“两证整合”、国家企业信用信息公示系统建设、加强市场监管、深化便利化改革来展开；2017年工作集中在“多证合一”、双随机抽查监管、电子营业执照和全程电子化、“证照分离”试点、商标注册便利化改革、国家企业信用信息公示系统建设6个方面展开。2018年在全国推行“证照分离”改革，推动“照后减证”，做到各类审批事项能减则减、能合则合，进一步清理“证”照”关系，区分“证”照”功能。2018年国务院下发《国务

① 《改革开放40年我国市场主体数量增长222倍》，《光明日报》，2018年12月26日10版。

② 《砥砺奋进　再创辉煌——各地深化商事制度改革优化“三个环境”工作综述》，转引自中国政府网，http：//www. gov. cn/xinwen/2018－01/02/content_5252587. htm（2019年1月19日查阅）。

院关于在全国推开“证照分离”改革的通知》[①]，要求参照上海浦东新区的模式，继续有效降低企业制度性交易成本。从 2018 年 11 月 10 日起，在全国范围内对第一批 106 项涉企行政审批事项，分别按照直接取消审批、审批改为备案、实行告知承诺、优化准入服务等 4 种方式实施“证照分离”改革。证照分离改革在地方得到了广泛认可和推广。比如 2018 年 6 月，厦门市出台《进一步推进“多证合一”改革的通知》，在 2017 年首批“29 证合一”的基础上，将证照合并登记项目扩充到 35 项，自 2018 年 6 月 30 日起实施“35 证合一”，商事制度改革再升级，做到“能合尽合、能简尽简”。

（三）从规范、整合方面完善市场监管体系

在强化事中事后监管上国家不断出台文件规划完善市场监管体系。2014 年 6 月，国务院下发了《关于促进市场公平竞争维护市场正常秩序的意见》，要求坚持放管并重，实行宽进严管，完善市场监管体系。2015 年 10 月，国务院下发了《关于“先照后证”改革后加强事中事后监管的意见》，明确了“谁审批、谁监管，谁主管、谁监管”的市场监管原则，初步构建了事中事后监管新模式。

2017 年 1 月，国务院发布《“十三五”市场监管规划》，提出了市场监管的新理念。8 月，国务院公布《无证无照经营查处办法》，调整了监管查处范围，明确了监管部门职责。2018 年 3 月，《深化党和国家机构改革方案》出台，提出改革市场监管体系，实行统一的市场监管，整合工商、质监、食药、反垄断、价格、知识产权等职责的市场监管总局全新亮相。

不断整合市场监管职能，建设以信用为核心的新型市场监管机制。党的十八大以后，我国社会信用体系建设工作快速推进，包括行政审批制度的改革与市场监管制度方式的创新，为构建以信用为

① 《国务院关于在全国推开“证照分离”改革的通知》，转引自中国政府网，http：//www. gov. cn/zhengce/content/2018 – 10/10/content_5329182. htm（2019 年 1 月 19 日查阅）。

核心的市场监管体系创造了条件。经过几年的探索，以信用监管为核心的新型监管机制初步形成，全面推行“双随机、一公开”监管，这是“放管服”改革的重要之举，是完善事中事后监管的关键环节，对于提升监管的公平性、规范性和有效性，减轻企业负担和减少权力寻租，具有重要意义。

2016年9月，国家工商总局制发文件，推进监管方式改革创新，要求全国工商和市场监管部门全面实施“双随机、一公开”监管。2017年7月国家工商总局印发《工商总局关于做好“双随机、一公开”监管工作的通知》，进一步贯彻落实国务院监管改革决策部署。两年多来，相关部门已经出台了一系列的“双随机”文件制度，比如2018年工业和信息化部办公厅印发《工业和信息化部“双随机、一公开”监管实施办法》的通知。同时，国家还建立了“一单、两库、一细则”机制。“一单”就是“双随机”抽查的内容，叫随机抽查事项清单；“两库”就是检查对象名录库、执法检查人员名录库。比如2017年浙江省推行跨部门联合“双随机”抽查监管。2018年包括民政、安监、质监、公安、市场监管等部门负责开展联合“双随机”监督检查，提升公平公正执法，提升监管效能。杭州部门整合后，将原工商、食药领域的企业年报抽查、食品速检、药品飞行检查等整合，建立统一的市场主体库、执法人员库、抽查事项清单、信息公示系统，通过整合信息，提升公平公正执法，提升监管效能。

2018年，国家发布《国务院办公厅关于印发全国深化“放管服”改革转变政府职能电视电话会议重点任务分工方案的通知》提出，要推动市场监管日常检查“双随机”方式全覆盖，检查结果全部公开。2018年底前市场监管总局完成“双随机、一公开”监管各项制度统一，2019年底前全国市场监管部门实现“双随机、一公开”监管全流程整合，市场监管领域主要部门“双随机、一公开”监管常态化，“十三五”末实现市场监管领域相关部门日常监管“双随机、一公开”全覆盖。

在推进“双随机、一公开”监管中，各地也进一步建立健全随机抽查系统，完善相关细则。目前，各地在实践中取得积极进展。比如河北省工商局自 2016 年以来就积极开展“双随机、一公开”信息化建设，2018 年石家庄市工商局牵头组织开展了跨部门“双随机、一公开”联合抽查，是河北省首次运用大数据分析结果组织实施的跨部门联合抽查。通过整合关联信息，建立全市一体化、一网化的大数据监管平台，加大了对“高风险指数”企业的抽查比例与频次。应该注意的问题是，随着监管方式的不断升级，“三合一”后监管事项成倍增加，如果不整合抽查事项，可能会产生避重就轻、或者削减监管的问题。所以，现在改革的热点从讨论监管方式的优劣，转向如何深入推进“双随机”的监管效能方面，即，继续在“综合”监管上做文章，比如上海、杭州在机构改革一两年后开始探索全项彻查队和“双随机+综合试查”的整合监管效能。①

四、行政执法体制的改革：从相对集中到综合执法

行政执法是政府的重要职责，推动综合监管体系建立是贯彻全面依法治国、建设法治政府和“放管服”改革精神的重要举措，对理顺综合执法管理体制、提升事中事后的监管能力、规范市场秩序、建设法治化营商环境具有重要意义。回顾 40 年来我国行政执法体制改革历程，总结问题，厘清改革思路，继续深化改革。

（一）分散执法：行政执法机构初设（1978—1996）

1978 年实施改革的战略后，为满足经济体制和行政管理体制改

① 薛澜、李希盛：《深化监管机构改革推进市场监管现代化》，《中国行政管理》，2018 年第 8 期。

革的需求，为深入推进改革，推动政府职能转变，使之与经济体制改革相适应，国家在各个领域颁布了许多规章法规。1982 年，国家颁布“八二宪法”，为行政体制改革提供宪法保障。宪法对行政法制建设具有重大指导意义。1988 年第七届全国人大通过了《国务院机构改革方案》，提出转变政府职能并把调整与改革落实到执行机构。行政执法机构改革就是在这一宏观背景下产生的。1989 年，《行政诉讼法》颁布，标志着我国行政体制改革和行政法制建设进入了一个新阶段。依法行政、推进社会主义法制建设被国家日益重视起来。

这一时期，国家还陆续颁布了《行政复议条例》《行政监察条例》《行政处罚法》等重要的一般性行政法律，强化对行政权的监督与规范。全国人大及国务院制定的行政法律法规涉及国防、外交、国家安全、治安管理、司法行政以及科教文卫等各个方面，使行政管理部门大体具备了相应的法律法规。

但是，当时的体制是立法项目需要配备一支执法队伍，法律、法规所规定的行政处罚权，往往都要由政府某一个具体部门来实施。现实情况是，一方面，每实践一部法律、法规，都需要新设置一支执法队伍，这也造成了行政执法机构林立、队伍臃肿，执法扰民的现象相当严重。但另一方面行政执法力量却被分散赋权到众多的行政执法部门，每个部门又都感执法力量单薄，难以形成有效的经常性管理。[①] 这些体制弊端也成为接下来改革的重点问题。

（二）相对集中行政处罚权改革（1997—2002）

1997 年是行政执法体制相对集中执法权的改革伊始之年。相对集中执法权是依法将若干行政机关的行政处罚权集中起来，交由一个行政机关统一行使。过去行政执法权是分散赋权的状态，现在改革后，提高了行政管理效率。1997 年，国务院批准在北京市宣武区

---

① 李洪雷：《行政体制改革与法治政府建设四十年（1978—2018）》，《法治现代化研究》，2018 年第 5 期。

率先启动城市管理领域的相对集中行政处罚权试点工作，接着又在该区组建了城市管理监察大队，这是我国第一支城市管理执法队伍。随后，国务院陆续批准了在广州市、南京市等地开展相对集中的行政处罚权试点工作。1999 年国务院作出《关于全面推进依法行政的决定》，要求扩大试点范围。包括天津市及河北、辽宁、吉林等省、自治区的 14 个设区的市，在城市管理领域开展了相对集中行政处罚权的试点工作。2000 年，行政执法体制改革进入了试点规范阶段。当年国务院办公厅下发《国务院办公厅关于继续做好相对集中行政处罚权试点工作的通知》（国办发［2000］63 号），要求把试点经验运用于基层的机构改革，按照相对集中的原则，进一步理清楚基层政府间的行政管理体制和行政执法体制。[①] 从 1997—2002 年，由于相对集中行政处罚权试点工作的全面推广，获得许多经验并取得了显著成效。2002 年中央政府在地方经验普遍成熟的基础上，在全国范围推进相对集中行政处罚权工作，作出《关于进一步推进相对集中行政处罚权工作的决定》。

相对集中行政处罚权制度对解决城市管理领域中职权交叉、多头执法、效率低下等问题具有突出的作用与成效，但这种体制还是存在许多问题，特别是执法混乱问题没有从体制上得到解决。

（三）初次探索：从相对集中过渡到综合执法（2003—2012）

从 2003—2012 年整整 10 年间，国家层面没有出台相对规范的指导城管行政执法体制改革的文件，所以，全国各地城管行政执法体制改革完全是由各地方政府主导下自由自在地进行改革，这种地方实验的改革虽然在一定程度上体现了因地制宜的优势，但也造成全国城管执法机构的性质、名称、内容、人员身份、编制、服装等

---

① 江凌、张水海：《相对集中行政处罚权制度：发展历程、实施情况与基本经验》，《行政法学研究》，2008 年第 4 期。

诸多不统一，使全国城管执法队伍体现出浓厚的“地方军”色彩。鉴于上述问题，在2002年以后，行政执法体制改革的侧重点开始注重整合地方不统一问题，为改变城管执法体制混乱状态，全国广大城管人呼吁尽快理顺城管执法体制，确立国家城管主管部门，使全国城管执法队伍从分散走向统一。改革从相对集中行政处罚权逐步过渡到综合行政执法，且改革的领域也逐渐转向纵深发展，扩展到文化市场监管、农业管理、交通运输管理等更多领域探索综合执法模式。

从1997—2002年，行政执法体制改革主要围绕着相对集中行政处罚权的设置进行的，局限于市场管理领域。从2002年10月开始，国务院发布了56号文件，即《中央编办关于清理整顿行政执法队伍实行综合行政执法试点工作的意见》（国办发〔2002〕56号），开始综合行政执法的试点工作。试点选在广东省、重庆市开展，并在其他省、自治区、直辖市各选择1—2个具备条件的市（地）、县（市）进行试点。56号文件规定：“一个政府部门下设的多个行政执法机构，原则上归并为一个机构。在此基础上，重点在城市管理、文化市场管理、资源环境管理、农业管理、交通运输管理以及其他适合综合执法的领域，合并组建综合行政执法机构。”这次改革可以说是综合行政执法改革的雏形，行政执法体制改革的侧重点开始从相对集中行政处罚权逐步过渡到综合行政执法，而且改革领域也突破城市管理领域，在文化市场监管、农业管理、交通运输管理等更多领域探索综合执法模式。①

（四）全面探索综合行政执法阶段（2013至今）

综合行政执法是深化行政管理体制改革的重要内容。综合执法试点已经有了十多年的经验，取得了很大成绩和经验。早在2002

---

① 吕普生：《中国行政执法体制改革40年：演进、挑战及走向》，《福建行政学院学报》，2018年第6期。

年，国务院办公厅就出台了《关于清理整顿行政执法队伍实行综合行政执法试点工作的意见》，在广东省、重庆市等地开展试点。2013年党的十八届三中全会制定发布《关于促进市场公平竞争维护市场正常秩序的若干意见》，立足于“建设统一开放、竞争有序、诚信守法、监管有力的现代市场体系”，拉开了改革市场监管体系、实行统一的市场监管的新一轮改革大幕。

2014 年国家提出深化行政执法体制改革，要求根据不同层级政府的事权和职能，减少层次、整合队伍、提高效率，推进综合执法。2015 年《中共中央国务院关于深入推进城市执法体制改革 改进城市管理工作的指导意见》中要求，综合设置机构，按照精简统一效能的原则，住房城乡建设部会同中央编办指导地方整合归并省级执法队伍，推进市县两级政府城市管理领域大部门制改革，整合市政公用、市容环卫、园林绿化、城市管理执法等城市管理相关职能，实现管理执法机构综合设置，即实行“大城管”的管理模式，实现城管的管理权和执行权的统一，提高综合执法效率。大城管模式类似大部制结构。过去城管管理是传统的条块分割、各自为政，虽然职能分得很细，但有些职责又没法分清楚，所以就很容易扯皮。大城管结构打破这种各部门之间的壁垒，解决了城管执法难的问题

2016 年市场监管体系着重健全跨部门、跨区域执法联动响应和协作机制的建设。2017 年 1 月，国务院《“十三五”市场监管规划》出台，要求“尽快完成市、县市场监管综合执法改革”。这一年各地不仅加大了综合执法的覆盖范围，同时还在更大程度上推动跨部门联合惩戒的力度和深度。

2018 年 3 月，中共中央印发《深化党和国家机构改革方案》，其中单独列出一节，将深化行政执法体制改革确定为深化机构改革的重要任务，要求在多个领域建立综合执法队伍。将来综合行政执法体制改革的目标围绕着如何合理配置行政执法权力和责任，，提升专业监管能力而有序推进。行政执法体制改革，不能仅仅停留在队伍整合的初级阶段，还应该考虑到避免权责交叉以及职能碎片化问

题，最大限度的提高执法效能，这也会成为我国政府治理创新领域的重要命题。[①]

五、优化政府公共服务：公平与效率

十九大报告明确提出了“建设人民满意的服务型政府”的改革目标和任务。而提供高质量的公共产品、改进公共服务，是实现服务型政府的关键抓手。针对当前公共服务普遍存在的分布不均、质量提供不高等显著问题，党的十九大报告提到实现基本公共服务均等化的要求，是我国决胜全面建成小康社会的重点任务，明确要求增加公共服务供给，从解决人民最关心最直接最现实的利益问题入手，增强政府职责，提高公共服务共建能力和共享水平。公共服务是供给体系中的重要一环，也是短板。增加公共产品和公共服务供给，满足人民群众日益增长的公共服务需求，2018 年国家持续加大对公共服务领域的投入，公共服务供给水平有了很大提升。

（一）推进公共服务均等化

基本公共服务均等化程度是衡量民生建设的一个重要指标，是国家治理现代化的主要体现。党的十九大报告着重指出，要保障和改善民生，必须加快推进基本公共服务均等化。

以标准化促均等化。在 2017 年国务院公布《“十三五”推进基本公共服务均等化规划》中，明确建立国家基本公共服务清单制，确定了公共教育、劳动就业创业、社会保险、医疗卫生、社会服务、住房保障、公共文化体育、残疾人服务等 8 个领域 81 个基本公共服

① 王余生、陈越：《碎片化与整体性：综合行政执法改革路径创新研究》，《天津行政学院学报》，2016 年第 6 期。

务项目，作为政府履行职责和公民享有相应权利的范畴。[①] 2018 年 7 月，国家通过了《关于建立健全基本公共服务标准体系的指导意见》，提出建立健全基本公共服务标准体系，明确中央与地方提供基本公共服务的质量水平和支出责任，以标准化促进基本公共服务均等化、普惠化、便捷化。[②]

在实践方面取得的新进展。从实践上来看，党的十八大以来，我国在加快基本公共服务均等化方面下了很大的功夫，相关的政策也都逐步落实，丰富多元的基本公共服务更加满足人民的需求，基本公共服务体系逐渐完善。据统计，基本公共服务均等化总体发展水平呈上升趋势。从区域分布看，东部整体基本公共服务发展水平呈现上升的态势。2017 年全国 38 个主要城市在对基本公共服务满意程度进行调查的过程中发现，有 31 个城市的基本公共服务满意度相比 2016 年上升。[③] 在地方各级政府，公共服务清单制也在进行。比如，2017 年底上海市发布基本公共服务项目清单，公布了民生最迫切最基本的需求。公共服务涉及 9 个领域，包括教育、就业和社会保险、社会服务、卫生、养老、住房保障、文化、体育和残疾人服务等 96 个项目。2018 年，上海市政府根据新的情况结合本市实际，又对《清单》进行了更新调整，完善基本公共服务体系，进一步保障和改善民生的需求。[④]

公共服务均等化中存在的问题。在基本公共服务均等化建设的过程中，存在着城乡之间、区域之间、不同群体之间的基本公共服务供给的不平衡。公共资源建设与公共服务建设过分向城市倾斜和

① 《我国首次推出国家基本公共服务清单》，转引自中国政府网，http：//www. gov. cn/xinwen/2017 –03/01/content_5172329. htm（2019 年 1 月 17 日查阅）。

② 《中共中央办公厅　国务院办公厅印发〈关于建立健全基本公共服务标准体系的指导意见〉》，http：//politics. people. com. cn/n1/2018/1212/c1001 –30462829. html（2019 年 1 月 19 日查阅）。

③ 《公共服务蓝皮书：中国城市基本公共服务力评价（2017）》，北京：社会科学文献出版社，2018 年版。

④ 《关于印发调整后〈上海市基本公共服务项目清单〉的通知》，转引自上海市发展和改革委员会网站，http：//www. shdrc. gov. cn/gk/xxgkml/zcwj/zgjjl/34364. htm（2019 年 1 月 17 日查阅）。

集中，出现城市公共设施超大超前建设，而广大农村公共设施严重不足。比如有数据显示，从 2007—2016 年 10 年间，我国东部省市的城乡基本公共服务均等化水平分布得很不平均。比如北京、浙江等东部地区属于第一梯队。而山东、天津等属于第二梯队。第三梯队比如海南、上海等地都存在公共服务不均衡的状态。① 党的十九大报告提出“要履行好政府再分配调节职能，加快推进基本公共服务均等化”。推动“互联网 + 政务服务”均衡发展，对于解决基本公共服务发展存在的地区、群体、资源不均衡问题具有重要的促进作用。在社会治理和公共服务供给方面，地方政府仍普遍面临数据意识理念滞后、数据分析管理能力不足、数据割据难以分享、数据开放程度不高等诸多问题。

基本公共服务均等化重点是保障人民群众得到基本公共服务的机会，而不是简单的平均化。推进基本公共服务均等化，不仅仅是提高量上的供给，更重要的是质的提高，这也对全面建成小康社会、促进社会公平正义、增进人民福祉、增强全体人民在共建共享发展中的获得感、实现中华民族伟大复兴的中国梦，都具有十分重要的意义。

（二）提高政府公共服务效率

推进“互联网 + 政务服务”工作是党中央、国务院做出的重大决策部署，是推动简政放权、放管结合、优化服务改革向纵深发展的核心关键技术。“互联网 + 政务服务”有利于降低行政成本、提高公共服务效率、保障公共服务质量，对于提升政府公共服务效能，满足人民日益增长的美好生活需要意义重大。

目前，公共服务供给还存在一些问题。最主要的表现为几个方面：一是事项标准不统一，跨地区、跨部门办事协同难。各地区存

① 颜雅英、陈昌健：《东部地区基本公共服务均等化比较研究》，《泉州师范学院学报》，2018 年第 6 期。

在办事的事项编码、服务名称、服务流程不统一等问题，给跨地区业务协同带来较大障碍，导致大部分地区的在线平台服务范围局限在本省（自治区、直辖市）。二是技术体系不兼容，难以实现真正意义上的“一网通办”。各地区各部门在线平台在用户认证、印章使用、证照共享等方面的技术支撑体系标准不一、各自为政，互联互通互信难，全国范围的“一地注册、各地互认”，“一次认证、全网通办”目标难以实现。三是服务保障不到位。不少地区和部门的政务服务平台存在重建设、轻运维现象，平台用户知晓度低，服务便利性差，线上发布的办事事项、办理指南和线下大厅的实际操作方式脱节，办一件事“进多扇门、上多次网”的现象仍比较普遍。[①]

针对这些问题，2018 年 6 月国务院印发了《国务院办公厅关于印发进一步深化“互联网 + 政务服务”推进政务服务“一网、一门、一次”改革实施方案的通知》，要求深化“放管服”改革，进一步推进“互联网 + 政务服务”，加快构建全国一体化网上政务服务体系，推进跨层级、跨地域、跨系统、跨部门、跨业务的协同管理和服务，推动企业和群众办事线上“一网通办”（一网），线下“只进一扇门”（一门），现场办理“最多跑一次”（一次），让企业和群众到政府办事像“网购”一样方便。2018 年 7 月，国务院印发了《关于加快推进全国一体化在线政务服务平台建设的指导意见》，就深入推进“互联网 + 政务服务”，加快建设全国一体化在线政务服务平台，全面推进政务服务“一网通办”作出重要部署。[②] 这些文件的发布从三个方面解决“互联网 + 政务服务”供给中存在的问题。首先解决系统化问题。通过政务服务一体化，解决数据不统一问题。过去，不同层级政府的政务服务入口设置不同，导致政务服务互不

---

① 《建设全国一体化在线政务服务平台　打造“互联网 + 政务服务”升级版》，转引自新华网，http：//www. xinhuanet. com/politics/2018 - 08/10/c _1123252526. htm（2019 年 1 月 19 日查阅）。

② 《一体化在线政务服务平台建设全面提速》，转引自中国政府改革网，http：//www. chinareform. org. cn/gov/service/Practice/201809/t20180906_275045. htm（2019 年 1 月 11 日查阅）。

联通，找人办事困难。现在通过一体化，可以解决这个问题，提高公共服务效能。第二是解决流程不完整问题。通过一套完整的流程，对全国一体化政务服务平台工作目标的落实和任务细化，从要素、流程、载体、数据、上下融合提出了比较全面的要求。三是解决信息共享问题。过去由于数据不统一，跨部门、跨层级、跨区域协作都无法实现。现在，国家通过政务服务一体化，直接对接全国一体化政务服务平台。通过这样的公共支撑一体化平台，实现信息共享，是实现政务服务事项就近能办、同城通办、异地可办的关键。通过构建统一身份认证、统一电子印章、统一电子证照、信息资源共享交换平台，实现公共支撑一体化。

当前各地区各部门积极推进网上政务服务平台建设，开展网上办事，有效优化了政府服务、方便了企业和群众，为大众创业、万众创新营造了良好环境。全国多地已经通过平台一体化、规范化建设，整合了各级政府部门分散的政务服务资源和网上服务入口，通过政务部门间互联互通、数据共享、协同联动，实现跨部门数据流动，提升公共服务的整体效能。比如 2018 年四川省要求省、市、县三级政务服务事项一库汇聚、应上尽上，规范政务服务事项标准。要按照“一网通办”要求进一步优化政务服务流程，年底前省级政务服务事项网上可办率不低于 80%，市、县级政务服务事项网上可办率不低于 50%。[①] 广西省梧州市围绕“最多跑一次”目标，不断深化“一事通办”改革，并通过建立行政审批局的方式在全区率先实现“一窗受理、集成服务”审批模式全覆盖，办理提速率达 82.96%。[②] 最具代表性的是浙江省的“最多跑一次”模式。浙江“最多跑一次”模式是在 2014 年“四单一网”改革基础上的进一步深化。“四单”是指行政权力清单、部门责任清单、企业投资负面清单、财政专项资金管理清单。“一网”是浙江政务服务网。他们的主

---

① 《全省一体化政务服务平台年内基本完成主体功能建设》，转引自四川省人民政府网，http：//www. sc. gov. cn/10462/10464/10797/2018/11/11/10462691. shtml（2019 年 1 月 20 日查阅）。

② 周敏：《“互联网 + 政务服务”提升政府公共服务效能研究——以株洲市为例》，《湖南工程学院学报》，2018 年第 4 期。

要做法是公示“最多跑一次”事项清单并制定完善的事项办理标准，采取实体办事大厅和网上政务服务相结合的办事方式，以政务服务作为“放管服”改革目标实现的载体。浙江“最多跑一次”改革在互联网的技术支持下，实现了“放管服”这一系统工程的整体推进，极大提升了办事效率和群众满意度，提高政府治理能力现代化效果显著。[①] 2018 年，浙江省又印发“最多跑一次”改革工作要点的通知，继续深化改革。这一年浙江省加快全省一体化在线政务服务平台建设，全省政务服务事项“最多跑一次”全覆盖，90% 以上的事项实现网上办理。

各地积极实践公共服务的跨区域、跨层级、跨部门协同。2018 年基本实现城市间政务服务跨区域、跨层级、跨部门协同，基本公共服务事项 80% 以上可在网上办理。比如成都市出台方案，80% 以上的行政审批和服务事项将实现“仅跑一次”，成都将构建全市统一的政务云平台，建设完善六大应用体系，推动智慧城市、智慧政务建设。[②] 2019 年 1 月，上海市作为首批试点对接的省市之一，全面推进“一网通办”，建成全流程一体化在线服务平台，按时完成对接任务。同时，上海牵头建设“长三角政务服务一体化平台”，使之成为第一个国家政务服务平台跨地区应用的典型。广东省创新提出“政务互联网思维”，推动“数字政府”建设实现分散到整体、管理到服务、单向被动到双向互动、单部门到多部门系统、采购工程到采购服务、封闭到开放阳光的 6 个转变，建成政务云平台、政务大数据平台、公共支撑平台三大基础资源平台，通过提供“粤省事”移动民生应用、广东政务服务网、协同办公平台等应用，给企业和群众带来了实实在在的便利。[③]

---

① 刘双良、秦玉莹：《“放管服”改革背景下地方治理能力的提升——基于“互联网 +”的分析视角》，《江淮论坛》，2018 年第 6 期。

② 《成都将推行政务服务跨区县“全域通办”》，转引自成都商报网，http：//e. chengdu. cn/html/2018 – 03/02/content_618612. htm（2019 年 1 月 22 日查询）。

③ 《上海牵头建设长三角政务服务一体化平台成首个跨地区应用典型》，转引自人民网，http：//sh. people. com. cn/n2/2019/0117/c138654 – 32545002. html（2019 年 1 月 22 日查阅）。

十八大以来，我国不断转变政府职能，深化“放管服”改革，简政放权，创新监管方式，增强政府公信力和执行力，建设人民满意的服务型政府。改革成效显著，全力简政放权，进一步下放审批事项，突出行政审批的服务功能，约束行政权力，进一步激发市场与社会的活力与创造力。有序的放管结合，完善市场监管体系，创新监管方式，强化监管手段，积极探索新型监管模式，全面升级监管体制，构建了新型监管制度，市场监管注重效能，推进监管制度化、规范化、程序化建设。推动商事制度深度广度扩展，打造了公平有序的市场环境，优化政府服务，从效率和公平两个方面，切实增强了群众的获得感。

第五章　改革开放与依法治国

2018 年是改革开放 40 周年，是依法治国的宏伟目标全面展开的一年。2018 年的法治建设，继承发扬了改革开放实事求是的精神气质，继续深化改革是这一年建设社会主义法治国家的主旋律。社会的快速变迁在不断挑战着既有的法律体系、执法方式和司法理念，“变”是这一年中国法治发展的关键词，改革正是在对时代剧变的回应中推动整个国家和社会法治水平的逐步前进。

2017 年底召开的党的十九大部署了全面推进依法治国、建设社会主义法治国家的总体规划，提出了完善中国特色社会主义法律体系、深化依法治国实践的任务目标。完善立法体系、建设法治政府、实现司法正义就成为了 2018 年的基本工作。中共十九届二中全会和全国两会于 2018 年 3 月先后召开，通过了一系列重要的决议和法案，一系列重大的立法修正案先后出台，执法体制与司法体制的改革随后全面展开。司法领域的几项的标志性案件引发全社会的广泛关注，对司法正义背后法理原则的讨论成为 2018 年的舆论焦点，这是我国社会公民意识不断提升，社会理性化程度不断提高的标志，也是新的信息传播形势下法治与民主两种力量价值的交织互动。

一、改革开放40年：变动社会中的法治国家建设

2018年12月18日，习近平总书记在庆祝改革开放40周年大会上发表重要讲话，回顾了改革开放40年的光辉历程，列举了改革开放10个方面的伟大成就。习近平总书记在讲话中指出，“改革开放极大改变了中国的面貌、中华民族的面貌、中国人民的面貌、中国共产党的面貌”。改革开放40年不仅创造了20世纪最引人注目的经济奇迹，而且带来了中国这一古老大陆的社会生态、精神文化和政治形态的全面而深刻的变化。改革开放40年，是中国个体权利觉醒的40年，是私有产权逐步得到认可的40年，是政府权力逐步受到约束、正当程序观念逐渐深入人心的40年。

1978年11月，党的十一届三中全会的召开是中国进入改革开放新时代的标志。十一届三中全会公报指出：“从现在起，应当把立法工作摆到全国人民代表大会及其常务委员会的重要议程上来。检察机关和司法机关要保持应有的独立性；要忠实于法律和制度，忠实于人民利益，忠实于事实真相；要保证人民在自己的法律面前人人平等，不允许任何人有超于法律之上的特权。”“宪法规定的公民权利，必须坚决保障，任何人不得侵犯。为了保障人民民主，必须加强社会主义法制，使民主制度化、法律化，使这种制度和法律具有稳定性、连续性和极大的权威，做到有法可依，有法必依，执法必严，违法必究。”随后，在全国开展了大规模的平反冤假错案的运动，对“四人帮”和林彪反革命集团进行了依法公开审判。十一届三中全会提出发展民主和法制，建设社会主义法治国家，为党领导国家的未来指明了基本的方向。

1982年9月6日，中共十二大确立了“党必须在宪法和法律的范围内活动”的基本原则。1982年12月4日，中华人民共和国第四

部宪法在第五届全国人大第五次会议上正式通过并颁布，其第六条规定："一切国家机关和武装力量、各政党和各社会团体、各企业事业组织都必须遵守宪法和法律。一切违反宪法和法律的行为，必须予以追究。"1992 年，在党的十四大确定了建立社会主义市场经济体制的改革目标。1993 年 3 月 29 日，第八届全国人民代表大会第一次会议通过了宪法修正案，将"国家实行社会主义市场经济"写进宪法。社会主义市场经济体制目标的确立为社会主义法治发展开启了新的里程，市场经济是法治经济的理念逐步深入我国立法、执法和司法的过程中。

1997 年 9 月，党的十五大确立了依法治国的基本方略，提出了建设社会主义法治国家的目标。十五大报告中明确阐述了"依法治国"的基本内涵："广大人民群众在党的领导下，依照宪法和法律规定，通过各种途径和形式管理国家事务，管理经济文化事业，管理社会事务，保证国家各项工作都依法进行，逐步实现社会主义民主的制度化、法律化。依法治国是党领导人民治理国家的基本方略，是发展社会主义市场经济的客观需要，是社会文明进步的重要标志，是国家长治久安的重要保障。"

从十五大到十八大，这一时期法治发展的主要成就表现在法律体系的建设上，大规模的立法和法律修订活动，逐步建立起了完善的中国特色社会主义法律体系。第一，保护私有财产写入宪法，制定和颁布物权法。2004 的宪法修正案宣布："公民合法的私有财产不受侵犯"，"国家依照法律规定保护公民的私有财产权和继承权"。2007 年 3 月 16 日，第十届全国人大五次会议通过了《中华人民共和国物权法》，私有财产取得了与其他所有制财产平等的法律地位。第二，围绕加入世贸组织所开展的大规模的法律修订活动。从 2000—2003 年间，为与世贸组织的规则接轨，全国人大常委会制定、修改法律 14 件；国务院废止的行政法规 12 件，修改和废止行政法规、地方性法规和地方政府规章几十万件。第三，废除收容遣送办法，将国家尊重和保障人权写入宪法。2003 年 6 月 20 日，国务院出台《城市生活无着的流浪乞讨人员救助管理办法》，与此同时，废止

1982 的《城市流浪乞讨人员收容遣送办法》。2004 年 3 月 14 日，第十届人大第二次会议通过的宪法修正案宣布“国家尊重和保障人权”。经过这一时期大规模的修订法律和制定新法，我国初步建立起完整的社会主义法律体系。

1992 年，邓小平发表南方讲话，改革开放进入了加速推进时期。这一年有一部具有标志性的电影在国内引起了广泛关注，并斩获多项国际大奖，在世界上产生了广泛的影响。这部电影就是反映改革开放后的中国社会法治实践的《秋菊打官司》，这个看似平淡无奇的故事之所以引起广泛关注，就是因为它反映了在改革开放的特定时代背景下，这个传统的乡土中国告别过去，迈向现代法治社会的决心，以及这种转型期的法治所特有的关于正义的迷茫和争议。随着法治国家建设的不断推进，进入 21 世纪之后，关于“国法”与“家法”之间的困惑已经退居其次，而对于我们需要怎样的司法正义的争议却随着社会利益的多元化而再次凸显。民众在明确国家法律权威的前提下，针对国家法理与中国社会的公理之间的张力进行了发问。而这些疑问一方面折射出全面深化改革时期复杂的社会矛盾和群体心态；另一方面，也标志着我国的法治国家建设，由过去的硬件制度建设开始转入深层次的法治精神和规则意识的层面。而这一法治精神层次的建设才是一个现代法治社会的关键所在。

二、完善中国特色社会主义法律体系

法律，治国之重器。良法，善治之前提。改革开放之初，我国很多领域的立法都处于空白状态，法治建设的重点是法制建设，当时法制建设的基本目标是实现“有法可依”。经过 30 年的发展，我国先后制定了《民法总则》《合同法》《婚姻家庭法》《物权法》等基本实体法和行政、民事和刑事三大诉讼法等程序法，建立起了完整的法律体系。到 2011 年全国人大常委会宣布，我国已经基本建立起社会主义法律体系。十六大以后，我国法律体系建设的重点从大规模立法转向了完善法律体系，修改和废止与时代相脱节的法律规定，根据发展中新涌现出的问题及时进行立法和司法解释，至此中国特色社会主义法律体系已经建立起来。在此基础上，2017 年底召开的十九大制定了未来 5 年的立法蓝图，包括制定国家监察法、民法典草案等。2018 年实现的立法成就主要包括以下几方面内容：

（一）宪法修正案

2018 年 3 月 11 日，第十三届全国人民代表大会第一次会议通过了《中华人民共和国宪法修正案》，基本内容包括以下几点：

第一，将习近平新时代中国特色社会主义思想写入宪法序言，确立习近平新时代中国特色社会主义思想在国家政治和社会生活中的指导地位。宪法第一条第二款“社会主义制度是中华人民共和国的根本制度”后增加“中国共产党领导是中国特色社会主义最本质的特征”，进一步突出国家制度中党的领导的根本特征。

第二，将宪法序言中原来的表述“健全社会主义法制”修改为“健全社会主义法治”。由“法制”到“法治”虽然只有一字只差，却是法治理念的根本性进步。“法制”只是建立完善的法律体系，是文本的法律规范；但“法治”是法律的统治，是一个动态的系统概念。按照经典法学家的定义，法治首先意味着法律是良法，而且已制定的法律获得普遍的遵守。除此之外，法治与法制的一个重大区别还在于，法治意味着法律拥有最高权威，一切组织和个人都必须依法而行，国家权力要依法运作。由“健全社会主义法制”修改为“健全社会主义法治”，标志着我国法治建设重点的转移，由立法阶段进阶到法律实践和法治理念建设阶段。

第三，宪法第三章“国家机构”中增加一节，作为第七节“监察委员会”，规定监察委员会的性质、地位、组织、职权。中华人民共和国国家监察委员会是最高监察机关，监察委员会的组织和职权由法律规定。监察委员会依照法律规定独立行使监察权，不受行政机关、社会团体和个人的干涉。监察机关办理职务违法和职务犯罪案件，应当与审判机关、检察机关、执法部门互相配合，互相制约。

由于国家监察委员会的设立，引起了我国国家机关基本结构的变化，宪法中原本关于各级人大和各级国家机关之间职权和关系的条款都进行了相应的修改。例如第三条第三款“国家行政机关、审判机关、检察机关都由人民代表大会产生，对它负责，受它监督。”修改为：“国家行政机关、监察机关、审判机关、检察机关都由人民代表大会产生，对它负责，受它监督。”宪法第六十二条“全国人民代表大会行使下列职权”中增加一项，作为第七项“选举国家监察委员会主任”，宪法第六十三条“全国人民代表大会有权罢免下列人员”中增加一项，作为第四项“国家监察委员会主任”。地方人大有关人大代表选举、选举产生国家机关及其领导人和监督国家机关工作的相应条款也进行了修改。

第四，修改第七十九条关于国家主席任职期限方面的规定。宪法第七十九条第三款“中华人民共和国主席、副主席每届任期同全国人民代表大会每届任期相同，连续任职不得超过两届”。修改为：“中华人民共和国主席、副主席每届任期同全国人民代表大会每届任期相同。”

（二）中华人民共和国监察法颁布

2018 年 3 月 20 日，第十三届全国人民代表大会第一次会议审议通过了《中华人民共和国监察法》。国家监察法的颁布，是在十八大以来加强从严治党、惩治腐败的大背景下，为了依法推进纪检监察工作而制定的。制定专门的国家监察法，是建设法治政府、加强对国家机关权力制度化监督的重要举措。国家监察法将监督国家机关及其工作人员的权力重点转移到了国家监察机关，在实践中采取检察院与纪检委合署办公的体制，这一转变，突出了党对纪检监察工作的集中统一领导，有利于整合分散的纪检监察力量。

（三）修改刑事诉讼法，与新出台的监察法衔接

《刑事诉讼法》修正案在 10 月 26 日的颁布生效，此次修改的重点主要有两点：

第一，增加了对犯罪嫌疑人和被告人如实供述罪行的依法从宽处理的规定。既有的刑事法律体系中，对于犯罪嫌疑人自首和悔罪的，刑法中有从轻和减轻处罚的情节规定。此次刑事诉讼法增加一条，作为第十五条："犯罪嫌疑人、被告人自愿如实供述自己的罪行，对指控的犯罪事实没有异议，愿意接受处罚的，可以依法从宽处理。""从宽处理"不是一个严格的规范的法律术语，刑事法律体系中主要使用"从轻、减轻"处罚的表述，且法律对从轻和减轻的范围进行了规定。因此，新刑事诉讼法的第十五条还有待于在未来的立法工作中根据司法实践的情况进一步明确和严谨。

第二，修改了对国家机关工作人员职务犯罪的立案侦查权的行使规定。2012 年的《刑事诉讼法》第十八条规定："贪污贿赂犯罪，国家工作人员的渎职犯罪，国家机关工作人员利用职权实施的非法拘禁、刑讯逼供、报复陷害、非法搜查的侵犯公民人身权利的犯罪以及侵犯公民民主权利的犯罪，由人民检察院立案侦查。"2018 年的《刑事诉讼法》第十九条规定："人民检察院在对诉讼活动实行法律监督中发现的司法工作人员利用职权实施的非法拘禁、刑讯逼供、非法搜查等侵犯公民权利、损害司法公正的犯罪，可以由人民检察院立案侦查。"可见，修改后的刑事诉讼法对检察院的职务犯罪的立案侦查权做了一定的限制，检察院的立案侦查权主要针对的是"司法活动中"的职务犯罪。换句话说，对于国家机关工作人员非司法活动中的职务犯罪，主要属于监察委员会管辖的范围。监察委员会设立后，我国的法律监督体系发生了变化。随着《中华人民共和国监察法》的出台，把原属于检察院中对于国家工作人员的职务犯罪的立案侦查权划归监察委员会管辖，这就与原来刑事诉讼法关于国家机关工作人员职务犯罪的检察权的规定发生了冲突。因此，全

国人大及时对刑诉法进行了修改，使两者相互衔接。

（四）修改个人所得税法

2018 年 8 月 31 日第十三届全国人民代表大会常务委员会第五次会议决定对《中华人民共和国个人所得税法》做出修改，新的《中华人民共和国个人所得税法》自 2019 年 1 月 1 日开始实施。新个税法对居民个人的工资、薪金所得采取累计预扣法进行预扣预缴；劳务报酬所得、稿酬所得、特许权使用费所得个人所得税，采取基本平移现行规定的做法预扣预缴。

这是中华人民共和国成立以来对个人所得税法的第七次修正，堪称 1994 年以来改革力度最大的一次，被视为对现有个人所得税制的一次根本性改革。此次改革的重点包括以下两方面：一是提高个人所得税起征点，将个税起征点由原来的每月 3500 元提高到每月 5000 元。二是对于子女教育支出、继续教育支出、大病医疗支出、住房贷款利息和住房租金等专项附加扣除。专项附加扣除考虑了个人负担的差异性，更符合个人所得税基本原理，有利于税制公平。

无论是免税额提高、专项扣除增加，还是税率级次的调整，都有减税的效果。当然，对于高收入者来说可能因为征管的加强而实际纳税增加。但总体上有助于扩大中产阶层的规模，实现社会公平正义。此次个税法在草案阶段就曾多次向社会公开征求意见，也引发了全民的广泛讨论和意见征集活动，是我国民主立法的一次典型案例。

（五）土壤污染防治法

2018 年 8 月 31 日，十三届全国人大常委会第五次会议表决通过了《中华人民共和国土壤污染防治法》。这是我国首次制定专门的法律来规范防治土壤污染，新法于 2019 年 1 月 1 日起施行。在土壤污染预防和保护方面，要求设区的市级以上地方人民政府生态环境主管部门应当按照国务院生态环境主管部门的规定，根据有毒有害物质排放等情况，制定本行政区域土壤污染重点监管单位名录，向社会公开并适时更新。法律强化了农业投入品管理，减少农业面源污染，并加强对未污染土壤和未利用地的保护。同时决定在全国开征环境保护税，在行政执法和司法实践中试行生态环境损害赔偿制度。

三、标志性法治事件

（一）昆山反杀案：正当防卫的激活

2018 年 8 月，一段交通事故纠纷的视频在网上引发广泛关注。在该视频中，可以清晰地看到一个宝马车在违规转向撞到自行车之后，宝马车主下车对自行车车主进行殴打，殴打过程中自行车车主并未还手。而宝马车主并不罢休，返回车内取出砍刀对自行车车主进行追砍，对方不断躲闪，依旧不敢还手。在追砍期间砍刀落地，反被自行车车主捡起，对宝马车车主进行捅刺，在宝马车主转身跑向宝马车时，又对其连砍几刀。宝马车主倒地后，自行车车主返回到宝马车内进行搜寻，取出车主的手机等物品。

随后的跟踪报道消息显示，宝马车主在送医院后因失血过多抢救无效死亡。该视频在网上广泛传播，舆论不断发酵，成为网络热点新闻"昆山反杀案"。警方调查处理后发布的事件细节，证实该宝马车车主为酒后驾驶。后续有网友扒出双方的身份背景，自行车车主名叫于海明，宝马车车主名叫刘海龙，双方均生活工作在昆山。其中于海明为普通工人，刘海龙则多次因故意伤人、敲诈勒索等入狱，疑似为当地地痞无赖，江湖人称"龙哥"。双方当事人的身份背景再次引发了舆论热潮，许多民众为于海明的反杀叫好，并呼吁警方不应处罚于海明。"昆山反杀案"中的行为是否能够被公安和司法机关认定为正当防卫，一时间万众瞩目。民间舆论几乎一边倒地站在了于海明这一边，甚至出现了群情激愤的网络舆情特征。

于海明案件的舆论焦点在于其反杀行为能否被认定为正当防卫，如果是正当防卫，砍杀致死的结果是否构成防卫过当。网络舆论普遍认为，在被对方连续殴打，甚至还被持刀追砍的情况下，于海明已经到了生死攸关的地步，他的反杀行为是不超过防卫限度的，而且刘海龙在自己肇事的情况下还殴打于海明，甚至持刀追砍，性质恶劣，气焰嚣张，于海明的反击行为是正当的。是任何一个有着正常理智和情感的人都会做出的选择。

关于正当防卫及其限度，《中华人民共和国刑法》有着明确规定。刑法第二十条第一款规定了正当防卫的概念，“为了使国家、公共利益、本人或者他人的人身、财产和其他权利免受正在进行的不法侵害，而采取的制止不法侵害的行为，对不法侵害人造成损害的，属于正当防卫，不负刑事责任”。第二款规定只有明显超过正当防卫必要限度，造成重大损害的，才构成防卫过当；第三款则规定了无过当防卫，“对于正在进行的行凶、杀人、抢劫、强奸、绑架以及其他严重危及人身安全的暴力犯罪，采取防卫行为，造成不法行为人伤亡的，不属于防卫过当，不负刑事责任”。

刑法中对正当防卫与防卫过当的规定基本合理，但在我国的司法实践中，案件被告提出正当防卫后，得到法院承认的情况非常少。有研究者从全国各级法院公示的正当防卫案件中调取了226份判决书，其中绝大部分被判为不构成正当防卫或防卫过当，认定正当防卫的仅为6%。法院对正当防卫的条款规定解读过于机械化，对处于危急情形下的被告理性程度要求极高，对不法侵害危害结果的确定性要求非常高，在实践中几乎丧失了可操作性，导致我国刑法中的正当防卫条款沦落为“僵尸条款”。

司法认定正当防卫的标准，一般要求同时具备以下条件：第一，起因条件，正当防卫的起因必须是客观存在的不法侵害；第二，时间条件，即不法侵害正在进行当中；第三，主观条件，是为了制止侵害、保护合法权益；第四，对象条件，即防卫行为是针对不法侵害人进行的；第五，限度条件，即防卫行为不能明显超过制止侵害的必要限度，否则构成防卫过当。事实上，现实是极其复杂的，尤其是对人身危险的防卫，一般都是突发紧急情况，如何认定这个“正在进行”？因为在司法实践中对“正在进行”的不法侵害的严苛标准，有个正当防卫的笑话在昆山反杀事件后不久刷屏：当坏人拿刀对着你时，你不能反击，因为伤害“尚未开始”。当坏人的刀插入你的身体后，你仍然不能反击，因为伤害“自动停止”。当坏人的刀从你体内拔出后，你还是不能反击，因为伤害“实施完毕”。违反以上任意一条都属于“防卫过当”，要负刑事责任的。那怎样才算“正当防卫”呢？很简单，在坏人拿刀刺向你的那一瞬间，你准确判断，迅速反击，夺刀毙敌，一击致命，这个就属于“正当防卫”了。

正是因为参照既有的司法实践对正当防卫的认定标准，于海明的反杀行为很难被认定为正当防卫，该案才会引发网民的热切关注和强烈呼吁。首先，“龙哥”对于海明的殴打行为，不构成生命威胁，所以不能适用造成侵害人伤亡不负刑事责任的条款。随后“龙哥”虽然持刀追砍于海明，对于海明的生命安全产生了威胁，但是砍刀掉落被于海明捡到，就意味着威胁其生命安全的不法侵害已经停止了。此后于海明再持刀追砍的行为，很难被认定为制止“正在进行的不法侵害”。但按照常理来说，当有人持刀追砍你时，一个正常理智的人都会高度紧张和害怕，没有时间条件使他判断对方是否已经丧失了伤害的可能。有网友指出，当时刘海龙跑向宝马车，谁知道他是不是去拿其他凶器甚至是枪呢？既有的司法认定标准过于机械，对防卫人的要求不符合人之常情和生活常识的一般原理。2018 年 9 月 1 日，昆山警方发布案件结果公告：刘海龙的行为属于刑法意义上的“行凶”，于海明的行为属于正当防卫，不负刑事责任，依法撤销案件。公告发布之后，赢得了社会舆论和法学界专业人士的一致认可。

于海明被认定是正当防卫，其实比照之前的司法判例，是对正当防卫进行了扩大适用。对此案的认定原因，官方给出的解释是：第一，刘海龙在醉驾后主动挑起事端、过错在先，而且严重威胁到于海明的人身安全；第二，于海明正面临严重危及人身安全的现实危险。因为在砍刀被刘海龙掉落以后，刘海龙仍然第一时间去抢，可以认定其仍然具有伤害人的目的和举措；第三，于海明抢刀反击的行为属于情急下的正常反应，符合特殊防卫要求；第四，死者在7秒时间内被刺砍5刀，其中，第1刀为左腹部被刺戳伤，致腹部大静脉、肠管、肠系膜破裂，这是致命伤，于海明刚捡到刀的时候，刚刚经历一出生死时刻，在短短的几秒内不能要求他不去维护自己的生命安全。

有人说，此案中于海明被认定为是正当防卫，说明法律是有温度的。很多人认为是因为舆论的压力和刘海龙多次判刑的个人背景，促使官方做出于海明无罪认定的结果，证明了官方体察民意。这种视角并不正确，法律本身应平等对待双方当事人，只根据他们的行为而不是品德进行判决。法律的温度不是体现在对双方当事人的道德评判上，而是要从现实生活的实际出发，不过分要求当事人的行为理性。法律的尊重民情并不是由于舆论压力而改判，而是在司法实践中结合人类社会的情理底线和人之常情，充分考虑当事人行为的具体环境而不是机械照搬条文。这些都属于法律适用的正当法理原则，英美法系的司法尤其由此，所谓法官的“自由心证”。虽然我国是成文法国家，法官的主动性有限，但司法实践中的标准应当建立在现实条件基础上却是普遍的法理。因此，此次昆山反杀案的认定完全是以事实为依据，在法律的范围内进行的。此次的认定标准中考虑了人之常情和危急情形下的理性有限性，改变了过去机械化适用的弊端，是我国正当防卫在司法适用中的一次具有里程碑意义的进步。

2018年12月19日，最高检发布第十二批指导案例。“昆山正当防卫案”“朱凤山故意伤害案”“侯秋雨正当防卫案”等4个案例入选，均为正当防卫案例。对此，最高检副检察长孙谦介绍说：近几年，从山东于欢“辱母案”到“昆山反杀案”，正当防卫在司法实践中的认定成为了全社会普遍关注的问题。“昆山反杀案”和山东“于欢案”虽然都是独立的个案，案件的诱因具有偶发性，但是它们之所以能引起如此广泛的全民关注，反映了我国民众对公平、法治和社会正义的追求。最高人民检察院发布第十二批指导性案例，专门阐释正当防卫的界限和把握标准，进一步明确对正当防卫行为的保护，积极解决正当防卫适用中存在的问题。此次最高检对 4 起典型案例适用的要点包括以下 4 个方面：

第一是预先知道对方有意图伤害自己，随身携带刀具及其他防身武器的，不影响正当防卫的认定；第二，针对原来的司法实践中，如果防卫一方的伤势明显轻于加害一方，就认定为防卫过当的问题，改为以暴力手段而不是结果论，只要暴力手段对等就可以认定为没有超出防卫限度；第三，正当防卫的时间标准放松了，知道行凶者离开现场或完全不能对受害人构成威胁时，正当防卫的合理性才算解除；第四，是放宽了对危害结果产生的确定性的标准，只要加害方表现出行凶的可能性，受害方就可以按照已经行凶进行防卫。

正当防卫的司法适用之所以成为舆论热点，这背后不仅是普通民众在社会转型风险期对保障自身安全的焦虑，更多的是通过法治实现社会正义，希望司法正义能为新的社会条件下的公德培育起到良好的示范效应。激活正当防卫制度，可以对恶意滋事者产生威吓作用，也有助于树立法律在民众心目中正义防线的权威。

（二）张扣扣案：民间正义与司法正义的争论

2018 年的除夕当天，陕西省汉中市发生了一起震惊全国的杀人案。汉中市南郑新区王坪村村民张扣扣持刀将其邻居父子三人杀死，官方发布的名称是“2 · 15 汉中新集杀人案”，网友多将其称为“张扣扣案”。2018 年2 月 15 日，犯罪嫌疑人张扣扣提前准备好了刀具、汽油等作案工具，一直在自家楼上观察邻居王家的动静。当他看到邻居王自新、王校军、王正军和亲戚都回到家中并准备去上坟，便拿上刀尾随跟踪伺机作案。在王校军、王正军两人上坟返回途中，张扣扣先是持刀对王正军、王校军连捅数刀，随后赶往王自新家，又对坐在家门口的王自新连戳数刀，造成2 人当场死亡、1 人重伤抢救无效死亡的后果。杀人后张扣扣又使用菜刀和汽油对王校军的小汽车进行毁坏和焚烧，之后逃离现场。2018 年 2 月 17 日，犯罪嫌疑人张扣扣到汉中市公安局南郑分局新集派出所投案自首。9 月 27 日，汉中市人民检察院依法对张扣扣故意杀人和故意毁坏财物依法提起公诉。2019 年 1 月 8 日上午 9 点，在汉中市中级人民法院一审公开开庭审理此案，最终法院以故意杀人罪、故意毁坏财物罪对张扣扣判处死刑。

汉中市中级人民法院认为，被告人张扣扣故意非法剥夺他人生命，其行为已构成故意杀人罪；杀人后故意焚烧他人车辆，造成财物损失数额巨大，其行为又构成故意毁坏财物罪。公诉机关指控的事实和罪名成立。张扣扣蓄谋报复杀人，选择除夕之日当众行凶，先后切割、捅刺被害人王正军、王校军和王自新的颈部、胸腹部等要害部位共计数十刀，连杀三人，还烧毁王校军车辆，其犯罪手段残忍，情节恶劣，后果严重，人身危险性和社会危害性极大，应依法惩处并数罪并罚。本案虽然事出有因，张扣扣系初犯且有自首情节，但是依法不足以对其从轻处罚，故依法作出上述判决。宣判后，张扣扣当庭表示不服判决结果要上诉，社会舆论也认为一审判决过重，张杀人事出有因，应当减轻处罚。

1 月 9 日，就在张扣扣案宣判的第二天，张扣扣的辩护律师邓学平的辩护词在微信上刷屏，表达了对张扣扣血亲复仇的同情理解，对法律正义与天理人情的辨析。随后网络民意不断发酵，甚至出现了不少要求二审法院改判，“刀下留人”的网络申请签名活动。张扣扣连杀三人还能取得民众的同情，主要是因为他的杀人动机是为母复仇。实际上，“2·15 汉中杀人案”的发生与 20 多年前的一桩旧案密切相关。

1996 年 8 月 27 日，张扣扣的母亲汪秀萍因琐事与邻居王正军、王富军（王自新二子）发生争吵并撕打，汪秀萍打了王正军左额部及左脸部一下，王正军即捡起一根木棒朝汪秀萍头部猛击一下，致其重伤后死亡。1996 年 12 月 5 日，南郑县法院以故意伤害罪，判处王正军有期徒刑 7 年，并由王正军的父亲王自新赔付汪秀萍的丈夫张福如经济损失 9639.3 元。法院判决后，王正军及张福如均未提起上诉。

据张扣扣供述，当年他曾目睹母亲被打死，并且在路边被解剖验尸情景，对其身心造成了巨大的刺激。王家儿子打死了自己的母亲，只判了 7 年，最后实际上只坐了 4 年牢就放出来了。而且此后的 20 多年间，王家并未表示过任何歉意。当年王正军打死张扣扣母亲，之所以没有被判死刑，是因为他未满 18 周岁，按照我国刑法规定，不得适用死刑。但是张扣扣和其父和姐姐均表示，当年实际打死汪秀萍的是王家二儿子王富军，并不是未成年的王正军。因为王家大儿子在乡镇任干部，村里人畏惧王家的权势和关系，做了伪证。加上王家有关系有钱，买通了司法机关，才导致王家以未成年的三儿子抵罪，使杀人凶手逃脱了应有的惩罚，而抵罪的三儿子也只坐了 4 年牢就出来了。当年司法机关认定，王正军的犯罪行为给附带民事诉讼原告人张福如造成的经济损失应予赔偿，但鉴于被告人王正军系在校学生，又未成年，且家庭经济困难，确实无力全额赔偿，故酌情予以赔偿。被告人王正军的监护人王自新一次性偿付附带民事诉讼原告人张福如 9639. 3 元。除去王家之前已经支付的 8139. 3 元丧葬费，张家最终只拿到了 1500 元的赔偿。此后王家一家做生意赚钱，大儿子的仕途也顺利，一家人的经济条件在村里非常突出，却一直没有再给予张家以任何补偿。王家杀人后既没有承担相应的刑事责任，又没有给予经济补偿，甚至没有表示出任何歉意，这是张扣扣心里一直积愤难平的原因，也是为什么民众会同情理解张扣扣的原因。

与之前正当防卫案件民间舆论与法学界基本观点一致的情况不同，此次法学理论界做出了与民间舆论完全不同的判断，认为一审法院判决张扣扣死刑立即执行并无不当。法学家和法律职业者的分析主要是基于以下因素：

第一，法律上从轻和减轻处罚的底线。当被害人一方存在明显过错等情形时，可以对犯罪嫌疑人从轻或者减轻处罚。但是张扣扣连杀三人，犯罪后果极其严重，即便考虑到对方有过错，如果不判处死刑而只是判决无期徒刑或者有期徒刑，也突破了司法实践中对减轻处罚的限度，是对罪、责、刑相一致的法律原则的违背。

第二，张扣扣案的被害人并不符合刑法上“被害人一方有明显过错”的情节。刑法上的“被害人一方有明显过错”指的是被害人的行为对犯罪的发生具有直接诱因作用，主要是针对犯罪嫌疑人实施的行为，并且一般在犯罪行为发生当时的情境下发生，具有客观可判断的过错。例如被害人故意挑起事端，或者被害人长期对犯罪嫌疑人实施暴力、威胁等行为。在张扣扣一案中，王正军一家并没有对张扣扣实施直接的伤害行为，也没有对其辱骂等言语刺激，所谓的过错，实际上是发生在20年前的积怨。这种过错是张扣扣依据自己的判断主观认定的，他基于“杀人就要偿命”的朴素正义观，认为对方没有判处死刑就是轻判了，这是一种假想过错。而且他不仅杀死了当年打死自己母亲的王家二儿子，还杀死了其父亲和兄弟，认为他们一个帮助找关系导致被轻判，一个帮忙抵罪，都是自己母亲被冤死的帮凶，所以都该死。这已经是明显的根据自己的主观想法随意归罪，是对他人生命权的漠视。因此，一审法院据此认定张扣扣具有极大的人身危险性是成立的。辩护词当中专门提及，张扣扣进入王家，只杀了父子三人，却没有杀王家的妇孺，说明他行凶只是为了报仇，不会伤及无辜，对社会危险性小。如此辩护词，确实是脱离法律思维，完全诉诸于抓住民众心中复仇者不伤弱小的心理，将一个报复杀人的罪犯包装成侠义之人的舆论助推手段。

民众之所以会同情甚至支持一个杀人罪犯，主要是因为我国的社会伦理中有着浓重的血亲复仇的传统。从先秦直到明清一系列的历史和文化典籍中，都有许多关于血亲复仇的故事记载，血亲复仇者往往被构建为一种侠义的形象，很多故事被作为道德模范的经典传颂。即便在讲究和为贵的儒家，也存在着“以直报怨”的思想。而为父母长辈报仇，就不仅具有了道义上的正当性，甚至具有了为人子女的义务性。在《周礼·地官·调人》中就有：“父之雠辟诸海外，则得与共戴天。此不共戴天者，谓孝子之心不许共雠人戴天，必杀之乃止。”在认可血亲复仇的社会背景下，民众将复仇杀人的行为合理化，认为这是一种在公力救济不足的情况下寻求正义的途径。

综上所述，此次张扣扣案舆论与司法判决之间的分歧，是民间的朴素正义观念与司法正义之间的分歧。民间朴素的正义观念是出于为人子女的伦理传统，以及对社会弱势群体的主观同情，而不是基于对现实状况和社会秩序的理性认识。法律之所以不认可复仇杀人，不仅仅是因为私人使用暴力不符合国家垄断暴力的规则，更是因为这种行为不符合普遍意义上的正当性。在褪去当事人的伦理身份后，其行为并不符合社会个体正当行为的情理，并具有严重的社会危害性。法律应当考虑人之常情，不能忽略社会的正义观念，而且法律的权威恰恰要建立在此基础之上。但是法律所尊重的社会正义是有选择的。人的理性的有限性、保护子女和自我保护等本能，都是普遍的人性，是在无论何种社会背景下都必然存在的。认可血亲复仇，本质上是将判断他人是否有罪和进行惩罚的权力交给了个人，这是对个体权利尤其是生命权的漠视。在每个人主观认知能力差异巨大的情况下，个体如何保证自己对他人有罪的主观认定是公平正义的？实施的惩罚是合理的？

在此次张扣扣案中，呼吁的民众并不认为张扣扣为了报母亲一人之仇而杀死对方三人，另外两个并没有打死他母亲的人是无辜的，甚至有很多人为张扣扣杀了三人的行为点赞，认为其“杀三个够本”，表达出赤裸裸地对个体生命权利的漠视。血亲复仇的观念是传统社会的产物，在已经进入现代社会的 21 世纪，我国社会还会如此支持血亲复仇行为，可见我国民众的理性程度还非常有限，社会的法治水平还有待提升。

张扣扣案经常被拿来与 2017 年发生的“于欢案”比较，认为二者在作案动机上具有相似性，都是为了保护自己的母亲。并且以于欢案的二审改判来论证张扣扣也应当减轻处罚。但实际上二者有着本质的区别。张扣扣杀人的动机是积怨，于欢持刀伤人是其本人和母亲面临现实的人身危险。而且于欢案中被害人一方的过错是客观存在的，被害人对其本人和母亲实施了长时间的殴打、监禁和猥亵行为。而张扣扣案中的被害人的过错是其主观想象的，认为杀人没有偿命就是轻判。于欢的行为属于正当防卫，有助于制止不法侵害的发生，而张扣扣式的复仇杀人只会带来更多的不法侵害行为。血亲复仇和正当防卫本质上都属于私力救济的范畴，但是法律只认可一个而拒绝另一个，源于它们对社会秩序的不同影响。法律不仅具有惩罚作用，还具有教育作用，而司法案例对社会行为和公德的示范作用，在改革时期的价值观引导中具有重要意义。

（三）疫苗案引发公共安全底线焦虑

2018 年夏季，自媒体一篇题目为《疫苗之王》的文章刷爆网络。文中披露了“长春生物”等疫苗制造企业长期生产不合格的狂犬疫苗、百白破疫苗和乙肝疫苗等，而且屡次造假却依旧能够成功获得疫苗生产资格批文。该企业即便被司法机关发现疫苗不合格，也只是缴纳少量罚款了事，以及相关的山东、山西各省发生的问题疫苗等一系列案件，牵扯出整个疫苗行业的种种黑幕和乱象。疫苗关系到人的生死，尤其是大量疫苗是预防儿童疾病的，有毒有害疫苗的广泛流通使用，对千万儿童的生命健康造成了巨大威胁。问题曝光后，一时间群情激愤，上亿网友怒骂造假企业丧尽天良，无人性底线，并纷纷责问相关部门为何未尽到监管责任，甚至放任其非法行为，舆论压力排山倒海般砸向食品药品监管部门。

2018 年 7 月 23 日，针对全社会普遍关注的疫苗造假问题，习近平总书记作出重要指示，要求立即调查事实真相，依法从严处理。随即检察机关依法提前介入，引导公安机关收集固定证据。2018 年 8 月，中共中央政治局常委会听取关于长春长生公司问题疫苗案件调查及有关问责情况的汇报。一批与疫苗案件相关的人员被问责，长春长生公司被罚没款共计 91 亿元，其公司法人被依法提起公诉，深圳证券交易所启动对长生生物上市公司重大违法强制退市机制。

除了对疫苗监管体制的质疑，疫苗案还引发了社会各界对不合格的疫苗如何追究法律责任问题的探讨。与疫苗相关的法律纠纷主要包括疫苗质量纠纷、不当接种纠纷和不良反应纠纷三种。其中疫苗质量纠纷是指疫苗质量不合格即不符合国家标准引发的纠纷。所谓疫苗质量不合格，包括疫苗在生产、储存、运输各环节的问题导致额疫苗质量不符合国家标准。不当接种纠纷是指接种技术人员违反医疗规范和常规实施接种，构成医疗侵权行为，引起的纠纷属于普通的医疗侵权纠纷。

因疫苗质量不合格而引发的纠纷，按照之前的法律规定，只能适用民商法中关于产品责任的规定，受害人申请侵权赔偿。国家在生产环节，有疫苗产品的生产批件及对相应的产品质量标准做出明确的规定，其是否合格相对而言有检验和鉴定依据，疫苗生产者是最终责任人。而对于疫苗的运输和储存环节，原卫生部和国家食药监局于 2006 年发布了《疫苗储存和运输管理规范》，规定了疫苗的生产、运输、储存，以及注射前的冷链中涉及的疾病预防控制机构、接种单位、疫苗生产和运输的冷链硬件等方面的要求。相关生产、销售和运输主体因违反该管理规范导致疫苗质量不合格的，应当按照《产品质量法》第四十一条“因产品存在缺陷造成人身、缺陷产品以外的其他财产损害的，生产者应当承担赔偿责任”；第四十二条“由于销售者的过错使产品存在缺陷，造成人身、他人财产损害的，销售者应当承担赔偿责任。销售者不能指明缺陷产品的生产者也不能指明缺陷产品的供货者的，销售者应当承担赔偿责任”的规定承担责任。

随着疫苗案的持续发酵，许多之前不为人知的因接种了有毒有害疫苗而导致身体损伤的案例也陆续被揭露出来。在既有的这些案例当中，依法获得赔偿的受害人所占比例很少，大多数案件都是即便原告能够证明疫苗本身有质量问题，却因为无法证明自身的疾病与注射该有毒有害疫苗有直接因果关系而导致败诉。由此可见，我国在疫苗质量造成的损害赔偿的司法实践中，还存在机械适用举证责任而导致司法保护缺位的情况。

按照我国民事诉讼中“谁主张谁举证”的举证责任归责原则，疫苗质量不合格的受害人需要证明自身的损害与注射特定疫苗之间的因果关系。但实际上，这是一个高度复杂的医学问题，疫苗一经注射入体内，相关的医学和生理反应过程依照目前的技术很难观测并记录。而按照侵权责任法的规定，在医学、化学、电子等高技术领域的质量问题造成的侵权损害赔偿案中，不适用一般归责原则和举证责任，而是应该由掌握专业技术的一方承担自己的产品与损害之间不存在因果关系的举证责任。这是国际上侵权责任法的一般惯例，目的是为了在侵权人和受害者之间关于造成损害的产品的专业技术掌握程度差异巨大的情况下，更好地保护受害者的利益，是公平原则的体现。我国的侵权责任法也规定了在环境污染、高危行业、高度复杂的技术产品等特定领域，不适用一般的过错责任原则。但是在司法实践中，这一条款的适用遭到了严苛限制，甚至在很多环境污染导致损害的纠纷中，在当事人能够举证环境污染确实存在的情况下，司法机关依旧要求当事人证明其损害是该环境污染造成的。这明显违背了法律上关于保护特定侵权责任受害者的立法原理，导致这些特殊领域的质量问题造成的损害一直没有得到有效的司法救济，问题质量企业如此有恃无恐，与司法权长期以来的“主动缺位”关系巨大。

此次引发全民关注的疫苗事件，涉及的疫苗种类范围广，企业规模大、数量多，大多属于大型国企，绝不是过去一般产品质量案件中一两个企业造假的问题。如此系统性的行业问题，反映的不仅是监管部门的不作为，也折射出对于诸如疫苗此类关系大规模群体公共安全的产品，有必要采取专门立法的措施来加强规制。2018 年 11 月 11 日，国家市场监督管理总局发布《中华人民共和国疫苗管理法（征求意见稿）》，公开向社会征求意见。2018 年 12 月 23 日，疫苗管理法草案首次提请十三届全国人大常委会第七次会议审议。

目前疫苗案虽然已经平息，相关责任人也遭到了法律的严惩。人命关天的疫苗能够出现如此大规模系统的质量问题，是政府部门的监管缺失和司法权的“主动缺位”长期积累的恶果。更为重要的是，疫苗案的曝光击穿了整个社会对公共安全的底线信任，社会焦虑情绪持久蔓延。此类严重涉及公共安全的法治事件，对执法和司法机关的权威造成的负面影响，需要长时间的努力才能逐渐修复。

（四）重庆公交车坠江事件与高铁霸座：公共生活中的规则意识

2018年10月28日，重庆市万州区一辆公交车在万州长江二桥行驶时，与一辆小轿车发生撞击后，从近40米高的桥面坠入长江，造成司机与全体乘客遇难。随后公交车监控视频显示，事故原因系一名乘客因坐过了站要求司机停车未果，上前打骂正在驾驶的司机，司机反手互殴致车辆失控所致。调查结果一出，社会舆论哗然，“不愿多等一站终结了十几人一生”的悲剧，引起社会各界的普遍关注和深入思考。

舆论分析认为，在此次公交车坠江事件中，女乘客极度自私，毫无规则意识，公交车司机无视安全操作规范，二者尤其是女乘客是造成此次悲剧的主要责任人。但全车十几名乘客在面对女子打骂正在驾驶的司机的违规行为，选择冷漠围观，对最后的结果也难辞其咎。有自媒体撰文《雪崩面前，没有一片雪花是无辜的》来讽刺这种面对不文明行为冷漠围观的心态。在公共生活中，面对秩序的破坏者，如果人人都抱着“事不关己高高挂起”的心态，最终受害的将是每个人。

在民众的感性呼吁之外，相关专家学者还指出，社会公共安全水平和社会公共道德素养是一对孪生姐妹，一味发出道德上的呼吁并不会引起社会对规则的普遍尊重，对规则和文明的捍卫更需要建立与之相配套的法律法规。此前多次曝出乘客因个人需求得不到满足就大闹公交车，殴打司机等危险行为，但因法无明文规定不为罪，且未造成严重后果，就一直仅限于道德谴责的范畴。此次万州公交车坠江导致十几人殒命的严重后果，正是给了全社会关于此类行为法律规制缺失的一个惨痛教训。在全社会要求对此类行为进行法律规制的强大呼声之下，我国最高司法机关出台了司法解释，将此类行为纳入刑法惩治的范围，并从严从重处罚。

2018年11月9日，最高人民法院司法案例研究院举行研讨会，邀请各方专家和实务界知名人士以“重庆万州公交车坠江事件”为例，探讨近年来类似案件如何进行立法应对。2019 年 1 月 8 日，最高人民法院、最高人民检察院、公安部联合出台了《关于依法惩治妨害公共交通工具安全驾驶违法犯罪行为的指导意见》，明确此类行为以“以危险方法危害公共安全罪”定性，发生严重后果的最高可以判处死刑。即便没有发生严重后果，一般也不适用缓刑，并列明了 7 种从重处罚的情节。

与昆山龙哥案类似，2018 年 8 月，一段视频在网上引发热议，视频中一位男子瘫坐在别人的座位上，面对乘警要求其离开的要求撒泼耍赖，并且对着镜头表现出得意和无所谓的神情。该发帖网友反映，2018 年 8 月 21 日上午，在从济南站开往北京南站的 G334 次列车上，一名男乘客霸占别人的靠窗座位，不愿坐回自己的座位。当事女乘客叫来列车长后，该男乘客自称“站不起来”。列车长问其是否身体不舒服或者喝了酒，对方回答：“没喝酒。”列车长问：“没喝酒为什么站不起来？”对方称：“不知道。”并表示到站下车也站不起来，需要乘务员帮助找轮椅。他拒绝坐回自己的座位，并称让女乘客要么站着，要么坐他的座位，要么去餐车。该男子的嚣张态度激起极大的民愤，网友扒出该名男子的个人信息，得知此人名叫孙某某，竟然是北京一名高校的博士。

在高铁“霸座男”的视频曝光后没几天，全国各地又陆续出现了“霸座女”“霸座婶”等视频，他们在公共交通工具上无视规则、撒泼耍赖的现象引起全国的热议。网友在谴责这些不文明行为人寡廉鲜耻的同时，也指出了相关执法部门的不作为是助长这种现象的重要原因。其实我国公共生活中类似的种种不文明行为已经长期存在，例如公共场合各种“熊孩子”现象，占据公共资源为私有等。过去执法部门在面对这种行为时，多数情况下选择的是和稀泥，令正当权利人利益受损而无可奈何，侵权人有恃无恐。结果不仅是助长了这种机会主义、无视规则的行为，而且导致全社会戾气加重，因为文明的解决渠道已经不起作用，被迫选择以暴制暴的办法，结果是整个社会更加无序，公共生活呈现丛林状态。因此，规则意识缺失的背后，本质问题是支撑规则的执法权的缺失。

在霸座男女相继出现后，终于有了对扰乱铁路乘车秩序的惩罚，除了对当事者给予罚款与禁乘 180 天的处罚外，我们已能看到乘警及地面警察对霸座者的“亮剑”——在前不久的一起无票“霸座女”事件的处理中，铁路警察就不再显得“无奈”，对恶劣霸座女行政拘留 5 日的处罚，终于使规则“活”了过来。针对公共交通工具上扰乱秩序行为立法的出台和执法权的落实，使得公共生活领域的规则意识逐渐开始深入人心，并获得了制度化的保障。任何国家走向现代社会都需要一个漫长的过程，公共生活秩序的建立同样是一个渐进的历程，2018 年这两件公共交通工具上发生的热点事件，在中国逐步走向遵守规则的现代法治社会的历程上具有里程碑式的意义。这两起事件为诱因所推动的公共生活立法、执法和司法的加强，其深远意义在未来会愈加明显。

公交车坠江事件与高铁霸座，表面上看似乎是两类完全不同的事件，但其问题的实质都是规则意识的缺失。高铁和公交车都是公共交通工具，个体处于公共空间之中，是否能够遵守既定的规则，处理好个人与他人、公共集体的关系，是我们在法治建设进程中无法绕开的命题。在公交车上自己坐过了一站就要求停车，是漠视公共利益；在无理要求得不到满足时就暴怒攻击其他社会成员，不仅是情绪极端丧失理智的表现，更是对公共生活规则的无视。现代社会是陌生人社会，与传统的熟人社会基于熟人间的信任建立起的行为预期不同，规则意识在现代社会显得特别重要。建设法治国家，公共生活中的规则意识是基础，只有对他人的行为有着相对稳定的预期，法治才能逐渐建立起来。

2018 年是改革开放 40 周年，这一年的中国法治进程与中国社会的快速变迁密切相关。立法、司法和执法领域都在回应社会发展的需求和现实问题。立法的重点是加强对国家权力的监督，加强环境保护，规范新兴电商领域和社会民生领域，出台了国家监察法，电商法和环境保护、食药品安全等一系列新的法规。随着自媒体尤其是微信的广泛使用，司法事件借助自媒体平台强大的信息传播能力，掀起强大的社会舆论风暴。对法律的正义与社会情理之间的讨论，成为这一年司法舆论风暴的核心。在大众传媒时代，舆论与司法独立之间的关系都是现代法治国家的一个经典问题。随着新媒体在我国的迅速扩展，大众舆论对司法独立的影响成为了我们不得不面对的一个关键问题。2018 年的几个经典案例无一不是受到大众舆论的热议。如何妥善处理社会对公平正义的认识与法律的公平正义之间的关系，关系到一个国家法治建设的成败。一味强调法理与人情之间的区别，实际上是失去了法律正义立足的根基，会导致司法权威悬浮于社会之上。而一味要求司法服从民意，是对法律权威的损害，也不符合公平正义的原理。2018 年中国可以说妥善地处理了舆论与司法之间的关系，有选择地认同社会舆论对案件的评议，将社会关于公序良俗、天理人情的观念纳入到法律逻辑的分析中，在法律的框架内消化吸收民间的正义理念。坚决拒绝脱离法律本身的逻辑和事实根据的舆论观点，树立法律独立性的权威。这是一条未来可期的处理法律正义与社会正义之间张力的途径，是 2018 年我国法治国家进程的亮点。

第六章　新时代的基层治理：优势、挑战与创新

2018 年基层治理最大的亮点是突出中国特色和时代优势。党建工作已经深度嵌入到基层社会，通过加强基层党组织建设，充分发挥其在基层社会的整合引领作用；调动党员积极性、主动性、创造性，充分发挥他们在工作、学习和社会生活中的先锋模范作用；密切联系群众，及时反映基层群众的民生诉求，维护基层社会和谐稳定。与此同时，基层社会治理工作越来越与大数据时代的发展要求相适应，不但通过智慧平台为党建引领插上翅膀，还大大促进了社区事务的及时议决，并通过各种技术途径解决基层社会安全稳定、权力腐败的问题。

伴随市场经济改革的不断深入，基层社会人口结构的复杂性、多元文化的差异性、矛盾诉求的多样性，导致社区治理的重点和难点发生了很大的变化。针对这些时代变化调整基层治理结构和治理体系，既是党和国家对时代问题的回应，也是基层政治不断自我优化的过程。特别是国家乡村振兴战略的提出，明确了全面建成小康社会和全面建设社会主义现代化强国最艰巨最繁重的任务。乡村振兴是解决新时代我国社会的主要矛盾、实现“两个一百年”奋斗目标和中华民族伟大复兴中国梦的必然要求，具有重大现实意义和深远历史影响。

一、基层工作的党建特色与亮点

“基础不牢，地动山摇”，加强党的执政基础建设重在提高基层党组织的能力，成为我们党在基层社会的战斗堡垒。从实践来看，推进改革发展稳定的大量任务在基层，推动党和国家各项政策落地的责任主体在基层，推进国家治理体系和治理能力现代化的基础性工作也在基层。[①] 党的十九大要求推动社会治理重心向基层下移，打造共建共治共享的社会治理格局、推进社会治理现代化、增强人民群众的获得感、幸福感和安全感。实现这一任务，完成这一使命，需要加强基层党的建设、巩固党的执政基础，这是贯穿社会治理和基层建设的一条红线。

（一）在商务楼宇开辟党建新天地

坚持中国共产党的领导是中国特色社会主义最本质的特征，也是中国特色社会主义制度的最大优势。基层党组织是我们党在社会基层组织中的战斗堡垒。发挥好基层党组织的领导核心作用，对社区资源进行系统挖掘与整合，才能实现社会治理重心的有效下移。与此同时，伴随社会治理重心的下移，党的组织建设应该做出相应的调整，根据治理重心下移的需要完善党在基层的组织体系和管理体系。这就是说，推动社会治理重心向基层下移，既要坚持企业、农村、街道社区、社会组织等多元主体协同共治，又要切实发挥好基层党组织的领导核心作用，有效提升基层党组织的组织力。

按照习近平总书记“继续探索、走在前头”的建设要求，上海

① 陈进华：《治理之道：推动社会治理重心向基层下移》，《人民日报》，2018 年 12 月 17 日。

市紧扣作为超大城市的特点规律，持续推进城市基层党建系统建设、整体建设，提升党建的质量和水平，为加快提升城市能级和城市核心竞争力，开创各项事业发展新局面，提供坚强的组织保证。自2014 年启动街道体制改革以来，上海全面夯实街道党工委的领导核心地位，先后出台了《街道党工委工作规则》《行政组织党组工作细则》《社区党委工作细则》，进一步优化完善街道党工委把关定向、行政组织党组协调解决、社区党委整合资源的“1 + 2”党建领导机制。人事考核权和征得同意权、规划参与权、区域内重大决策和重大项目建议权以及综合管理权“五项权力”的落地，增强了街道党工委统筹资源能力。

1. “第一高度”上的楼宇党建先锋

习近平总书记 2018 年 11 月在上海期间，第一站就是浦东新区陆家嘴金融城党建服务中心。总书记充分肯定了上海楼宇党建创新的有关做法，同时指出，随着经济成分和就业方式越来越多样化，在新经济组织、新社会组织就业的党员越来越多，要做好其中的党员教育管理工作，引导他们积极发挥作用。基层党建既要发扬优良传统，又要与时俱进，不断适应新形势，拓宽基层党建的领域，做到党员工作生活在哪里、党组织就覆盖到哪里，让党员无论在哪里都能找到组织找到家。

“中国第一高楼”上海中心大厦 22 层的陆家嘴金融城党建服务中心，是陆家嘴金融贸易区综合党委建立的楼宇党建阵地，也是党组织建在经济社会发展最活跃的经络上、党建嵌入基层社会的创新做法。[①] 陆家嘴金融区集聚着 5500 余家金融机构，其中多数是民企和外企。数十万企业员工中，有 8000 多名党员，其中 35 岁以下党

---

① 彭薇：《陆家嘴金融城党建人气越来越旺：贴近需求量身订制活动凝聚服务青年群体，高楼里的党建服务站焕发生机活力》，《解放日报》，2018 年 11 月 25 日；周根山：《陆家嘴金融城“支部建在楼上、党建落到实处”——打造楼宇党建 3.0 版》，《中国纪检监察报》，2018 年 12 月16 日。

员超过85%，本科以上学历的党员占九成以上。青年党员学历高、流动性大、需求多元，如何将分散在各高楼中的他们凝聚起来？陆家嘴金融贸易区综合党委从2014年起，在金融城各个楼宇里设立党建服务站，为党员们量身订制活动和服务。

陆家嘴金融城党建服务中心下设了10个片区中心、30个党建服务站、覆盖了区域内252幢商务楼宇，管理服务284个“两新”基层党组织、9167名党员。过去，“口袋党员”“隐形党员”在陆家嘴地区曾经为数不少。有了高楼里的党建服务站，党务工作者主动走访各企业，了解企业经营发展状况，建立了与楼宇党员同步联系、党的工作同步跟进、党的组织同步建立的“三同步”工作机制。通过“双培工程”，把党员培养成骨干，把骨干培养成党员，陆家嘴金融城共有323名骨干加入党组织，140余名党员成长为企业骨干，500多名优秀员工成为入党积极分子，为金融城的发展提供了有力人才支撑。

在金融城的党建服务站里长期备有“三张清单”。第一张是需求清单，所有来参加活动的党员、青年都可以把自己的需求记录在案；第二张是资源清单，党建服务站提供的所有服务都能让党员一目了然；第三张是项目清单，每隔一段时间还要更新，所有项目都会根据青年白领提出的需求来设计、改进，办事进度记录在案。例如，不少青年党员向党组织反映陆家嘴区域吃午餐太贵，党组织协调场地、卫生等问题，在许多办公楼里建起了白领餐厅，每顿午餐能在25—30元间解决；白领工作繁忙，感冒等小毛病没时间去医院看病开药，党组织又协调在党建服务站里建起了配药点，执业医师长期驻扎。

在位于虹口区的“浦西第一高楼”白玉兰大厦第20层，2018年2月建立起了白玉兰广场党建服务站。党建服务站有2000平方米，为白领提供党务、政务、事务、医务、法务等多元服务，成为企业员工身边的“解忧杂货铺”。这里也是本市首家接入社区事务专线的甲级写字楼。不少企业员工利用工歇时间，办理就医记录册更换、个人信息初始化和更改、人才引进档案查询等事务。与他们生活工作最密切的 44 项全市通办的个人社区事务，都能在这里办妥。

除上海中心、白玉兰广场之外，还有中华企业大厦、嘉兴大厦等众多楼宇党建典型。其中，恒隆广场作为上海的时尚地标，是南京西路上的“月亿元楼”，2017 年楼内企业纳税额度近 31 亿元，是全市首幢月税收规模超 2 亿元的商务楼。这个“税收高地”也成为了上海基层党建的高地。2018 年 6 月 28 日，恒隆广场联合党委正式成立，开启了上海楼宇党建的“3.0 版”。无论是上海中心大厦，还是恒隆广场、白玉兰大厦，上海探索“楼宇党建”升级版，不断创新组织设置方式和管理体制，增强“两新”组织党建的针对性和有效性，把党的工作做到了经济社会发展最活跃的细胞上。

2. “楼宇社区”党建带动空间再造

在上海众多的楼宇党建实践中，黄浦区淮海中路街道做了转变和创新，不是去面对商务楼宇本身的运作逻辑，而是着眼于它在社会治理和城市发展中缺失的部分，从空间的相互嵌入、融合进行商务楼宇的政治空间再造；从楼宇经济融入区域治理和社区治理，进行了治理空间再造；从企业的社会发展和个体的综合发展进行了发展空间再造；从公共生活、网络生活方面进行了公共空间改造，真正实现有超越性的“楼宇社区”党建。

（1）政治空间的再造

中国共产党是执政党，党的活动空间是政治空间，其拓展是政治空间的再造。“楼宇社区”党建对政治空间的再造的第一个表现是将商务楼宇的经济空间融入政党建设的政治空间。一方面，淮海中路街道根据东西中不同的区情，划分了三大片区，片区超越了楼宇的范围，实际是把商务楼宇纳入到党的基层组织网络，将楼宇的经济空间嵌入到政治空间当中。另一方面，街道立足片区却不局限于片区，而是利用街道一级党建对片区进行统筹，将片区做成“一中心一站”（党建中心、企业天地楼宇党建服务站）具体工作的出发点和落脚点。片区层面的空间融入是淮海中路街道“楼宇社区”党建的特色之一。每个片区分别成立“一委一会”（“片区联合党委”和“企业发展促进会”），形成楼宇活动主体提供相互交流、协商、合作的平台。标志性楼宇成立楼宇联合党委，其他楼宇成立“楼宇党建促进会”，负责推动本楼宇经济空间向政治空间的融合，尤其是推动公共议题的共议共商，加强楼宇与社区互助联动。楼宇内有影响的企业负责人被发展为楼宇联合党委的书记，将党的总体布局与楼宇建设结合起来。

“楼宇社区”党建对政治空间的再造的第二个表现是将党建的政治空间嵌入到楼宇的经济空间当中。淮海中路街道主要采取“楼宇空间共享”“企业空间共享”以及街道配备安排等不同方式，在标志性楼宇建立独立的党建（群团）服务站，引进党务、政务、社会服务资源项目和活动平台。其他楼宇则结合实际情况，利用大厅公共服务平台、员工活动室、楼宇连廊等空间灵活设置党建（群团）服务点，通过各种方式将政治空间和政治生活纳入企业经济空间当中。淮海中路街道东部片区联合党委成立后，兰生大厦拿出600多个平方，柳林大厦拿出100多个平方，建设银行上海市分行营业部拿出1间办公室（35平方米），金钟广场工商银行卢湾支行共享本行的职工之家（100平米），用于楼宇党建（群团）服务工作。这些政治空间在改变商务楼宇生态环境的同时，也从楼宇内部形成了对企业社会责任、社会效应的要求和影响。

（2）治理空间的再造

这里的治理空间是从社会治理的角度出发的，治理空间的再造是在党的引领下，各方面治理主体统筹发挥作用，扩大市场调节之外的社会治理网络，把商务楼宇打造成基层治理的重要主体。具体来说，“楼宇社区”党建除了能够为企业提供综合性管理服务之外，更重要的是能够实现国家治理理念在商务楼宇的落实，通过治理空间的再造将理念转化为体制机制、组织架构和措施行动。

治理空间再造的第一个表现是将楼宇经济活动融入区域治理网络。淮海中路街道的“楼宇社区”党建注重楼宇与街道之间的共建共治，实现了治理的延伸和优化。一是从资源共享、优势互补、服务双向、共建双赢的原则出发，在企业天地和“金钟 WE + 社区”先行建立了“淮海 +”服务站，与“金钟 WE + 联合办公”空间合作，并与瑞安广场、金钟广场等 8 个楼宇签署了共建协议，在文明城区创建、旧区改造、重大项目建设、历史建筑风貌保护、生态环境综合整治、门责管理等方面达成建设“淮海家园”的共识。二是将“大安全”作为楼宇社区建设的重中之重。把街道平安建设和楼宇风险防范结合起来，将金融风险防范作为安全共建的重要内容，逐步完善淮海金融智库（辖区银行、证券、律所等）、企业负面名单等风险防范若干机制。结合日常调研发现，提升片区治理精准化层次。有效建立了“早预防、早发现、早报告、早解决”的风险预警和防范机制。

治理空间再造的第二个表现是将楼宇经济活动融入社区治理过程。淮海中路街道通过“楼宇社区”党建，将片区、楼宇与居民区有机融合起来，实现了企业经营与社区发展的同步，形成了更为紧密的“楼宇—社区”共同体。这些同步主要表现在社区服务和社区公益两个方面，前一个方面主要表现为楼宇为居民提供“错时停车”，为困难居民提供工作岗位等；后一个方面主要体现为楼宇企业为社区老人提供理发、助卫、助浴等志愿活动。值得一提的是，淮海中路街道再造社区治理空间的方式与过去不同，它主要采取项目化运作，形成了一批长效、特色的项目品牌。比如，根据社区居民对子女进行假期教育的强烈需求，片区党委联合中共“一大”会址、浦江控股、安利（中国）、卓维 700、大韩民国旧址、味千拉面等企业党组织创办了“淮海 + 幸福暑期夏令营”项目，在暑假期间面向来自社区和“两新”困难家庭的孩子组织丰富多彩、健康向上的主题活动，得到了学生和家长的一致好评。

（3）发展空间的再造

“楼宇社区”党建的“规划”思路，虽然要求跳出企业的固有属性和既有空间，但不是要求撇开楼宇活动主体的发展来谈论商务楼宇的建设。企业的生产经营自然是基本的要求，需要得到支持和保障，但企业的社会发展却也不得不提上日程。同时，企业员工除了职业的发展，还需要综合能力的提升。

发展空间再造的第一个表现是企业社会发展空间的再造。通过吸纳楼宇重点企业负责人、人力资源负责人、物业管理负责人代表，淮海中路街道在社区党委领导和片区联合党委的牵头下，成立了“企业发展促进会”。促进会与片区联合党委合署办公，主要承担推动建立楼宇社区治理团队、推动楼宇文化体育建设、提升企业营商环境等方面的职责，推进公共服务、公共安全、公共管理向楼宇延伸，各项主体责任在楼宇、企业落实。“企业发展促进会”使企业摆脱了自身利益、内部责任的狭隘，实现企业发展与社会责任、社会效益的融合。它能够从片区发展的角度提出建设意见，尤其是联合街道人力服务、劳动保障、市场监督、税务、公安、消防等各方面的力量，从不同方面综合考虑片区建设，提出要求并形成落实和改造措施，实现楼宇在产业扶持、税收减免、人才服务等方面的综合提升和有机发展。

发展空间再造的第二个表现是人才综合发展空间的再造。淮海中路街道商务楼宇内有 7 万多员工，数量超过辖区内的常驻人口，60% 来自外资企业。为了未来发展的人才规划，也为了在其中开辟党建的文化和精神领域，淮海中路街道在社区党委牵头下，成立了“淮海 + 伯乐汇”的人力资源平台。平台汇聚了 60 余家企业的人力资源总监、相关政府职能部门、街道等各方力量，从对人才发展的评估出发，补足人才发展的区域短板和企业短板。

通过“淮海 + 伯乐汇”，基层党组织拓宽了楼宇人才队伍建设的思路。他们在充分了解相关楼宇白领员工信息的基础上，争取企业对党组织和党建工作的配合，在推动企业发展的同时，推动人才工作和党的建设的相互促进，提高商务楼宇企业做党建的内生动力，提高基层党组织在企业的地位，增强企业党员的身份意识和发挥作用的主动性与积极性。

此外，淮海中路街道还与高校合作，全面梳理和提炼了街道文化资源和历史底蕴，编纂了《漫步上海淮海街区》并发放到各个楼宇。该手册集中展示“淮海家”的红色文化、海派文化、石库门文化，通过韵味优雅的文字和图文并茂的形式，将街道辖区内历史建筑、历史人物、历史故事娓娓道来，挖掘孕育并发展于革命场馆、历史街区中的红色基因，寻找渊源、收集故事，使楼宇企业员工在潜移默化中增强对淮海街道文化的认同。

(4) 公共空间的再造

商务楼宇里的各个单位，横到一个楼层，竖到楼上楼下，条条块块都是分割的。因此，“楼宇社区”党建的一个重要任务是公共空间的再造，不仅要再造物质生活的公共空间，还要再造文化生活、虚拟生活的公共空间，提升“楼宇社区”一体化的紧密度与综合性。这些活动实现了文化活动从物理空间到内容创作，再到参与体验的全面拓展。

公共空间再造的第一个表现是从物质和文化两个方面拓展楼宇内部和楼宇之间的公共生活空间。为强化商务楼宇作为工作、生活场所的属性，淮海中路街道与金钟广场的业主上实集团合作，通过引入市场化专业力量的方式，开办了金钟广场白领食堂。该食堂总面积1600 平米，拥有450 个座位，可同时解决2200 人就餐。自白领食堂开办以来，沿线周边楼宇员工办理了3500 多张就餐卡，餐厅日均就餐 1600 余人次。在文化空间建设方面，淮海中路与华东师大出版社合作，启动“幸福淮海·智慧人生”读书会；与瑞安房地产合作，启动白领剪纸午间课堂；与春美术馆合作，启动白领油画晚间课堂等项目。同时，先后推出了“百姓戏舞情”“文化 e 讲堂”“淮海瑜美人秀”“白领午间课堂”“浦江国学班”等项目。经过几年的努力，以街道社区文化活动中心（社区学校）为主，以 K11、湖滨道、香港广场、大上海时代广场为辅的“一体多翼”文化网点布局、10 分钟公共文化生活圈在淮海中路街道逐渐形成。

公共空间再造的第二个表现是将以楼宇为单位的人与人之间的职业生活空间与网络虚拟空间的结合。“楼宇社区”党建既要注重传统线下的实体空间平台建设，也要充分考虑互联网时代的需要和楼宇的产业特征，积极创建各类线上的虚拟社区平台。通过街道 APP、微信公众号、微信群等信息化手段，淮海中路街道将日常分散在各个地区、楼宇和企业的白领，通过各类网络及实体活动有效聚集起来。比如，定期召开的重点企业家座谈会建立了“淮海企业家微信群”，“淮海+伯乐汇”建立了“企业HR群”，楼宇负责人联席会议建立了“淮海楼宇微信群”，白领午间课堂、楼宇运动会等项目建立了“淮海白领活动群”。楼宇、企业、企业家、白领等不同群体的职业生活空间与网络虚拟空间有了对接，形成了线下线上“虚实结合”的工作平台。

（二）社区党建迎来更大开放空间

近些年来“共享经济”非常流行，这个起源于1978年的经济理念主要有5个方面的基本要件：闲置资源、使用权、连接、信息、流动性。[①] 从这个基本要件来看，“共享经济”与“共享社区”其实只隔着一层窗户纸，或者也可以说共享社区是共享经济的一种。当时，由于独立的家庭观念、高昂的人力成本等原因，丹麦等一些国家的居民已经没有办法依靠单独的家庭来满足住房、照顾孩子、照顾老人等各个方面的需求，各方面的压力迫使他们提出“共享社区”的理念，依靠家庭群体，从社区共同体出发解决单个家庭面临的困难。

比较典型的是协助职场妈妈或者单亲父母分担育儿工作的共住模式，以及高龄社会的共同看护等。在这些“共享社区”中，每户家庭有各自的住宅，各自的厨房、洗手间，保留有足够的个人空间。以此为基础，社区居民共同拥有餐厅、活动室等一些设施设备、场所。有的还有属于大家的花园、儿童游乐场地、会客厅和工作室。住户每周定期共进晚餐数次，按照兴趣形成公共聚会，举办跳蚤市场，出售或交换自己用不到但仍有价值的东西等。如果有涉及整个社区利益的事，要遵照大多人的人的意见执行。这些“共享社区”

---

① Marcus Felson, Joe L. Spaeth. “Community Structure and Collaborative Consumption: A Routine Activity Approach,” *American Behavioral scientist*, 1978. 21 (4): pp. 614 - 624.

与过去中国的四合院、客家的围屋有一定的相似性。

这些狭义上或严格意义上的“共享社区”，在当下的中国获得了新的生命。一方面，在社区中，人们基于共同的生活场景与社区生活经历，形成了相互之间的认同和感情纽带，共享着社区公共资源，能够相互提供帮助，分享思想和观念。另一方面，借助“互联网+”新型社区治理的思维逻辑，很多人期盼着互联网在共享社区建设中发挥颠覆性作用，也就是将现有的普通社区升级为互联网时代的“共享社区”。这不仅仅是利用移动互联技术，形成互联网与物理住宅的简单组合，而是基于人们的感情维系形成的共同体。

广东省佛山市禅城区的“共享社区”党建项目，旨在打破人与人之间的隔阂，改变传统的“拥有”“产权”等核心观念，形成“使用”“信任”“合作”的和谐氛围。[①] 该区“共享社区”项目以党建为统领，运用区块链、大数据等现代信息技术，重构社区信任机制，以城市住宅小区为单位，以居民为中心，搭建点对点的“线上”“线下”平台。由党员带动居民在系统平台上进行“物品”“技能”“活动”共享，居民采用“点单”的形式获取服务和资源。

2018 年初，辖区祖庙街道在 7 个社区（塔坡社区、北江社区、莺岗社区、培德社区、铁军社区、兰桂社区、新城社区）中各选择一个小区进行试点，5 月起在街道辖区内各社区启动共享社区建设，取得明显成效。同时，“共享社区”党建项目还将与“一门式”系统、云平台无缝对接，实现社区居民在家里通过该平台就能办事并参与社会治理。这项措施仅推出一个月的时间，祖庙街道辖区 50 个社区已有 1339 名党员、11806 名群众参与到共享社区当中，提供共享物品 9000 余件、共享技能 9 大项 18 种，受益人数达 8812 人。

禅城“共享社区”党建的第一个特点是引入“区块链”理念，全面解决网上人员真实身份确认问题，并确保提供服务者身份的真实性，保护被服务对象的相关隐私。这一做法是要求解决“网上居

---

① 阎锋、梁志毅：《社区自治居民感受“共享社区”的“禅城温度”》，《南方日报》，2018 年 11 月 2 日。

民”的信用问题，让人们在没有见面的情况下，放心地施以帮助和接受帮助。通过IMI身份认证平台进行实名注册，由政府为个人信用“背书”，在禅城“和谐共享社区”APP上，居民通过身份认证后就可以进行操作，在物品共享栏，有图书、家用电器、运动户外产品等10多种分类，还可以选择课后托管、辅导教育等多项志愿者服务；在技能共享栏，居民还可以发布自己具备的技能。

作为计算机技术的创新应用，“区块链技术”具有可追溯、不可篡改、相互佐证、自我加密等特点。应用于共享社区建设，能够让真实个人与虚拟身份产生强关联，确保身份真实可靠，保护居民个人隐私，通过身份认证，大家可以确认对方真实的数字身份、信用记录、活动痕迹等，让共享服务互信、持久，赋予数字时代信用社会新内涵。数字身份与现实中的居民身份的串联，保障了在“共享社区”线上APP中提供服务的人的身份是真实的，发布的需求是真实的，真正地把现实中的社区搬到线上。

禅城“共享社区”党建的第二个特点是通过党员的先锋模范作用，实现社区内部与社区之间的物品共享、技能共享，全面调动居民参与。小区里的在职党员、离退休老党员、流动党员、“三官一师”等群体，是“共享社区”的领头雁，他们先亮身份、先亮技能、先提供服务，形成领头雁效应，活跃小区共享氛围，带动身边居民参与，一举解决了项目推动初期“谁来首吃螃蟹”的问题。线上的顺利沟通解决了过去线下见面少、了解沟通少、相互不信任等诸多难题，“共享社区”是一个开放的空间和平台，要共享什么由居民说了算。仅管群友们很多都还没有熟识，但每个人都实实在在地共享需求及参与社区共享活动，形成有温度的社区是早晚的事情。

禅城“共享社区”党建的第三个特点是利用共享平台，形成社区的新圈子、新氛围。为提升居民参与的持续动力，禅城引入“积分银行”，对居民的共享服务进行“积分制”管理，即居民提供服务可获得“爱心积分”，并将“积分”存入“爱心银行”。当居民有需求时，可在“银行”里支取“积分”获取服务。融合激励共享机制的建立，实现“服务得积分、积分享爱心”的良性循环。“爱心银行”积分制度，让温情在爱心共享之间流动起来，创造出解决社区问题的禅城效率和禅城方式。

经过半年多的实践，禅城的“共享社区”党建项目，呈现出的是一幅崭新的社区治理图景。北江社区的九鼎国际城是“共享社区”的首批试点小区。由于多栋住宅的负一层、负二层防火门使用寿命已经到期，九鼎国际城小区需要申请公共维修基金进行彻底更换。但是，动用小区住宅专项维修基金，需要小区内 2/3 的业主同意，且需要持有物业面积占有小区物业面积总数 2/3 的业主同意。2017 年 10 月份，物业公司开始发动小区业主进行投票表决，但经过两个多月的努力，投赞成票的业主没有过半数，申报最终以失败而告终。

“共享社区”项目的推进，为物业公司、业主、北江社区居委会之间搭建了从未有过的沟通互动平台。北江社区党委选择以“运动 · 健康 · 生活”为主题，统筹优化社区资源，发动物业公司、商家、社会公益组织一起参与“共享社区”，70 场系列共享活动陆续展开，通过物品共享、技能共享以及共享活动的举办，有力促进了业主之间的沟通交流，拉近了彼此间的距离。正是借助“共享社区”的平台和机会，业主、社区居委会、物业公司之间形成了良性的互动，增进了彼此间的了解与信任，这也为小区重新申报维修基金打下了坚实基础。最终动用物业维修基金的电子投票再次启动，并一举达到“双 2/3”原则的要求，成功申请住宅专用维修基金 18 万余元。

兰桂社区是一个由肤色、语言等各不相同的人们组成的“小联合国”，一个文化背景不同、生活方式不同、极其注重隐私的国际社区空间。住户中有六七十名外国人，他们在佛山或从商、或担任外教、或是跨国企业的技术精英等。他们从世界各地来到佛山，怀揣的不仅仅是在佛山的梦想，还有浓浓的乡愁，这种对于家乡文化的情怀，与佛山本地文化的碰撞，成为兰桂“共享社区”项目活动开展的主题之一。

在“口语荟萃阁上”，来自印度的兰桂居民 Mandy，带领大家一词一句学习印度方言，向大家分享心得。新奇的发音吸引了居民，让大家感受到了他国方言别具一格的趣味。Mandy 还表示如果大家喜欢自助游，就先从当地方言和餐厅点单开始学起。在“厨艺分享荟”上，居民们介绍和制作自己家乡的美食。外国居民教中国居民如何区分德国披萨和意大利披萨，本地居民则用佛山南乳精心制做了各类点心，引来外国邻居们纷纷尝上一口。北方的包子、湖北的小龙虾等，五湖四海的美食让居民感受到了“共享社区”的魅力，拉近了邻里间的亲情。

二、大数据时代的基层智慧治理

在信息技术高度发达和“互联网＋”的时代背景下，仍然沿用传统的老经验老办法去应对新事物、解决新问题、化解新矛盾，显然有些“力不从心”，这就要求基层组织利用大数据时代优势开展广泛的智慧治理，让每一个居民真实感受到现代移动互联技术在社区治理中的重要作用。事实证明，各种移动互联平台具有瞬时信息传送技术，不到一秒钟的时间，就可以让所有终端用户，无论是成百上千还是上万上亿人，同时实现信息的分享和沟通，这个传播的速度和深度以及对区域人群的覆盖，是其他宣传媒体达不到的。在大数据时代，以人民为中心，用现代技术提升社会治理能力，是人民的心声，也是时代的追求。

（一）社区公共事务的“智慧议决”

1. 智慧平台促进社区事务及时议决

2018 年 11 月，由中央政法委、中央广播电视总台、中共浙江省委联合摄制的 5 集电视政论片《坚持发展“枫桥经验”——中国基层社会治理现代化之路》在央视播出，其中第四集是《智惠于民》，介绍了由厦门市委政法委、市建设局打造的智慧小区治理平台“家住厦门”，在集美区文滨花园、红树康桥、大学康城二里、滨水小区一号等6个小区开展试点的探索和实践。当月底，“家住厦门”智慧小区共治平台又获评全国“互联网+政务”优秀实践案例50强。

“家住厦门”是一个由政府牵头，业主、业委会、物业和社区共同使用的权威小区共治平台，它通过技术创新、资源整合和制度规范，打破信息壁垒，实现大数据共享，解决小区自治和共治等问题。[①] 用户只要关注“家住厦门”微信公众号，拿起手机就可以办理业委会选举、公共事务表决、安全问题随手拍、户口登记、积分入学等各类服务管理事项。

平台基于i厦门的实名注册账号登录，与住户和业主的真实身份绑定，共享市、区、镇（街）、社区（村）四级联动的网格化平台和“一标三实”等业务平台的人口数据和房屋数据，避免市民数据重复录入。通过社工的走访核实，实现住户变更信息的确认。业主身份的认证为产权证所有人、保障性住房所有人或公租房承租人之一。由业主自主发起业主身份认证，系统自动与土房局产权数据和建设局保障性住房数据进行共享校验，保障业主身份数据的有效性。

从过去的经验来看，小区是最平常的地方，也是最复杂的地方。即便是在家门以内，也有楼板、进水管、排污管等公共部位和公共设施，门外则是更多的公共部位、公共设施，还有公共空间、公共秩序。问题的复杂正来源于这种“公共性”。公共部位、公共设施的维护保养，公共空间、公共秩序的有序运转，不是一个人、一伙人的事情。虽然每一个业主都有投票决定公共事务的权利，但坚持己见、七嘴八舌形成不了决定，解决不了问题；拉帮结伙、相互攻讦更是雪上加霜，导致“亲者痛、仇者快”。公共意见的形成、公共事务的解决，从来都伴随着妥协退让和规则认同，在选举上必须坚持“少数服从多数”，在问题的处理上必须坚持“共同协商、服务大

① 吴俊鸿、黄雪燕：《集美区：“家住厦门”智慧小区平台获评全国优秀实践案例50强》，《厦门日报》，2018年12月21日。

局”。

此次推行的“家住厦门”智慧平台，一项重要功能就是实现在线投票议决和在线问题处理。“家住厦门”把原来在线下进行的业委会选举、公共事务表决搬到线上，采用区块链技术和数据加密技术进行线上投票，候选对象、基本情况、得票情况都在线上公开。原来组织一次小区选举挨家挨户敲门通知、动员宣传，工作量巨大，而且业主因为各种原因不一定能够参加。现在通过线上投票表决，拿着手机就可以参与。同时，业主通过“家住厦门”微信可查看自己的投票情况，避免了以往“被投票”的现象发生。公正权威的平台保障了投票数据的权威性和公正性，让所有的自治内容都做到公开、透明、快捷，解决业主参与小区自治主体缺位的问题。

在线投票议决不但能够培养业主的规则意识和集体观念，还能够实现候选人信息的公开化、透明化；让投票议决不受时间空间的限制；实现每个业主参与的可视化、有效性；让公共问题处理成为每个业主的平常事。尤其在小区面临大量房屋质量问题、物业公司不作为问题、业主个体无能为力问题的情况下，在线投票平台能够坚持选举规则，做出必要妥协，找到业主利益的最大公约数，走上公共议题决策的“高速公路”，驶入小区问题解决的“绿色通道”。2018 年 7 月，参与试点的文滨花园小区 158 家住户举行业主代表选举，业委会率先采用“家住厦门”平台“小区自治”模块中的“在线投票”功能，短短 3 天就完成了 122 户过半业主投票工作，并很快选举出新一届的业主代表。

此外，通过“家住厦门”智慧平台，小区里有什么事情，都可以及时发布通知，大家一起出主意想办法，很有参与感和带入感，大家对小区工作也越来越热心。小区是老百姓衣食住行最小的社会单元，身在其中邻里矛盾难免发生，这些纠纷都不大，但往往困扰群众生活，如果不及时化解，也会形成不稳定因素，甚至有随时激化外溢的可能。如何第一时间掌握并化解这些发生在小区里的矛盾纠纷，“家住厦门”智慧小区平台给出了方案。例如，2018 年 8 月 4 日，一名居民在平台上吐槽有人将垃圾堆在楼道口，不但影响进出还招来蚊虫。物业经理看到这一消息后，马上派楼管员清理，并通过清理前后对比图的方式，在平台上告诉居民处理结果，赢得居民们的谅解和支持。

在实践应用中，文滨花园物业公司还开发了“新功能”，把小区的物业账单晒到平台上，业主通过手机就能“检查”物业账单。物业账单的即时公开增加了居民对物业的信任，反过来也便于物业公司开展服务管理工作。多元的信息沟通渠道、便捷的社区服务平台，重建了社区居民的归属感，是促进社会和谐的重要手段，更是实现治理能力现代化的必然要求。

集美区作为厦门市教育积分入学在线申请的试点单位，本着让群众“少走马路，多走网路”，梳理和整合积分入学相关材料的部门流程和数据接口，让外来娃的家长在家网上申请即可完成相关事项的申报，并通过 i 厦门平台实名注册，申请人的计生、社保、务工、房产等可自动获取算分。集美该积分入学平台已推广到厦门全市各区，是外来娃教育积分入学在线登记的唯一平台。这一做法解决了过去外来务工子弟就读小学入学申报的诸多麻烦，让大量外来务工人员不用再花大量的时间多次到派出所、社保等部门证明“积分”的有效性。

2. 智慧平台让“党建引领”更加有效

上海市宝山区运用互联网的思维统领治理设计、搭建统筹治理架构，建立了统一的治理平台“社区通”，搭建了全面贯通的治理架构。宝山“社区通”推广主要基于三个方面的考虑。一是适应人民群众的新需求和更高期待的需要。当下新时代群众希望有更优的公共服务、更有序的公共管理、更深入的治理参与和更丰富的精神文化生活。二是“社区通”探索的出发点是解决社会治理中的瓶颈问题。三是新形势下巩固党执政基础需要探索新的途径和载体，让群众随时可以看得见、找得到、叫得应。

“社区通”2017 年 2 月份开始试点，从一开始居委会只有 200

人上线，到2018年5月覆盖了宝山453个居委会、104个村委会，已经有近50万村民实名加入这个“社区通”，覆盖的家庭已经达到36万户。同时在这个平台上有4.5万党员在线上亮身份，这些党员后面都有一面小小的党旗。平台设置了“i宝山”、社区公告、党建园地、办事指南、议事厅、身边事、互助、闲置物品、邻里交流、社区服务等功能版块，解决了各类群众关心的大大小小问题3.6万个，各类总互动达到3000万次。经过将近两年的实践，大数据的沉淀效用一点点地体现出来，“社区通”真正地成为宝山信息数据的窗口、思想教育的阵地、为民服务的平台。

为了保证单元社区线上居民的真实性，线上的社区也是真实的，“社区通”要求每位居民通过扫二维码实名加入然后由居民区党组织进行审核，将实名加入的人员与区人口图进行比对，确保在线的每个居民是真实可靠的，从而也规避了互联网的风险。同时，宝山还建立了跟踪督导的制度规范，形成了及时反映、巡查监督、线上线下联动的工作机制；建立了全程记录、量化考核的评价体系，确保问题有跟踪、工作有监督、成效有考核。

实际上，宝山“社区通”是以群众的需求为基点，以服务民生、推进“四治”为目标搭建了这个智能平台，是一套完整的党建引领下的社会治理工作系统。在区层面成立领导小组，建立联席会议制度，构建三级联动工作体系；制定“社区通”相关配套制度；形成“即时反应、线上线下联动、制度保障、工作监督、数据分析研判”等工作机制。推进问题分层处置，对于自治范畴的问题，引导通过自治途径解决；对于超出自治范畴的问题，分层分类加以解决；对历史遗留问题，通过约请相关职能部门联动解决。同时，定期开展数据分析研判，找准重点热点，精准施策。

“社区通”有专门的“党建园地”的板块，在这个板块有很多社区微课堂、在线直播党的工作、宣传党的政策、传递党的声音。2018年宝山居（村）委会的党组织换届选举工作在“社区通”上全程直播，从一开始的宣传到公告一、公告二，以及候选人的照片、简历以及最后的选举结果都发布在“党建园地”，将信息及时传递到小区的每一个居民。这些党建举措大大了拓展了党员和群众的参与度、知晓度。而且，由于党员全部亮明身份，他们在平台上的一举一动都要接受群众的监督，不但能够发挥良好的舆论引导作用，还能提高党在基层的威信和声望。

“社区通”讨论的议题自下而上产生，由居民个人提出，在党组织的引领下，两委班子与居（村）代表一起协商讨论决定，形成社区的公共议题，然后在议事厅板块里进行全民讨论。在这一个方面，宝山建立了完整的议题工作链，内容包括从提出议题到把关筛选，到最后形成公约，以及项目的形成和运作等等。

过去的社区治理同样有很多事情、很多工作，但因为没有互联网，好多问题看不见或者看见了也假装没看见。移动互联技术把这些问题扁平化、透明化了，不单让它们呈现在居民区党组织的眼前，也呈现在所有的社区工作者眼前，通过观察平台呈现在所有的管理层面前，也呈现在这个小区所有上线居民的眼前。居民觉得不是隐私的语言或者要求，都可以在相应的板块@ 居民区，居民区内所有的居民可以全程看见在这个栏目下的所有对话框。例如，在平台上可以看到一小时前居民提出小区某个地方环境很脏，居民区书记@回答说“我已经注意到了，会联系物业公司一起去处理”。社区治理工作的态度、速度以及最后的这件事是否落地都清清楚楚。

同样的道理，在以往的传统工作模式下，基层党组织也做了很多的工作，但是这些工作只能影响一小部分人，只能改变一个小小的角落，有些事情的解决可能要等到已经形成矛盾激化点才会有大规模地推动。但是，通过运用移动互联技术，通过探索“社区通”工作系统，进行一系列创新手段和实践，党组织的工作影响可以传递得更远，让党组织服务的人群更多、引领的人更多、改变的地方也更多。

与此同时，由于居民经常会将解决了的问题拍照反馈，引来很多点赞和评论，使得居民区的党组织工作者突然意识到自己工作的成效和重要性。过去，他们做一样工作、解决一个问题，只有一个个体或者小群体知道，但是，现在一个小小的常规工作在这个线上平台，社区所有群众都可以看到，都可以响应。基层的社会治理工作有了实实在在全面可观的痕迹，对居民区的党组织工作形成了非常好的促进作用，也形成了党组织与居民的良性互动，党员先锋模范作用的发挥、党在基层的引领有了切实可靠的平台。

淞南十村是一个老旧小区，居民主要由当地村民、城市动迁居民以及购买商品房的年轻人为主。过去小区议题都由居委会发起，解决问题也通过居委会自上而下推行，结果往往是一部分居民支持，另一部分居民反对，效果总是不理想。在互联网时代，居委会干部依靠“敲百家门”、“走楼串巷”等传统沟通方式服务群众、化解矛盾的方法也越来越显得力不从心。有的居民从 2017 年开始打 12345 电话投诉，反映道路狭窄，不应该停车的问题，但一直因为停车需求量大，协商困难而没有解决。

“社区通”在淞南十村上线以后，这一问题马上成为公共议题，由居民区党组织在相应板块发布。居民纷纷在后面跟帖，有 123 人不同意，11 人赞成。因为有了这样直观的线上讨论结果，居民区党组织再通过线下召开听证会，把问题、矛盾和困难向居民讲透彻、讲明白，最终改变了某些人的想法，无形中引导居民形成了一致意见。这样一种线上线下互补的网络协商平台，一改过去社区公共事务只见阿姨、大叔的现象，引来了很多年轻人的参与。

（二）基层秩序稳定的“智慧坚守”

1. 信息互联创造安全新常态

近年来，厦门市集美区以打造最具安全感城区为目标，以人民群众需求为导向，积极探索实践。集美警方运用智慧警务手段，快速侦破大小案件，全区刑事警情大幅下降，公共安全管理水平大幅提高，群众安全感进一步提升。这一效果的实现主要是依靠“家住厦门”智慧小区平台，将该平台与集美区城市公共安全管理平台连接，实现了数据和资源的共享，创新立体化社会治安防控体系，进一步夯实了社区平安建设的基础，被称为城市公共安全管理的“最强大脑”。[①] 与之相配合的是“雪亮工程”，由区视频办统筹全区视频综合平台，“通过一个屏，看到整个区”。其中高空探头具有“全域”视角，低空探头连路人手上的手表都能看得清楚，打造了一张巨大的视频防控天网。

“雪亮眼睛”加上后台强大的数据支持，集美在区一级建立起城市公共安全管理中心。中心依托公安分局二级指挥情报中心，采用多中心合一的模式，避免重复建设，同时也实现政府与公安无缝联动的机制。中心又统筹协调全区公共安全管理指挥相关工作，包括公共安全、城市管理、网格化管理、110 联动、城市巡查等各类城市事件处置、日常联动调度、突发事件应急指挥调度等工作，建立值班值守、指令处置和信息报送等保障机制。开展全区公共安全重点事件（对象）与综合风险分析研判、预警，对事件处置过程进行监督，对各类事件进行统计分析等等。

此外，结合 2017 年“基础大排查”，集美全区政法机关和综治责任成员单位扎实推进“一标三实”工作，将数百万计的辖区内人口、房屋、地址等基础信息，经过排查、整理进入区城市公共安全管理中心数据库，进一步夯实平安基础数据。事实上，集美城市公共安全管理中心的最大作用就是整合资源、打通壁垒，让数据服务于实战。例如，如果集美某出租房发生火灾，平台马上会派出各种救援力量，同时还可以通过大数据里面的人员、房屋、危险源和防护目标信息，进行人员确认以及疏散等工作。

在文滨花园，居民楼的智能门禁都已经更新换代，不但连接手机、实现小区管理的可视化，同时也更加安全，给了居民更多保障。与传统门禁系统相比，“智能门禁”在硬件设施上保留着原本的数字盘、刷卡区域、对讲区域，但在左下角增加了新的功能——指纹键。这就是说，“智能门禁”系统不但支持各种 IC 卡（含 E 通卡）、手

① 吴俊鸿、黄雪燕：《集美区：“家住厦门”智慧小区平台获评全国优秀实践案例 50 强》，《厦门日报》，2018 年 12 月 21 日。

机二维码、移动‘黑卡’（RCC 限域通讯技术 SIM 卡）开门，也支持指纹开门，居民上下楼进出门，有了更加多样化的选择。而且，“智能门禁”安装后，居民家里无须再安装传统门禁所需的室内机，可通过手机视频对讲开门，也可通过普通电话对讲开门，满足家里不同人群的需求。

同时智能化的还有小区里的安全巡逻。负责安全巡逻的居民代表只要打开手机中的“家住厦门”平台，选择“雪亮社区”功能，就能通过视频监控，对整个小区、所有楼道进行网上“巡逻”，在手机里看到人员进出情况，小区里的边边角角是否异常等等，这些问题都可以第一时间发现。在这样的安全监控下，文滨花园社区近几年几乎杜绝了小偷小摸的事情，外来陌生人员进入小区得到了有效控制，群众的安全感和满意度获得了很大提升。

在保障社区安全的基础上，集美区委政法委将平安做成了系统，形成了“五安”工程创建（即：家安、路安、食安、业安、心安），融入到集美区城市公共安全管理中心平台的网格化管理中，做到“网中有格、格中有人、人在格上、事在格中”的网格化、精细化管理。按照这一思路，集美完成了食药网格、社区矫正网格、两违网格、环保网格、燃气安全网格、环卫网格等模块。例如，如果有市民向平台举报有小作坊生产毒豆芽，平台马上将线索“派单”给相关部门，相关部门会迅速介入调查，并将结果和现场图片反馈给市民。

在上海市徐汇区，田林街道一度是群租房的“重灾区”，外来人口众多、人员流动频繁，辖区内田林十二村曾长期撕不去“脏乱差”的标签，还因为案件高发成为徐汇区重点防范小区。2017 年 10 月，街道党工委牵头成立了智慧社区联合指挥中心，启动建设智慧社区平台，于 2018 年 3 月正式投入使用。在智慧社区平台上，所有的事都有工作流程、都有专人负责。很多问题苗头被系统识别后，工作人员第一时间处理，往往在群众投诉前就已解决。

开展智慧社区治理以来，田林街道把人脸识别、智能门禁、智能监控、电子嗅探、智能井盖、智能车棚等 1680 个神经元传感器嵌入 11 个小区的各个角落，自动识别、自动预警可疑线索，社区民警、物业干部、党员骨干等小区自治力量与智能平台无缝衔接，一键推送，一呼百应。[①] 2018 年 8 月，街道一位工作人员在“智慧社区”平台上发现有一位居民连续 10 次刷卡进入居民楼，显然超出了正常频率范围。通过进一步核查，工作人员发现原来这是处群租房，房主把业主卡放在门口邮箱里，租户从邮箱取卡开门后再把卡放回去。于是街道各部门立即行动，取缔了这处群租房。

经过整治，2018 年 1—8 月，田林街道报警，出警数同比下降 27.2%，盗窃案件和入室盗窃案件同比分别下降 24.1% 和 14.3%。与此同时，群租也迎来断崖式下滑，同比下降 76%，完成智能设施布局的小区均实现了无群租、无违建。

2. 小微权力的智慧风险防控

多年来，“蝇贪”“蚁腐”是基层群众反映最集中、最强烈的问题，而导致这些问题的根本原因在于村级权力过于集中，边界不清、运行不规范、公开流于形式、监督几乎无从着手。为了从根本上解决这些问题，正本清源、建章立制，做到治标与治本一体化推进，湖南省启动了“互联网 + 监督”工作。该省娄底市抓住这一契机，采取“市牵头、县统筹、乡督村具体落实”的方式，在全市探索开展村级小微权力 + “互联网 + 监督”工作，为村级小微权力监督装上“千里眼”，为村官戴上“紧箍咒”。[②]

2017 年 3 月，娄底市在涟源 3 个乡镇（办）11 个村（社区）启动村级小微权力风险防控工作试点。11 月，村级小微权力风险防控工作在娄底市全面铺开。2018 年 3 月，经批准，娄底村级小微权力清单内容体系融入全省统一的“互联网 + 监督”平台，同年 12 月，

① 邵宁、毛丽君：《上海基层党建“绣”出百姓获得感安全感幸福感》，《新民晚报》，2018 年 12 月 21 日。

② 伍润平：《上梅街道构建“小微权力”腐败防控体系》，《湖南日报》，2018 年 11 月 26 日。

村级小微权力 + “互联网 + 监督” 正式上线运行，村务管理有了“防漏网”，有效提升了基层治理和村务管理的科学化水平。这项“给群众明白、还干部清白”的村级微权力风险防控体系改革，作为湖南省唯一项目，成功入选中国改革（2017）年度十大案例，受到中央深改办、国务院扶贫办和省领导的肯定。

娄底市小微权力 + “互联网 + 监督” 工作能够实践落地，产生监督威力，源自较为科学、系统的体系设计：依法确权、规范用权、阳光“晒”权、严格督权，四个环节，环环相扣，把村干部权力关进制度“笼子”，让群众加入互联网监督。

依法确权，让群众知道村干部“权力清单”。根据现行法规及政策文件依据，通过深度梳理，娄底市将村级小微权力归为“重大决策”“日常管理”“便民服务”三大类别，将村级财务开支、工程项目管理、集体资产资源处置、农村党员发展、低保评定、生育证办理、宅基地审批等近 30 项权力全部列入清单，逐一绘制并公布权力运行流程图，“微权力”清单和流程图是娄底市村级小微权力 + “互联网 + 监督”工作中的关键词。权力边界不清、权责不对等、权力交叉等问题迎刃而解。

规范用权，让村干部权力运行受限制。在明确村干部权力范围、边界的同时，娄底要求严格按照村级重大事项要通过党支部会议提议，村支两委会商议，党员大会审议，村民（代表）大会决议，公开办事过程、公开办事结果的“四议两公开”原则运行，以此关上村干部浑水摸鱼、蒙混过关的方便之门。2018 年 7 月，涟源市白马镇咸秀村安全饮水工程因违规遭群众举报，经镇项目办调查后发现存在不按“四议两公开”流程操作的违规行为，镇纪委责令村支两委严格按规定流程重新进行招投标。2018 年 8 月 8 日，和村干部没半点关系的刘忠贤意外中标，刷新了当地村民对于这项决策机制的认知。

阳光“晒”权，将村务的知情权、监督权交给群众手中。娄底市通过设立村务公开栏，将材务公示公开，编成小册子发放到每户农家；每村都配置终端查询机，将小微权力清单和流程图全部上网，实行“线上线下”同步公开等方式，形成多形式、全覆盖、多层次的微权力公示公开立体格局。至 2018 年 11 月，全市共采集村级小微权力清单、政策依据、村级项目建设、办事结果及典型案例等数据信息 64 万余条，基本实现了对基层群众重点关注事项的全公开。目前，全市有 47.3 万人关注村级小微权力 + “互联网 + 监督”平台，点击量达 2800 万人次。在电脑或手机上轻轻一点，村里的每个项目、每笔开支、每张票据，一目了然。

严格督权，让不守规矩的人付出“代价”。娄底市建立了平台工作人员查找问题线索、群众举报反映、纪检监察机关查处问题的工作机制。2018 年 1 至 11 月，全市通过平台大数据对比发现问题线索 58495 条，平台受理群众举报 675 条。经核实，处理相关责任人 458 名，其中运用第一种形态处理 419 人，党纪政务处分 39 人，清退不符合建档立卡贫困人口 856 人。例如，双峰县查处了石牛乡古城村以虚假工程合同等方式列支伙食费和接待用烟等违纪问题，11 名相关责任人中，1 人受到党内警告处分，其余 10 人均通过第一种形态进行了处理。新化县查处了孟公镇星光村在龙琅高速公路征地拆迁中虚报征地拆迁款问题，10 名党员干部受到处分，为国家挽回经济损失 49 万余元。

娄底市村级小微权力 + “互联网 + 监督”工作作为娄底一项特色工作，自开展以来，村务管理逐步规范透明，信访矛盾明显减少。通过把村里的各项权力列出清单，建立健全相应制度进行约束，村里的事权、财权一步步规范了起来。从 2017 年 11 月全面推开村级小微权力 + “互联网 + 监督”工作，至 2018 年 11 月，全市共接收农村涉纪问题举报 3526 件次，反映的问题发生在 2017 年 11 月后的仅有 132 件次。涟源市白马镇金边村曾发生过套取国家项目资金的严重问题，“村级小微权力清单”推行后，情况出现根本好转。

小微权力 + “互联网 + 监督”工作的开展，对娄底市基层权力监督至少起到了三个方面的作用。一是基层干部规矩意识明显增强，“雁过拔毛”式腐败问题得到有力遏制。由于权力就在老百姓眼皮底下运行，村干部用权不敢再任性，任性即有可能被发现、被查处，基层的腐败行为得到明显遏制。2017 年 11 月至 2018 年 11 月，全市共立案查处违反廉洁纪律、涉贪腐的乡、村干部 381 人。其中，违纪问题发生在 2017 年 11 月后的仅 19 人。

二是群众办事更加方便，党群干群关系日益融洽。对照“小微权力”清单和流程图，群众一看就明白自己要办的事“找谁办、怎么办”，还可享受一次性告知、全程代理、限时办结等便民服务，真正做到了“干部工作到位了，群众办事方便了”，特别是依托互联网平台，群众要了解情况、实施监督，随时随地在手机上就可以做到，实现了“让数据代替双腿”的转变。基层群众对党员干部的工作由过去的不了解、不信任，逐步转变为越来越理解、支持、依靠，基层党群干群关系也变得越来越融洽。

三是群众参与意识普遍增强，村民自治水平明显提升。通过完善和落实“四议两公开”民主决策制度，健全村务监督委员会等民主监督机制，村级民主自治不断向规范化发展。村民切身感受到自己的“主人翁”地位得到体现，参与意识显著增强，自治水平明显提升。

三、基层治理的时代问题与回应

基层治理是一个常做常新的领域，必须跟上时代的步伐，做出适时的调整，回应时代的问题，才能取得群众的认可和满意。2018 年广受关注的时代议题虽然很多，但比较突出的一个是老龄社会老有所养、老有所依的问题。习近平总书记在考察上海时明确指出：“党中央高度重视养老服务工作，要把政策落实到位，惠及更多老年人。”另一个比较突出的是“枫桥经验”的创新发展，这是国家保障基层安全稳定，服务经济社会发展大局的有效模式，得到过几代国家领导人的肯定，正在全国范围内不断焕发新的生机。

（一）老龄化社会引发的基层治理创新

1. 加装电梯引发的一系列动议

基层治理是对老龄化社会比较敏感的领域之一，沿海特大城市由于人口结构早已发生变化，问题和矛盾尤为突出。上海有户籍人口 2400 多万，是中国最早进入老龄化社会的城市，也是中国老龄化程度最高的特大城市。[①] 高龄老人住在多层住宅的高层，一方面会因为身体健康状况、行动不便，严重影响他们的生活质量。有的老年人几个月甚至一两年无法下楼，形容自己在家里就像“坐牢房”一样，境况非常不好。另一方面家住高层，没有电梯，急救员抬下楼非常困难，会造成抢救、急救出现阻碍，牺牲宝贵的生存机会。在当前房屋价格居高不下的情况下，改善老年人居住条件不能依赖更换住房、搬迁等个体行为，而需要进行方式方法创新，从社会治理的角度提出改善措施。

围绕老旧小区加装电梯，上海市近年来不断探索，实现了一系列体制机制方面的创新，通过搭建社区协商平台，发挥基层党建引领作用，平衡各方利益、形成最大公约数，推动全市加装电梯工作深入开展。在上海市中心城区，尤其是一些老旧住宅较为集中、居民老龄化程度高的住宅小区，加装电梯的诉求集中、意愿强烈。根据上海市房屋管理局更新处副处长陈伟东提供的数据，到 2018 年 9 月份，上海全市已有 204 幢房屋通过居民意见征询，完成加装电梯计划立项工作，已经竣工运行的 47 台，正在施工的 29 台。[②]

为支持老旧住宅加装电梯，上海市逐步出台了一系列政策文件，从顶层设计开始，重视老龄化社会的时代问题，积极寻找解决办法、

---

① 罗旭：《精巧心思绣出大上海品质——上海积极探索党建引领基层治理体制机制创新（下）》，《光明日报》，2018 年 12 月 14 日。

② 沈敏岚、杨玉红：《申城 204 幢房屋完成加装电梯计划立项　鼓励第三方组织积极参与》，《新民晚报》，2018 年 9 月 20 日。

制定解决方案。2011 年，上海有关部门就出台了《本市既有多层住宅增设电梯的指导意见》，启动既有多层住宅增设电梯的试点工作。2016 年底，有关部门又出台了《关于本市既有多层住宅增设电梯建设管理相关建设审批的通知》，将原来的 46 个审批事项缩减至 15 个，对审批时限及报送资料同步进行简化。此外，上海市结合行政审批制度改革和社会项目审批时限等具体要求，继续优化既有多层住宅加装电梯的审批流程、简化报送材料、固化审批时限；落实加装电梯“一门式受理”“一网通办”和“只跑一次”等事项，方便居民群众办事。

同时，上海市各级部门还不断探索引导业主共建共治，形成行之有效的、可复制可推广的既有多层住宅增设电梯的路径和方法。上海积极发挥基层群众自治组织作用，通过居委会等基层自治组织，主动了解居民加装电梯的意愿，提高指导服务精准性；鼓励第三方组织积极参与，引导支持第三方社会组织搭建协商平台，共同做好加装电梯的意愿征询、业主协商、矛盾化解等工作，涌现出了“加家乐”电梯事务所、“慧加美”住房咨询服务中心等一批社会企业组织参与加装电梯工作。

隶属静安美丽园居民区的华怡园是上海最早加装电梯的多层住宅小区。华怡园小区原是华东医院系统房，共有 4 栋 6 层楼的住宅，小区 70% 都是 60 岁以上的老人。2014 年 4 月，1 号楼成功加装电梯，当时的静安区人大代表陆纯对居民协商、申请审批、工程建设等各个方面都提供了很大的帮助。到 2018 年底，该小区 3 号楼、4 号楼电梯加装工程基本完毕，小区里最后一栋无电梯楼 2 号楼也启动了加梯征询，为华怡园加装电梯“全覆盖”打下了基础。

当时小区加装电梯碰到的障碍除了居民协商难之外，还有程序、手续繁琐，审批时间过长，审议不能及时回复等政策问题，也有管道移位、电力扩容等技术操作上的问题。尽管上海 2016 年出台有关文件，将 46 个审批章减少为 15 个，但实际操作中依然麻烦，还有各种意料不到的情况。如华怡园 4 号楼比 3 号楼晚两个月立项，可是，两栋楼的审批流程又花了一年多时间，直到 2017 年 11 月才一起开工。当时准备两栋楼一起办，工程费用超过 100 万，不再是小型项目，各种要求也一下子高了很多，后来只好分开办理。

上海市普陀区长征镇怒江苑 7 号楼是全市首个居民自筹资金加装电梯的成功案例，为该市各区，以及外省市居民小区提供了学习、借鉴的经验。该小区居民自筹资金加装电梯的成功，除了有居民自治的力量，还离不开怒二居民区党总支的支持。正是因为积极落实社会治理重心下移的中央要求，怒二居民区党总支不但充分发挥了基层党组织的战斗堡垒作用，全力解决了居民“急难愁盼”的问题，还积极探索总结经验，让“电梯效应”不断扩散，在原则上为基层治理把握住了方向，在体制机制上为基层治理找到了钥匙。

长征镇怒二居民区地处大渡河路以东、桃浦河西侧，与曹杨街道毗邻。居民住宅始建于 1998 年，住户共 1404 户，居民中 30% 是 60 岁以上老人，老龄化程度很高。怒二居民区党总支下属 4 个党支部 196 名党员，下辖梅川路 278 弄（梅川馨苑）、梅川路 255 弄（怒江苑）、怒江路 658 弄、梅川路 258 弄（瑶成湾）等 4 个小区。

2015 年，上海第一个完全由居民自筹资金、加装电梯的项目从其中的怒江苑小区开始。该小区 7 号楼共 12 户居民，60 岁以上老人占 89%，加装电梯的需求十分强烈。5 楼陆雅薇和 6 楼朱红红是加梯工程发起人，当得知市里有支持多层住宅加装电梯的政策，她们当即与居委会沟通，反映实际情况，提出了加装电梯的想法。

这一提议得到了怒二居民区党总支的积极回应和大力支持。考虑到居民愿望的急迫，怒二居民区党总支书记马上召集总支委员开会，研究帮助群众解决加装电梯的问题，并定期召集居委会、业委会、楼组长、物业、居民代表等开会，同时与居民代表一起走访每家每户，征询意愿。朱红红回忆说，第一次意愿征询，楼里居民的同意率就达到了 100%，连几乎享受不到电梯福利的 2 楼一户居民也特别支持，不仅签字同意，还担任了楼组电梯建设项目小组的组长。

加装电梯成功后，居民区党总支全面总结，首先形成了可供借鉴的自筹电梯流程图和盖章流程表，流程图覆盖从申请报批到实施安装，再到完工运行的整个过程，包括业主前期工作、房管、规土、建交、质监等部门相关步骤等，而盖章表上则列出了 60 多个相关审批环节。其次是推广居民自发成立的“加装电梯专项小组”，完善财务、技术顾问、外勤人员的组织架构。再次是牵头成立了小区自治联席会，由 7 号楼居民朱红红、李兆清等担任顾问和助理，为大家答疑解惑，竭力为有加装电梯需求的居民提供帮助。

虹口区江湾镇街道老旧住宅比较集中，同样居民老龄化程度较高，“悬空老人”现象尤为严重。该街道 60 岁以上老人达 3.1 万人，约占户籍人口的 36%，这些老人的住房 80% 以上是房龄超过 20 年、没有电梯的老公房。① 针对这一状况，江湾镇街道党工委把加装电梯作为民生实事大力推进，发挥党组织的领导核心作用，开展居民自治共治，居民区党组织推动成立加装电梯自治管理小组。江湾镇街道还成立了上海市首个以加装电梯为业务范围的社会组织——虹口区家加乐加装电梯事务所，由退休居民区党总支书记章建新担任负责人，总结推出了《加装电梯工作法》，规范了从民意征集到施工许可等各个环节的工作。

由于充分利用基层党组织的宣传、发动、引领作用，江湾镇街道跑出了加装电梯的“虹口速度”。最初加装电梯的东方公寓，前后用了 4 年时间，街道一系列举措实施后，新市北路 1390 弄、1420 弄 2 栋居民楼加装电梯，从有意向到开工只用了 6 个月。到 2018 年底，江湾街道已有 8 部电梯加装完毕、16 部电梯立项纳入施工计划。加装电梯解决了老年人上下楼的“爬山”负担，改变了他们过去轻易不下楼的状况。因为有了电梯，社区老年人有更多机会走出家门、融入社区，在晒太阳、唠家常这些不经意的活动中提升了社区和城市的温度。

2. 不断拓展的家门口市民服务

“家门口”服务站是服务群众的最后平台，社区居民的幸福指数

---

① 相关事实参见邵宁、毛丽君：《上海基层党建“绣”出百姓获得感安全感幸福感》，《新民晚报》，2018 年 12 月 21 日。

与“家门口”的便利度直接相关，对于老龄居民来说尤其如此。作为移民城市，上海居民结构相对复杂，诉求千变万化；作为发达的大都市，上海人口老龄化问题严峻，要服务好人民群众，不但要有完善的服务体系，更要让服务方便易得。在新一轮基层治理改革中，上海市本着“老百姓关心什么、期盼什么，改革就要抓住什么、推进什么”的原则，以街道党工委为核心，以“三建融合”体系为支撑，形成了一系列“家门口”服务的创新模式。

（1）浦东新区“家门口”服务站遍地开花

浦东新区“家门口”服务体系是在村居层面建立的资源整合、功能集成、机制有效、群众参与的平台，能够有效推动社会治理重心下移、资源下沉，提供就近、便利、稳定可预期的七大类基本服务（党群服务、政务服务、生活服务、法律服务、健康服务、文化服务、社区管理服务），打造 15 分钟服务圈，实现“生活小事不出村居、教育服务就在身边”。[①] 解决新区面积大、郊区农村多、村民居住散等一系列问题，让更多村居民享受到“15 分钟生活圈”的便利，让更多社会服务具体落地，破解“服务群众最后一公里”难题。

第一，浦东新区“家门口”服务体系打造了综合服务平台，实现了资源的整合和有效利用。该服务体系涉及 19 个区级部门 42 个服务项目，按照“规范村居功能，畅通为民服务”的原则，提供“党群服务、政务服务、生活服务、法律服务、健康服务、文化服务、社区管理服务”七大类服务，确保满意在基层实现、服务在基层提供、力量在基层汇聚、资源向基层倾斜，努力构建特大型城市精细化管理新模式。

综合服务平台有三个基本特点：

一是共性项目和特色项目相结合。共性项目做到全区统一，实现标准化规范化，满足群众最基本、最常用、最突出的需求。特色项目因地制宜，由群众作为主体参与，形成各个服务站的个性项目，满足不同的服务需求，体现针对性实效性。二是政府资源和社会资

① 严远、轩召强：《“家门口”：浦东改革为民新尺度》，《解放日报》，2018 年 4 月 16 日。

源相结合。在“家门口”服务站中，政府资源的下沉和整合是主导，同时也通过政府资源撬动了社会资源导入，发动了社会力量、市场力量、专业力量共同参与，提供形式多样、内容丰富的服务。三是线上线下服务方式相结合。兼顾不同人群享受服务的方式。对老年群众、文化程度不高的群众，着重做好线下服务，服务内容写得通俗易懂、清楚明白。对上班族、年轻白领，突出做好线上服务。精心打造相关微信服务端，把党建信息系统、街镇社区事务受理服务系统拓展到村居，推动“家门口”服务延伸到“屏幕前”，让群众不出村、不出社区就能把事情办成办好。

第二，浦东新区“家门口”服务体系着眼于长效管理，建立健全了三大类机制：一是为民负责机制。结合“全岗通”推广，实行首问负责制，对群众提上来的问题，由首个接待的个人承担首问责任。实行指定责任制，面对村居群众遇到的疑难问题，需要多方协同解决时，指定牵头负责人，其他条线配合推进，形成合力。实行兜底负责制，已经明确的牵头负责人承担兜底责任，全过程地做好联络协调、统筹推进，确保各项工作责任到人、落实到位。二是分类的项目服务机制。党群服务建立健全了“双报到、双报告”制度，“双向认领、双向服务”机制，“两代表一委员”联系社区制度，居民区“大党委制”，居民区与业委会交叉任职双向进入机制。政务服务方面建立健全了错时工作、延时工作制度、“全岗通”服务制度。生活服务方面建立健全了居村工作人员定期走访居民群众制度，为民服务公开制度。法律服务方面建立了律所与街镇、律师与村居“双结对”签约服务机制，法律工作者志愿服务机制。健康服务方面建立了全科医生巡诊进村居机制。文化服务方面建立健全了文体辅导员制度和文体团队文明管理制度。社区管理服务方面建立健全了民警社区巡查制度、城管进社区机制、联勤联动机制。三是工作支撑机制。建立健全自治共治机制，进一步完善“1＋1＋X”基层自治机制，通过听证会、协商会和评议会，落实“两个自下而上”机制。推广“全岗通”等模式，打破以条为界的工作格局，推动村居委干部“一专多能、全岗都通”，“一人在岗、事项通办”，着力提升全方位服务群众综合能力。建立健全基层约请制度，推进分级约请和直接约请相结合，推进平等协商和合作处置相结合，约请主体与被约请对象共同推进解决社区“急、难、愁”问题。完善“走千听万”需求提取机制，党员干部直接联系群众，听取社情民意，提取居民需求，帮助解决实际问题。

第三，浦东新区“家门口”服务体系注重广泛参与，充分发挥群众力量。“家门口”服务体系建设通过需求、资源、项目“三张清单”的互动，改变了以往政府单向“派单”的情况，从群众中获取他们所需服务的内容和种类，从群众的关注点着手，找准兴奋点，让更多群众参与进来。用心丰富活动内容。在摸清不同群体的数量、类型和需求基础上，有针对性地设计服务项目，与构建 15 分钟服务圈相结合，提供就近、便利、稳定可预期的活动内容，提供更多富有吸引力的活动。发挥“三会”机制优势。一方面，依托“家门口”服务站的平台，通过运用“三会”制度，形成依靠居民自治推进各项大小民生事务的共识；另一方面，通过参与“三会”，不断提升老百姓对“家门口”服务的感受度、获得感和满意度。

第四，浦东新区“家门口”服务体系注重智能运行，建立信息化支撑。在建设“家门口”服务体系的过程中，浦东新区加大一站式“互联网 +”管理服务在村居层面的应用。依托线下服务实现服务事项下沉，实现“数据多跑路，群众少跑腿”。在党建服务上，打造“i 党建”平台，进一步完善党员管理教育功能。在便民服务上，结合“浦东云”建设，推进政务自助服务，通过“浦东易生活”线上线下平台，为村居民提供精准便利的生活服务。在综合管理上，积极发挥“浦东 e 家园”平台作用，进一步完善社会治理综合信息服务平台，持续推进村居委信息化建设，促进了信息资源融合共享。

（2）虹口区“市民驿站”形成街区共同体

家门口市民服务的另一个典型是上海市虹口区的“市民驿站”。2018 年 11 月 6 日，习近平总书记走进虹口区市民驿站嘉兴路街道第一分站，逐一察看综合服务窗口、托老所、党建工作站等。在随后的几个月里，嘉兴路街道第一分站成了网红“打卡点”。尽管这里的参观已不得不预约，但依然每天排满。市民驿站的工作人员带着一波波参观学习者，跑上跑下地参观、介绍，最远的客人来自云南、青海等地。[①]

虹口区不过23.48平方千米，2/3以上的区域面积都是居住区，又是老龄化程度最高的中心城区（60岁以上老年人口占比达到37.93%）。特殊的区情造就了虹口注重细节、注重精准的治理方式，发扬老上海善于“螺蛳壳里做道场”的精神，专心致志、精益求精。由此，虹口形成了社区治理的一套基本发展方向：即如何满足群众对美好生活的期待，提供多层次、多元化的公共产品供给；如何坚持高标准引领的城市精细化管理，更加注重在细微处下功夫；如何把服务管理延伸到城市的每一个角落，让城市更有序、更安全、更干净，都直接考验管理者的智慧。

虹口区从2015年下半年便开始布局市民驿站，到2018年8月，全区35个市民驿站全部建设完毕，每天近万人在此活动，500多名志愿者在此服务。各街道市民驿站布点最多的达到6个，最少的也有3个，平均面积为1285平方米。按照虹口区的要求，这些市民驿站至少拥有一个800平米以上、涵盖六大类167项+X类特色服务功能的综合型驿站和若干专业型驿站。其中六大类功能包括生活服务、事务受理、心灵港湾、就业服务、片区管理、党建群建等。结合高标准管理和大调研，虹口努力把市民驿站建成为群众“家门口”的温馨港湾，集助老、助幼、助医、助乐等服务为一体，实现公共管理和基层自治有效衔接。

嘉兴路街道第一分站是虹口最大的市民驿站，开放于2017年2月。市民驿站一楼是综合接待大厅。前台设有为老服务接待、社区事务延伸服务点、党群服务三大窗口。为老服务接待窗口平日人流络绎不绝，为社区老年人提供业务办理、政策咨询、服务介绍等，

---

① 进一步的事实报道参见周楠：《习总书记来过的虹口市民驿站成了“打卡点”，人们究竟在看什么?》，《上观新闻》，2018年12月26日；王海燕：《虹口：居民“家门口”服务需求一站式满足》，《解放日报》，2018年11月28日；罗旭：《精巧心思绣出大上海品质——上海积极探索党建引领基层治理体制机制创新（下）》，《光明日报》，2018年12月14日。

也是上海市首批养老顾问点之一。社区事务延伸服务点，全市通办业务 169 项可现场咨询解答，其中 38 项可当场办理，131 项可在市民驿站受理，其中医保手册的更换、长护险申请等，是目前办理最多的事项。党群接待窗口已实现党员组织关系接转功能，为区域内的党群组织和党员群众提供政策咨询、信息推介、活动预约等服务。

二楼是休闲活动区。政府通过购买社会组织服务，引导各类社区团队，组织居民参与到常青藤、品墨轩、创艺坊、科技驿站等品牌服务项目中，月均举办活动 170 场，手工缝纫、绿植栽培、健康养生、好书推荐等沙龙应有尽有。在针对 1—6 岁儿童的亲子园，老人们悠闲地坐在一边看孙儿玩乐。这里不仅有书籍阅览，还有主题绘本故事会和手工制作课程。每周 7 天开放，举办阅读活动 4 场，微信预约场场爆满，已举办近 300 场故事会，有 80 位“阅读妈妈”自发担任志愿者，热情地来到馆里为孩子们讲故事。日间照料中心有近 10 位老人入住，从早上 8：30 至下午 4：30，老人们可以在康复室、活动室以及休息室里度过愉快的一天。费用每人每天不过 30 元，包含午餐、点心等。

同样优惠便宜的还有社区食堂。食堂设在市民驿站一楼，一日三餐、每天开放，很早就成为周边居民的打卡点。食堂最贵的荤菜不会超过 10 元，20 元内吃得又香又饱。网红肉包价格不过 1. 5 元，却个大肉多，舍得用料、分量十足。为了买肉包，居民排队常常绕到了驿站的外面。这是因为街道让利，将餐饮企业的水、电、煤、房租统统减免，并精挑细选优质的餐饮企业，要求食堂除了过年 7 天、每天一日三餐营业，让居民随时能吃上性价比高的饭菜。

每个街道的市民驿站都有自己的特点。嘉兴路第一分站所在的曲阳街道，辖区内共有 4 个市民驿站，分别打造了“为老服务”实体店、“社区服务”生活馆、“居民自治”议事厅、“医养结合、优生优育、党建服务、就业援助”面向“全人群服务”的综合体。广中街道第一市民驿站，通过视频监控，后厨食品加工卫生情况一览无遗；通过安全智能系统，电梯、消防报警等运行状态一览无余；通过人脸识别系统，可采集识别访客信息；物联传感系统在老人护理区域可实时监测老人呼吸、心率，监测在床和离床时间。

虹口市民驿站有多种运作方式，包括各个街道负责运行、委托社会组织运作、条线部门垂直管理、志愿者参与服务等。多种运作方式有效整合了政府、社会、市场等各类资源，总计包括20个区职能部门、366家驻区单位、近4000名志愿者、31家社会组织。他们一同参与到市民驿站运行及组织活动中，最大限度发挥了公共设施的资源配置效益。2018年8月起，虹口区市民驿站逐步开始线上线下同步服务，做实市民驿站云平台，服务功能向家庭辐射，提供全天候、零距离、多渠道的线上咨询、预约等服务。

市民驿站的功能也不是“一刀切”，而是根据所在社区的不同需求和特点推出自选动作。比如老年人多的社区，增加为老服务模块；婴幼儿多的社区，增加亲子服务模块；白领多的社区，增加中青年服务模块等等。在“党群接待窗口”有一项“微心愿”的项目，居民可以许愿，把自己的心愿挂上去，想参加什么样的兴趣班，想加入什么活动，想解决什么难题，都会有相应的备案和对接。

从总体上看，虹口区“市民驿站”是一种“街区共同体”的基层治理体制，它充分利用了街道和居委会之间的空间，既坚持原则，从街居体制出发，发挥党委政府的领导、主导作用；又坚持灵活性，给予社会组织、驻区单位、基层自治组织、社区自组织、社区志愿者充分发挥作用的自由。这就是说“市民驿站”是创新型的社会治理方式，既不是走行政化的老路，完全由政府承担包办；也不是走相反的路线，由社会组织按照自身偏好和市场原则全面代办，而应该走多元参与、协同共治的道路。

（二）创新发展新时代的“枫桥经验”

1.“枫桥经验”在实践中历久弥新

1963年，浙江诸暨干部群众创造了“发动和依靠群众，坚持矛盾不上交，就地解决，实现捕人少、治安好”的“枫桥经验”。为此，当年 11 月份毛泽东同志亲笔批示“要各地仿效，经过试点，推广去做”。随后，中央又两次对“枫桥经验”作了批转。由此，“枫桥经验”成为全国政法战线的一面旗帜。之后，“枫桥经验”得到不断发展，形成了具有鲜明时代特色的“党政动手，依靠群众，预防纠纷，化解矛盾，维护稳定，促进发展”的枫桥新经验，成为新时期把党的群众路线坚持好、贯彻好的典范。2003 年 11 月，时任省委书记习近平同志在浙江纪念毛泽东同志批示“枫桥经验”40 周年大会上明确提出，要牢固树立“发展是硬道理、稳定是硬任务”的政治意识，充分珍惜“枫桥经验”，大力推广“枫桥经验”，不断创新“枫桥经验”，切实维护社会稳定。

2018 年是毛泽东同志批示学习推广“枫桥经验”55 周年，习近平同志指示坚持发展“枫桥经验”15 周年。11 月 12 日，中央政法委与中共浙江省委联合纪念活动在浙江省绍兴市举办，中央政法委书记郭声琨、公安部部长赵克志、最高法院院长周强、最高检察院检察长张军等四位国家领导人出席，国家安全部、司法部、军方政法委、武警部队司令等部门一把手也悉数到场。会议强调，要以习近平新时代中国特色社会主义思想为指引，坚定不移走中国特色社会主义社会治理之路，坚持创新发展新时代“枫桥经验”，加快推进基层社会治理现代化，努力建设更高水平的平安中国，不断增强人民群众的获得感、幸福感、安全感。

“枫桥经验”能够多次得到国家领导人的肯定，是因为它在实践中历久弥新。改革开放以来，在各级党委的领导下，“枫桥经验”不断与时俱进，创新发展，尤其注重强化党的领导，把政治优势转变为治理优势。总起来看，“枫桥经验”在新时代内容更加丰富：从过去单纯的化解矛盾纠纷、维护治安稳定，如今拓展到防范化解经济、政治、文化、社会、生态等各领域安全风险，成为创新基层社会治理、促进社会平安和谐的重要法宝。①

---

① 相关事实参见张璁：《“枫桥经验”为何历久弥新》，《人民日报》，2018 年 11 月 12 日；史春波：《骆根土：枫源村里三件宝》，《钱江晚报》，2017 年 10 月 14 日。

新时代“枫桥经验”的第一项内容是“全科网络”。过去，各相关职能部门在基层都配备了协辅人员，仅一个网格内就分布着安全员、调解员、流管员、计生员、食安员等多方工作人员。这种传统工作方法大大增加了管理的难度和投入，容易陷入协辅人员多而不专、散而无用的窘境。“枫桥经验”发源地之一的诸暨市枫源村，通过“全科网格”实现了“小事不出村、大事不出镇、微事不出格”。村里三个网格，每个网格配备一名专职网格员，将原先分散职责集于一身，全面取代各类村级协辅人员。专职网格员每天将发现的问题通过平安通 APP 上报，再由村一级快速受理、迅速处置。此外，枫源村还推行民主治村机制，做到群众全流程参与，民主协商全流程体现，决策实施全流程公开，从源头上预防矛盾。

如今，浙江全省共划分了 7.08 万个网格，配备了 23.4 万名专兼职网格员，在基层治理中有效实现固本强基。“全科网格建设规范提升工程”也列入了 2018 年浙江部署总结提升推广新时代“枫桥经验”的六大工程之一，正在越来越多的地方落地生根。

新时代“枫桥经验”的第二项内容是打造纠纷调解的金名片。近年来，枫桥镇以“红枫”党群服务中心为核心，通过党群互动、党员带动，把服务管理触角延伸到社会治理的末梢，在各居委会、行政村、公安派出所、监察室、法庭，甚至在一些重点企业都建立了相应的调解组织。各调解组织动员属地的干部群众广泛参与，对矛盾双方进行面对面的劝导，防止矛盾升级，成功调处民间纠纷 1000 多起，调处成功率达 97.2%，其中 80% 的纠纷在村一级就得到了解决；枫桥派出所“老杨调解中心”，10 年间调处各类矛盾纠纷 1335 起，成功率 98%，续写着“小事不出村，大事不出镇，矛盾不上交，就地化解”新时代的“枫桥经验”。

在湖州市吴兴区织里镇，24 位女企业家组成的“平安大姐”工作室帮助自家人处理好“自家事”。“平安大姐”工作室发起人徐维丽来自辽宁海城，2003 年来到织里镇经营童装，把织里当作第二故乡。2017 年底，织里一家服装厂负责人跑路，引发员工集体讨薪，“平安大姐”及时介入化解了矛盾，确保了工人们回家过年。“平安大姐”工作室只是“枫桥经验”在浙江基层生根发芽的一个缩影。在浙江，依靠群众并充分发动社会力量参与社会治理成为共识。浙江全省社会组织从2007年的2.4万个增加到2017年的5.1万个，平均每万人拥有社会组织数达9.2个，位居全国前列。

新时代“枫桥经验”的第三项内容是互联网调解和互联网法院。在枫桥镇枫源村，村委会主任骆根土的办公桌上摆放着电脑和话筒，可以视频连线诸暨法院的韩法官。每当村民碰到矛盾纠纷的时候，骆根土都会召集相关村民，通过QQ视频连线向韩法官咨询，为当事村民寻求解决办法。韩法官就像一位老网友一样，跟骆根土及村民们互动，运用法律知识解开村民心里的疙瘩。远程视频法律咨询指导调解，是“枫桥经验”创新发展与时俱进的一个新事物。骆根土的QQ或微信视频跟公安、检察、法院、司法及信访等部门都有连线，群众发生一些矛盾纠纷或涉法涉诉事件大多能够通过依法劝导、引导和疏导、指导，得到妥善解决。

通过对法律知识的了解和掌握，许多村民因此改变了以往解决矛盾纠纷靠吵闹靠武力的旧观念，并彻底抛弃“小事110，大事上北京”的错误做法。如今，依法调解为主导，说理讲情为辅助的做法，在枫桥已经形成一种风气。依法调解，与其说是向一个传统矛盾调解方式的告别，不如说是对当今法治社会最深情的告慰。而众人的事由众人商量着办，建立社会治理命运共同体，则给枫桥带来共建、共治、共享新气象。

2017年8月18日杭州互联网法院的成立，改变了过去打官司费时、费力、费脚板的问题，使社会矛盾能够及时得到处理，甚至从头到尾原被告双方与法官都只通过视频沟通就成功结案。杭州互联网法院建起了一整套从起诉到裁判文书送达，覆盖了诉讼全流程的多维网上诉讼平台。不仅如此，杭州互联网法院还进一步打破时空限制，推出了“异步审理”模式：将涉网案件的各审判环节分散在杭州互联网法院的网上诉讼平台，允许各主体按照各自时间登录平台，以非同步的方式完成诉讼。

司法中引入互联网效应，最大的变化就是将各种调解资源通过移动互联技术整合起来，借力其对平台规则、服务流程的熟悉，可以更有效地促成纠纷双方和解。这对亟待破解“案多人少”难题的法院来说尤为需要。例如，在西湖区人民法院“在线矛盾纠纷多元化解平台”登录平台首页，人们可以清晰看到，目前平台的上线咨询师有多少名、调解员有多少名，对接省内多少仲裁机构、多少法院。在这个平台上，用户既可以通过海量的法律知识问答库实现智能咨询，也可以通过人工咨询平台上的优质法律咨询师团队，得到实时的法律解答。

用户只要使用一个账号登录平台，就可以根据自身需求和纠纷特征，选择多种纠纷化解方式，真正做到“一次也不用跑”。更令人惊叹的是，在这个平台上还能对案件进行智能评估。用户在线填写了纠纷描述、诉求信息等内容后，系统通过司法大数据自动分析与上百名法务的辅助审核，就能出具一份中立预估裁判结果的报告，提示当事人解决相关法律纠纷的法律风险、化解成本与对策建议。西湖法院副院长陈辽敏指出，目前浙江全省平均每天通过该平台处理的案件多达2000余件，“可以说这就是在线化的‘枫桥经验’”。

2.“枫桥经验”历久弥新的经验总结

“枫桥经验”之所以经久不衰，依然充满生机和活力，最重要的经验在于始终依靠党的领导这一最大优势，始终坚守人民至上这一不变初心，始终弘扬改革创新这一时代精神，始终激活基层基础这一深厚本源。实践充分证明，“枫桥经验”是党领导人民创造的一整套行之有效的社会治理方案，是新时代政法综治战线必须坚持、发扬的“金字招牌”，为了群众，依靠群众，是“枫桥经验”的核心要义。面向未来，基层社会治理实践必将不断赋予“枫桥经验”新的时代内涵，使之彰显出强大的实践力量和历久弥新的时代价值。

枫桥镇枫源村2013年开始推行“三上三下”民主决策机制。“一上一下”是由村两委会在群众中收集议题，再将议题下发征求意见；“二上二下”是将议题与村民代表进行民主恳谈酝酿，确定议题方案；“三上三下”是由党员会议集体审议议题，再交村民代表会议表决，议题通过后再付诸实施。这一做法，切实保障了村民对村级事务的知情权、参与权、表达权和监督权。从 2016 年起，枫桥镇全面开展“枫源式”行政村创建活动，明确各村在涉及重大经济建设、重点事业发展、重要民生项目时必须执行“三上三下”规范程序。

事实证明，“三上三下”这一形式多样的基层民主协商，就是让众人的事情由众人商量着办，找到全社会意愿和要求的最大公约数，有效促进群众在基层公共事务和公益事业中依法自我管理、自我服务、自我教育、自我监督，进而推进基层社会治理现代化。通过村务“三上三下”民主决策机制，不仅形成了“民意引导决策、权力阳光运行”的村务民主管理新局面，还有效地避免了以往因“决策行政化、干部说了算”，影响干群关系，引发各类矛盾纠纷现象的发生。通过“三上三下”的实践，村民和村干部增进了解，干群关系比原来更加融洽。

“湖州的警务广场”是坚持以人民为中心，以人民为主体，以民意为导向，动员群众参与社会治理，共建和谐社会的新样板，是“枫桥经验”在湖州的传承与弘扬，这一做法曾被公安部称为基层社会治理“湖州模式”。湖州“警务广场”通过发动群众，依托广场、公园等公众活动场所和互联网，搭建群众参警议警、警务协商、民主监督的平台，建立开放、参与、合作、共赢的民意导向型警务新模式，能够最大限度地保障人民群众的知情权、参与权、表达权、监督权，推进警务民主化，营造警务共同体，使公安工作充分体现民意、广泛汲取民智、更好保障民安、促进平安和谐。

“枫桥经验”经久不衰的第二个经验是适应时代要求，引入现代移动互联技术，创新群众工作方法。在矛盾调处的方式方法上，枫源村不但要求做到“面对面”，还要求做到“键对键”。为此，该村相继建立了“党员群”“村两委群”“村民群”“村民代表群”“护村队群”以及“志愿者调解群”等多个微信群，每个群各司其职，一呼百应。同时，村里便民服务中心电脑网络与镇政府的“四个平台”直接连通。村里的相关信息实时上传，村民办事大多只要到村里的便民服务中心跑一次就办成，一些村里解决不了的问题或矛盾纠纷，通过镇里“四个平台”都能够得到及时沟通有效化解。

作为全省“四个平台”建设试点镇，枫桥镇按照“四个平台结成网、全科网格站好岗”工作要求，以案件少、秩序好、经济发展、社会稳定、群众满意为目标，构建综治工作、市场监管、综合执法、便民服务四个方面权责清晰、功能集成、扁平一体的运行机制，着力推进基层社会治理转型升级。到2018年年底，“四个平台”运行9个多月来共接收各类信息21959条，其中综治工作类3419条、市场监管类4514条、综合执法类8408条，便民服务5618条，各个部门在平台上依法依规及时处置，所有事项按期办结率为100%。

“枫桥经验”经久不衰的第三个经验是在基层实现“三治融合”，探索多元化解矛盾纠纷的新机制，全面提升社会风险防控能力。推进自治、法治、德治“三治融合”，是近些年来浙江基层百姓的创造，创新发展“枫桥经验”的最新成果，也是新时代构建基层社会善治新体系的根本方式。传统“枫桥经验”强调的是发动群众、依靠群众，以“讲事说理”为主要抓手调处纠纷化解矛盾。面对法制化进程日益加快，基层社会治理矛盾纠纷调解，必须实现由情、理、法到法、理、情的根本转变，努力实现法安天下、德润人心新局面。

新时代“枫桥经验”在充分发挥群众自治的同时，尤其要运用法治思维和法治方式破解治理难题，深入推进基层依法治理，形成办事依法、遇事找法、解决问题靠法的良好环境。这就要求运用好地方立法权，及时制定完善地方性法规规章；以典型个案为突破口，给有关行业和群体立“明规则”，破“潜规则”；将执法办案职能向基层社会治理领域延伸，深入查找案发地区、部门、单位管理上的漏洞；健全社会心理服务体系和疏导机制、危机干预机制，推进专业心理服务队伍和机构建设，最大限度消解社会戾气……认真贯彻党中央关于全面依法治国的决策部署，打造基层群众用得上、离不开的法治社会。

四、乡村振兴在体系结构上深化

党的十九大报告提出“乡村振兴”战略，总要求是“产业兴旺、生态宜居、乡风文明、治理有效、生活富裕”。这需要各地稳定和完善农村基本经营制度、改革农村产权制度、完善农业支持保护制度、建立现代农村金融制度、建立促进城乡经济社会发展一体化制度、健全农村民主管理制度等 6 项制度建设，根据自身承担相关改革试验任务，进行了有益的创新和探索。2018 年是落实“乡村振兴”战略的第一年，各地除了挖掘已有治理体系、治理结构的优势之外，还在全科全职村级事务代办制度等方面做了大量有益的探索。

（一）完善农村基层治理体系

1. 治理结构优化的清远经验

广东省清远市根据十多年的发展经验，认为以行政村自治为基础的农村基层治理模式，在农村基层党建、村民自治、公共服务以及社会管理方面均存在不少矛盾和问题：（1）行政村所辖的自然村之间缺乏集体产权等共同利益联系，不是一个利益共同体，自治基础较为薄弱，难以形成良性的民主治理机制。（2）村委会行政职能与自治功能冲突，疲于应付上级交办任务，无力做好自治工作，村委会自治功能淡化。（3）行政村基本不掌握集体资产，把不同村民小组的集体资产统筹起来去发展的难度大，农村集体经济难以发展。（4）行政村管辖范围广阔，村民缺乏有效的参与渠道，农村公共服务和社会管理难以到位。（5）村民小组（自然村）一级基本没有党组织，党员队伍结构不合理、年龄老化、能力不足。行政村设立党支部的模式，因地域范围大，人员分散，难以组织党内活动，无法发挥基层战斗堡垒作用。

党的十八大以来，清远市着力推进以加强基层党组织建设为核心的“三个重心下移”（即基层党建重心下移、村民自治重心下移和公共服务重心下移）和“三个整合”（即土地资源整合、涉农资金整合和涉农服务平台整合）的农村综合改革，集中解决农村原有的组织链条断裂，农村基层组织凝聚力不强等突出问题，着力完善村级基层组织尤其是村民小组（自然村）一级基层组织建设，提升农民自我管理、自我教育、自我服务、自我发展水平，增强农村发展活力，形成了农村综合改革的“清远经验”并成为全国关注的焦点。①

“三个重心下移”的具体做法包括：

（1）完善扎根群众的村级党组织体系，推动党组织建设重心下移。针对基层党组织战斗堡垒和示范引领作用不强，领导核心作用不明显的情况，创新农村基层党组织设置方式和活动方式，在行政村一级建立党总支，在村民小组（自然村）及村办企业、农民合作社、专业协会等建立党支部，推动农村党建根基延伸到最基层，扩大党组织覆盖面。

（2）完善民事民治的基层自治组织体系，推动村民自治重心下移。针对自治半径过大、产权与治权脱离、行政与自治功能冲突、村民参与自治积极性不高等情况，推动村民自治重心下移，探索村民自治的有效实现形式。在村民小组（自然村）一级全面建立村民理事会，在村级党组织领导下开展公益性、服务性、互助性的活动；开展村委会规模调整试点，缩小村民自治单元，将现行的“乡镇—村（行政村）—村民小组”调整为“乡镇—片区—村（原村民小组、自然村）”；引导各地农村按照土地等集体资产归属，建立健全经济合作社和经济联合社，规范集体经济组织运作，积极探索发展

---

① 相关事实参见赵鹏：《“农综改”，让这里农村大变样（农村经济观察）——来自广东阳山县的调查》，《人民日报》，2018 年 11 月 4 日；张麒麟：《农村综合改革的“清远经验”及启示》，《南方日报》，2018 年 11 月 4 日。

农村集体经济的有效途径，壮大集体经济实力，提高村级组织的凝聚力和办事能力。

（3）完善便民利民的农村公共服务体系，推动农村公共服务重心下移。针对农村服务体系不健全，农村公共服务水平较低的问题，建立健全县、镇、村三级综合服务平台，在县、镇建立社会综合服务中心，在行政村一级全面建立社会综合服务站，作为镇政府延伸到村一级的服务平台，通过联网办理、下放审批权限、实行代办员制度等措施，开展全程代办服务。在完善村级服务站党政公共服务功能的基础上，进一步向生产和生活服务拓展，打造村级综合性服务平台，为农民提供优质的行政、生产、生活服务。

清远市“三个重心下移”的综合治理改革，使村级组织结构得到优化，农民主体作用不断提高，农村发展活力显著增强，农村集体经济逐步发展壮大，农民收入明显提升。通过把党支部建立在自然村、村民小组一级，基层党组织的领导方式、工作方式、活动方式更加贴近党员群众，增强了党组织的影响力和带动力；村民自治重心下移至村民小组（自然村）一级，缩小了村民自治的范围和层级，使村民小组（自然村）成为乡村自治的主体；通过完善县、镇、村三级社会综合服务平台，整合各部门的资源，实行联网办理，实施代办员制度，政府服务效率、服务水平大大提高。

从改革结果来看，“三个重心下移”主要有四个方面的创新点：

（1）创新党组织设置方式。原先农村基层党组织最低层设在行政村，行政村党支部成员来自辖下缺少共同利益关联的自然村，党支部成员有限，且行政村所辖面积大，党组织难以在村民小组（自然村）发挥有效作用。清远市通过实施党组织建设重心下移，在村民小组（自然村）一级设立党组织，实现党支部建立在连上、扎根在群众，党组织成员就来自村民身边，更贴近村民，也扩大了党组织覆盖面，有利于强化党组织在农村的领导核心地位。

（2）适度缩小村民自治单元。目前清远农村集体“三资”主要集中在村民小组（自然村），原行政村管辖范围过大、人口过多，所辖的自然村之间缺少共同利益联系，村民委员会呈现出明显的行政化倾向，村民自治未能很好地落实。针对这一情况，清远市试点适度缩小自治单元，依据财产关系、地缘血缘关系等因素，在村民自愿的前提下，以自然村或村小组为单元设立村民委员会，在熟人社区、利益关联、相对较小的范围内实行村民自治，实现了产权和治权合一，使村民自治真正落地。

（3）农村公共服务重心下沉到村。改变原先农村公共服务集中镇一级的状况，将农村公共服务重心下沉到行政村一级，在行政村设立村级社会综合服务站，将各部门设在村级的站点进行整合，推行“一站式”代办服务。通过下放审批权限、将网上办事大厅延伸到村、实行代办员制度，为群众免费代办党政公共服务事项，群众不需到镇上，只需在村里甚至足不出户即可办理有关事项。在完善村级党政公共服务平台的基础上，结合供销系统综合改革，建设生产生活服务平台，完善农村服务体系，从而有效解决农村行政服务、生活服务、生产服务缺失的问题。

（4）发展集体经济重心下移至经济社。基于农村集体“三资”主要集中在村民小组，在村民小组一级建立健全经济合作社，负责管理和经营农村集体资产，发展农村集体经济，把发展农村集体经济的重心从行政村下移到村民小组一级，发挥村民小组对集体资源、资产拥有所有权、支配权的优势，整合土地等资源要素，发展农村集体经济、适度规模经营，壮大村民小组（自然村）集体经济实力，提高村级组织的凝聚力。

2. 全科专职村级事务代办员

“代办领办”是实行民事代理的关键，是村级便民服务的一项重要内容，可以打通服务群众的“最后一公里”。通常情况下，每个行政村都有1—2名代办员，各自然村又有数名受理员，协助代办员工作，代办员。村民有什么需要帮助的，都可以找代办员代理。代办员代理的事务包括一些日常性事务，例如帮助村民代缴手机费、代领信件等，另外一些是行政性事务，较为重要且办理较多的是房屋翻建审批等。

过去的“代办领办”大多停留于咨询层面，只是告知群众办理相关事项的流程、所需资料等，具体的办理还需要群众自行前往。然而，办理业务的群众有的年龄比较大，行动不便；有的文化程度较低，各种程序也不熟悉；有的接受能力弱，需要大量的学习和时间成本；有的离乡镇驻地比较远，跑一次不容易。与此同时，办理任何一项业务都需要填写相关表册、复印身份证、病例、银行卡等相关证件，资料种类繁多。这些问题都给群众办事带来了极大的不便和困难。

创新村级事务代办制度，实现代办员的专职化和全科化，能够让群众少跑路、好办事，真正发挥村级“代办领办”的作用，开展全程代办。这就需要明确村级代办员，以及代办员的责任。当群众有需要办理的事项时，直接到村活动室，代办员帮助群众准备所需资料，并将准备好的资料保存起来，以一周或者两周为周期，抽一天的时间集中办理，让“代办领办”制度真正的做到“便民”，做到把服务“送出去”，把满意“带回来”。

浙江省衢州市池淮镇就是建立全科专职代办员队伍，助推“最多跑一次”向基层延伸的典型。过去，镇里的村级代办员都是由村两委轮流值日，但是村两委工作和代办员工作难以兼顾，造成代办效率不高等问题。因此，从 2016 年底开始，该镇就开始聘请专职代办员，并由村两委担任兼职代办员。与此同时，通过整合培训村级代办员队伍，池淮镇把村级代办员由“专科受理”变成“全科受理”，“全科代办员”能熟练掌握和办理涉及村民日常需求的 49 项业务，从源头解决“不止跑一次”问题。

在池淮镇航头村村级便民服务中心，每天有两名代办员在服务窗口轮值，接待来办事的村民，接受政策咨询，帮助办理事务，基础的办理失业证、准生证、老年卡、低保证申请等业务也能在这里进行代办。另外，池淮镇在“最多跑一次”实践探索中发现，在诸多代办事项中，涉及农民建房的事项占比较大，也更需要专业的素质，所以池淮镇国土所在每一个行政村都设置了一个国土协管员，专门负责国土方面的代办事项，一定程度上可以分散专职代办员的工作压力。

同属衢州市的廿里镇，一方面大力推广电子化办公，另一方面对代办员进行相关业务的考试培训，打造“智慧+”村级代办员服务团队。[①] 参加业务测试考生只需要扫一下微信群里二维码，输入自己的名字和村，就可以直接在手机上答题了，考试成绩在交卷后会立即得出。业务考核的内容主要是村级代办员和网格员队伍，对相关政务软件操作的熟练程度和对相关业务的熟悉程度。考试内容包括钉格通、政务通及具体业务所涉及的流程和材料。这些镇上的代办员和专职网格员平均年龄在45岁以下，均能熟练操作使用钉格通、政务通等政务软件。

浙江省湖州市小浦镇在便民服务上自加压力，推动“最多跑一次”便民服务事项“移动办”和便民服务中心“无差别受理”，实行预约、延时和上门等便民服务。只要群众有需要就尽力提供便民服务，及时为群众排忧解难。[②] 该镇尤其是拓展了“移动办”便民服务措施，创新开发“治惠掌心”App大走访模块，将200多名镇村干部扩充为“移动办”网格代办员，利用镇村干部下村走访深入农户家中，了解群众需求，及时帮助办理“移动办”便民服务事项，进一步实现了群众办事不跑路、少跑路。

浙江金华浦江县郑家坞镇的村级代办有两个方面的创新：[③]

一是全面授权，下沉治理权限，从根本上解决村民办事跑腿的问题，让村民不出村，就能完成80%以上事项的办理，提升村民满意度。2018年以来，该镇通过与上级沟通协调，对事项进行梳理、下放，已实现在镇办理89项行政权力和公共服务事项，其中村办理的事项达到73项，包括社会保险参保登记、再生育审批等一大批群

① 蓝莹：《廿里镇打造“智慧+”村级代办员服务团队》，《今日衢江》，2018年9月30日。

② 相关事实参见李波：《小浦200名镇村干部为民“跑腿”》，《湖州日报》，2018年7月1日。

③ 相关事实参见王潇：《村级代办做到四全四到位：郑家坞镇跑出村民办事新速度》，《今日浦江》，2018年9月12日。

众密切相关的基层高频事项。

村级代办点主要通过 3 张清单、1 套制度、1 张便民联系卡、1 套指南和 1 套台账来方便群众办事。3 张清单是 38 项《网上申报清单》、73 项《村便民服务事项表》、在全镇 18 个村人流集中区块公示，89 项镇级办理事项清单，制作发放了宣传折页，让群众不出村就能清楚了解。其中《网上申报清单》中公示的 38 项事项，村民可直接在政务服务网上申报办理，当前政务服务网 App 已普遍推广，社保查询、缴纳大病保险、生育登记办理等可以不跑一次、不走一步。

二是精准落实代办责任，并要求村两委干部、驻村干部守土有责，积极协助配合代办员参与代办服务。该镇制定了“以奖代补、淘汰考核”制度，规定代办员每为群众成功代办一件事情奖励 50 元；同时对他们的实绩进行严格的绩效考核，两次不合格即启动退出机制。到 2018 年 9 月，该镇共淘汰替换不合格代办员 4 人。

（二）创新优化农村产业结构

1. 三个整合与农村经济发展

产业兴旺是乡村振兴战略的首要任务、核心任务，其最终目标是实现农民增收致富。广东省清远市针对山区农村承包土地面积小且分散细碎的状况，在“三个重心下移”改革渐显成效之后，将农综改工作进一步向纵深推进，探索农村土地资源、涉农财政资金、涉农服务平台“三个整合”，创新和转变农业生产经营方式。[①] 在改革过程中，清远阳山县因地制宜，以土地整合和治理为核心，做好土地“文章”，为破解农民手中的土地分散、零碎，土地抛荒等问题找到了行之有效的办法，为规模化、机械化的现代农业发展和实施

① 林晓琼、邱羽琪：《完善“三个下移” 推进“三个整合”》，《南方日报》，2015 年 3 月 17 日。

乡村振兴战略打下了坚实的改革基础。[①]

该县元江村，有103户村民，大部分青壮劳力都在外务工，只有老、幼在村里从事农耕。由于地处山区，土地资源不但紧张而且发展极不平衡，不仅有水旱之分，也有肥瘦之别、距水源远近之争。当初最公平的办法就是每户每种类型的地，都要相互搭配，结果就是平均每户人家都有6—8处地块，最多一户有20余块，全村528人竟有700多块承包地。这里一块地、那里一块田，给耕种和收割造成了很大的麻烦，群众叫苦不迭；村里本来就劳力不足，土地分散又给规模经营、机械耕种造成了很大的麻烦，就不要说现代农业产业化了。由此导致的直接后果是抛荒撂荒现象时有发生，一年盛似一年。

吵了18天，村里最后决定将534亩耕地按照每户2块地的形式重新调整，实现土地整合使用的第一步；第二步是把整合出来连片的土地进行统一整治——修筑机耕路、水沟渠，消除肥瘦差别、提升耕作能力；第三步是伴随“双整”同步确权；与土地调整同步进行的还有“拆旧不补、让地不补、青苗不补、人工不补”的“四不补”村规，打开了既能调动群众参与积极性，又能降低制度运行成本的突破口。“三步走”的发展策略和“四不补”的村规民约最终是要引导土地向大户、公司流转，集约经营。农户或可出租受益，或可以土地经营权入股，让原本一家一户的小农经济转而升级为以连片开发、规模经营为特征的现代农业。

同样地处群山之中的岭背镇，犁头村村民欧金素从“双整”中发现了新商机，连片耕地经营呼唤机械化操作。他和4位村民筹资50万元，村集体入股153万元，2018年初正式合股组建了金农田农机服务社，如今已购置6台收割机、8台耙田机和1台拖拉机，平均每亩地经营毛收入1000元。目前全镇25个村中有17个村有了农机服务、乡村旅游等新投资项目。

---

① 相关事实参见赵鹏：《“农综改”，让这里农村大变样（农村经济观察）——来自广东阳山县的调查》，《人民日报》，2018年11月4日。

通过“双整”的农村土地入股产业项目，土地资源变成优质资产，整合的资金投入变成股金，农民跟着一起变成股东。如此“三变”，成为推动农业供给侧结构性改革的新动力。2017 年，阳山全县 159 个经济联合社中，有 100 个经营性收入达 10 万元以上，占比 62.9%。到 2018 年 8 月，拥有 8.9 万土地承包农户、29.45 万亩二轮土地承包面积的阳山，从“双整”之前户均承包面积 4.1 亩、承包地 9.8 块，基本实现或“一村组一片地”或“一家族一片”或“一户一片”。累计整合超过 20 万亩，占比 70% 以上；形成 1000 亩以上连片土地 12 片、2000 亩的 3 片。

为解决同样的问题，清远英德市出台了农村耕地整合治理五年行动计划，由财政采取以奖代补方式，对各地开展农村耕地整合治理工作给予补助。与此同时，从 2014 年开始，英德以九龙镇为试点首创开展普惠性涉农资金整合，将原本发放到户的零散的种粮补贴、良种补贴、生态公益林补贴等资金整合起来，用于农村公益事业建设。经过几年的努力，英德全市共整合土地超过 79.1 万亩，整治耕地 4.23 万亩；累计整合财政涉农资金 8.76 亿元，把每年 3000 万元的补助金通过以奖代补的形式，发动农民筹资筹劳，全面推进农村耕地整合治理工作。

该市横石水镇拥有耕地 36571 亩，人口约 3.6 万，主要经济支柱就是农业，工业产业为零，村民收入大多来自黑皮果蔗和蔬菜种植，耕地自然也成为当地人的命根子。在推进土地整合过程中，横石水以“集体经营型”、“沿革历史型”、“集体与个体结合经营型”和“互换并地”四种方式，成功整合耕地 30864 亩，基本实现一户一地或一户两地的整合目标。与此同时，通过高标准农田建设项目，整治耕地面积达 27680 亩，由群众自发筹资建设的机耕路累计总长 87 公里，水渠 36.2 公里。通过耕地整合治理，全镇农田基本设施实现质的飞跃。

望埠镇寿江村在村党支部和村委会的宣传发动下，对已丢荒的 1700 多亩坝地进行整合整治，并将其中 1500 亩连片坝地对外出租，平均每年租金近 80 万元，既提高了党支部的威信，又实现了村民增收。

西牛镇将小湾、花田、花塘、赤米四个行政村等28个村民小组的5843亩耕地进行整合治理，并逐步完善机耕路、灌溉渠等基础设施。2017年8月，整治后的土地引来该市联合前进食品有限公司投资9000万元，以“发展集体股份合作经营”、“流转＋地租＋二次分红”、“基地入股分红”、“韭菜委托村集体（村民）代管”等多种模式发展韭菜产业。2018年韭菜种植面积达3000亩，三年内计划实现1万亩种植规模。小湾片区石下村建设占地273亩的韭菜交易中心，石下村集体以土地入股韭菜交易中心可促进集体分红收益40万元/年；花塘片区江下村打造韭菜种苗培育基地种苗面积约200亩，可供应5000亩的韭菜种植基地。

省定贫困村——连江口镇连樟村通过“公司＋合作社＋基地＋农户”的模式，把整合好的50亩地打造成大棚蔬菜种植基地，先行扶持有劳动力的贫困户进棚种菜，并逐步带动全村大面积发展蔬菜生产。在增加村集体收入的同时，直接带动约20户有劳动力的贫困户增收脱贫。

越来越多的土地得到有效整合，农业规模化生产、农村产业兴旺也迎来无数契机。英德以农业供给侧结构性改革为主线，深入实施“三品工程”，做大做强英德红茶、柑桔、麻竹笋、蚕桑等特色产业，提升农产品质量和市场竞争力。同时，大力发展现代农业产业园、有机农业园区、田园综合体和农家乐，探索出“农旅结合”“茶旅融合”“土地入股”“土地租金＋年底分红”“互联网＋供销社＋专业合作社＋农民”“合作社＋基地＋农户”“党支部＋公司＋农户”等一批发展模式，促进了农村一二三产业融合发展，持续拓展农民增收空间，让越来越多农民的腰包在产业振兴中鼓起来。

英德市锦源农牧产品有限公司依托锦潭水库的优质泉水资源和水电站梯级发电的流水优势，在水库下游开发谷底冷水渔业和茶果蔬菜农业，形成了占地约5000亩的集水产养殖、禽畜养殖、蔬菜、水果、沼气利用为一体的立体循环农场，批量繁殖娃娃鱼、三文鱼等市场价值高的水产品，并建有占地面积500亩农副产品加工厂、标准化鱼干场和深加工场，生产鱼干、腊肉、腊肠、菜干等农产品。其产品畅销珠三角以及港澳等地，年产值突破 3 亿元。

2016 年 7 月，该公司打造了以“高科技精品农业 + 生态旅游观光业”为主体的“锦潭小镇”。该项目采取“企业 + 镇政府 + 村委会 + 村民小组 + 农户”五级联创合作共建、运营独立、利益共享的创新发展模式。由锦潭农牧公司负责项目整体规划、生产资料投入、引进项目和技术指导，引入民营资本和统筹整合的土地进行投资运营管理；镇政府负责协调项目土地、用水用电、环保和治安问题，指派专人协调企业项目立项、报批和工商税务登记等；村委会则负责辖区内自然生态环境的保护，引导村民支持项目正常建设及运营；村民小组负责提供项目所需的土地和劳务，服从创建方指定的项目规划、管理、经营及销售；农民以土地资源作为股份入股企业，并优先享受景区就业权和承包土地种植农作物增加收入。

在五方的合作中，简单的农产品买卖、土地租赁行为，逐步向保底收购、股份合作等紧密关系的转变，“五级联创”的各级形成了利益共同体、责任共同体和命运共同体，有了更多实实在在的获得感。2016 年，锦潭小镇列入广东农业公园创建单位，国家首批农村产业融合发展示范园创建单位。2018 年 5 月 28 日，锦谭小镇又成为广东省第一批特色小镇创建对象名单，是清远市唯一的入选代表。

2. “绿水青山就是金山银山”

在浙江省安吉县天荒坪镇余村，村口田野的一块巨石上印着“绿水青山就是金山银山”8 个大字。2005 年，习近平同志正是在这里首次提出“两山理论”——“绿水青山就是金山银山”的科学论断。如今，在“两山理论”指引下，余村正围绕着“产业兴旺、生态宜居、乡风文明、治理有效、生活富裕”的乡村振兴工作目标，不仅美丽乡村建设、生态经济发展如火如荼，在基层治理方面也创造了“三治”融合的“余村经验”。[①]

长时间的过度开发，让余村人民认识到，破坏生态、开山采石不是长久之计，要从绿水青山中找出金山银山来。矿山关停后，村民们利用毗邻长三角主要城市的优势，创办农家乐以及旅游公司，吸引长三角杭州、上海、南京等城市的游客。进入乡村振兴时期，走向旅游发展之路的余村，不但再也听不见隆隆的炸山声，村民还对位于冷水洞自然村的矿山进行全面改造，建成矿山遗址公园，成为余村十景之一。五星级美丽家庭村民葛元德在自家小院内开办了文创阁旅游商品小店，出售各种由余村出产的毛竹制作而成的手工竹制品，让山上的普通毛竹成为取之不竭的宝贝。从传统竹编菜篮到精致的竹编食盒，再到复古风的竹壳暖瓶，小店里各种竹制品琳琅满目，吸引了大批游客。

走在余村的乡道上，随处能够体会到乡村治理的有效和民风的淳朴。例如，村口廊桥的梁柱镌刻着一个个民风民俗的真实案例、经典故事，这些故事同时也是余村法治、德治、自治“三治”融合基层治理新模式的一个缩影。余村的法治大道上，“平安余村、休闲余村、法治余村、幸福余村”16 个大字镌刻在路边花岗岩上，更刻在所有余村人的心上。在余村村委会小楼前的橱窗栏中，党务、政务、财务情况全公开，一张张盖有红公章的财务收支公布表，清晰地记录了每个月收支详情，每张表上都有制表人、负责人、审核人和村监委主任的共同签名。

变美是乡村需求，关键还要如何变富。广东清远阳山县大莨镇，地处群山深处，距县城 20 多公里。之前有 8 座矿山、15 家石材加工厂，每年税收 200 万元。[②] 由于该镇是全县的水源地，被定位为生态功能核心区，厂子全部关停，大莨镇的发展只能在生态农业、绿色农业上寻找新口子。

---

① 相关事实参见李磊、周晓梦：《浙江安吉余村：美丽乡村建设带给百姓稳稳的幸福时间》，《海南日报》，2018 年 11 月 16 日。

② 相关事实参见赵鹏：《“农综改”，让这里农村大变样（农村经济观察）——来自广东阳山县的调查》，《人民日报》，2018 年 11 月 4 日。

镇政府所在地的松林村率先整出 1000 亩土地，在村经济联社设立农村信用合作部，把省、市、县以往分散的各项涉农资金整合在一起，再加上村里 7 名大户每人出的 5000 元，筹集资金约 40 万元。大崀镇通过筛选，引入 4 家新型农业经营主体。分别是邓牛农场有 180 亩地，种植枸杞；好宜佳合作社有 280 亩地，种植甜玉米；粤莨宝公司有 230 亩地，订单种植 + 农产品深加工；如痴如醉休闲渔业社有 30 亩地。前 2 家用地为租；后 2 家以土地经营权入股。剩余 280 多亩，另外寻找新项目。农村信用合作部向新型经营主体发放贷款，每年支付不超过 8% 的占用费，保障生产发展需要，其中邓牛农场贷了 5 万元，粤莨宝公司贷了 24 万元。镇财政所要负责监督信用部的资金使用，确保资金封闭运行、不能出村。

原来这 700 多亩地由近 300 户农民耕种，种的也多是传统产品；现在由这 4 家新主体经营，全部为新品种、新技术；地租、股金再加每天的雇工收入，全年人均增收 20%。光是地租就由刚开始时的每亩 450 元提升至 600 元，实现了从“土里刨食”到“以地生金”，由“地”出发，却不止于“地”的巨大转变。

同属清远的英德市将蓬勃发展的乡村旅游，打造成振兴乡村、脱贫致富的重要突破口和强力引擎。英德市委、市政府大力推进乡村旅游的发展，制定并出台《英德市关于加快乡村旅游发展的实施意见》《英德市农家乐旅游星级评定管理办法》等系列措施，形成支持和促进休闲农业与乡村旅游发展的政策体系。一方面，本级财政每年安排 100 万元资金，用于支持乡村旅游景区（点）3A 以上和农家乐三星以上的创建、评定和奖励；另一方面强化政银企合作，充分发挥市财政设立的“政银保基金”作用，为多家涉农旅游（项目）提供融资担保，切实解决企业融资难问题。

在政府的引导下，英德的农业休闲景点如同雨后春笋般涌现，不但设立了九龙小镇、安美生态园、奇洞温泉小镇、英州红茶园等一批旅游扶贫项目，还成功申报了横石塘镇龙华村、石牯塘镇八宝村两个省级旅游示范村，并通过贫困户以资产入股旅游公司、以土地入股旅游景区、在景区务工就业等方式增加贫困村、贫困户收益，开创了一条精准脱贫的新路子。目前，全市共开展的中大型“旅游+扶贫”项目超过14个，吸纳超过300名贫困户就业。

其中，九龙小镇采取“企业+村经济社+农户”的经营方式，直接把当地资源变为资产、资产变股权、农民变为旅游从业者。项目涉及的6条行政村村集体（村经济社）与国业旅游公司合作，以土地入股“九龙小镇”旅游项目，村民除分享土地固定分红外，还通过企业用工、停车场、土特产店铺等实现增收。景区周边5个村的88户贫困户，通过土地入股分红、景区内就业等方式，有42户已实现脱贫；省定贫困村河头村，村集体收入从以前的每年1万元，增加至目前的30万元。

浛洸镇三村通过农村综合改革整合了金龙、门楼、大塘等7个自然村的1800亩土地，以每年500元/亩的价格流转给英德市安美农林发展有限公司，建设四季花海、CS拓展基地、野外露营生存体验基地、亲子劳作体验基地、越野车体验基地以及特色民宿等项目，致力于打造“可游、可住、可留”的农业体验式田园综合体。

第七章　发挥公众参与作用，维护社会公平稳定

经过改革开放40年的发展，我国社会生产力水平总体上显著提高，但行业间、地区间发展不平衡不充分的问题依然存在。社会建设领域也存在不少问题，如城乡区域发展和收入分配差距依然较大，社会文明程度有待提高，社会矛盾和社会问题交织叠加等。正如党的十九大报告指出：“中国特色社会主义进入新时代，我国社会主要矛盾已经转化为人民日益增长的美好生活需要和不平衡不充分的发展之间的矛盾。”人民美好生活的需要日益广泛，不仅对物质文化生活提出了更高要求，而且在民主、法治、公平、正义、安全、环境等方面的要求日益增长。这些都对社会治理提出了新挑战新要求，迫切需要我们进一步加强和创新社会治理，努力打造共建共治共享的社会治理格局。“共享”即共同享有治理成果。要强化保障民生的举措、创新改善民生的思路，尤其要守住底线、突出重点，保障低收入群体的基本生活；“共建”即共同参与社会建设。在教育、医疗卫生、就业以及社会服务等领域，坚持政府主导，推进政社合作，为市场主体和各种社会力量发挥作用创造更多机会；“共治”即共同参与社会治理。党委和政府为公众参与社会治理创造条件，完善社会治理格局，重视基层自治功能。无论共享、共建还是共治，其目标的实现都离不开公众的广泛参与。

一、共享：拓展公众参与的发展平台

社会治理最为重要的目标是保障和改善民生。2018 年，中国经济运行总体平稳，社会保障领域的改革举措陆续落地，城镇新增就业持续增加，人民生活继续改善，社会和谐稳定，尽管经济下行压力加大，主要民生指标却稳中有升，党和政府坚持把解决好人民群众最关心、最直接、最现实的利益问题放在各项工作的首要位置。

（一）个税法第七次修订

个人所得税改革是中国税制改革的重点，也是普通民众关心的话题。为了更好地体现个税调节收入分配、促进社会公平的积极效应，2018 年 3 月 5 日，国务院政府工作报告中提出，提高个人所得税起征点，增加子女教育、大病医疗等专项费用扣除，合理减负，鼓励人民群众通过劳动增加收入、迈向富裕之路。4 月 23 日，中共中央政治局召开会议，分析研究当前经济形势和经济工作。会议提出，首先要全力打好“三大攻坚战”，同时要坚持积极的财政政策取向不变，保持货币政策稳健中性，注重引导预期，把加快调整结构与持续扩大内需结合起来，保持宏观经济平稳运行。5 月 25 日，国务院全体会议上强调，个税改革作为其中一环，国务院 2018 年已有部署。6 月 19 日，《中华人民共和国个人所得税法修正案（草案）》提交十三届全国人大常委会三次会议审议，这是个税法自 1980 年出台以来第七次大修，也是一次根本性的变革。其关键内容一是提高起征点，草案将纳税人综合所得的基本减除费用标准从 3500 元/月提高到 5000 元/月，中等收入以下群体税负下降；二是优化税率，采取差异化征收；三是增加规定子女教育支出、继续教育支出、大病医疗支出、住房贷款利息和住房租金等与人民群众生活密切相关的专项附加扣除；四是综合征税，将工资和薪金所得、劳务报酬所得、稿酬所得、特许权使用费所得等 4 项劳动性所得（称综合所得）纳入综合征税范围，适用统一的超额累进税率，居民个人按年合并计算个人所得税，非居民个人按月或者按次分项计算个人所得税；五是借鉴国际惯例，明确引入了居民个人和非居民个人的概念，并将在中国境内居住的时间这一判定居民个人和非居民个人的标准，由现行的是否满一年调整为是否满 183 天。此外，为堵塞税收漏洞，个税法修正案草案拟首次增加反避税条款，针对个人不按独立交易原则转让财产、在境外避税地避税、实施不合理商业安排获取不当税收利益等避税行为，赋予税务机关按合理方法进行纳税调整的权力。

个人所得税是涉及面最广的税种之一，人民群众对这方面的改革动向极其关心。之前 3500 元的个税起征点从 2011 年 9 月开始实施，到现在已经过了将近 8 年。这期间随着经济的快速发展，全国居民收入普遍大幅提高，旧有的个税起征标准已经逐渐脱离实际需求，难以发挥调节收入差距、建立社会公平的功效。在这种情况下，提高起征点能让广大工薪阶层从中受益。对大多数人来说，起征点的上调意味着降低税务负担，真正得到实惠。在提高起征点后少交的个税还有助于提升家庭和个人购买力，激发市场活力，从这个角度看，这是以广大人民群众的美好生活愿景为出发点的双赢举措。[①] 同时，将个税起征点提高至每月 5000 元，是兼顾效率与公平的选择。虽然对于某些大城市以及一些行业来说起征点的涨幅并不大，但在全国范围看，考虑到 2017 年全国居民人均可支配收入为 25974 元，这样的提高幅度是符合切实情况的。而且比确定“个税门槛”更重要的是，这次个税起征点调整释放出一个信号，即个税会根据居民的基本生活消费水平的变化来确定，总体方向是增加中低收入者的收入，扩大中等收入者的比重，降低中等以下收入者的税收负

① 邵未来：《个税起征点拟升至 5000 元/月》，《劳动报》，2018 年 6 月 20 日第 6 版。

担，同时加大对高收入者的税收调节力度。[①] 意在鼓励人民群众通过劳动增加收入，提高群众的获得感和幸福指数，让大家共同迈向富裕，达到共享的目标。

（二）退休人员养老金第十四次上涨

养老金调整方案，关系着每个人的切身利益，一直以来都是社会各界所热议的话题。2018 年 7 月 23 日，人社部召开第二季度新闻发布会，中央调剂基金按季度上解下拨，目前 3716.5 亿元养老保险基金已经到账并开始投资，基本养老保险基金的投资运营正稳步有序推进。这些养老金分别来自北京、山西、上海、江苏、浙江、安徽、河南、湖北、广西、重庆、云南、西藏、陕西和甘肃。目前，合同总金额是 5850 亿元，其中 3716.5 亿元资金已到账并开始投资，此外，上海还准备追加委托投资 300 亿元，四川准备委托投资 1000 亿元，地方养老金的缺口问题将得到极大缓解。除此之外，2018 年退休人员养老金迎来 14 连涨，总体上涨 5% 左右，全国城乡居民基础养老金最低标准由每人每月 70 元提高至 88 元，各地在此基础上又进行了上浮。此次调整是继 2016 年以来连续第三年同步安排适当提高企业和机关事业单位退休人员养老金水平，其中，企业调整幅度为 5.5%，机关事业单位调整幅度为 4%，预计将有 1.14 亿名退休人员受益。[②] 这将继续缩小机关事业单位和企退人员之间的基本养老金水平相对差距，进一步体现机关事业单位和企业养老保险制度的“并轨”，是保障和改善民生水平的重要举措。

事实上，由于我国养老金已连续 14 年上调，以及退休工人群体的迅速扩大，已经给部分地区的保障基金造成较大的缺口。根据中国社会保障协会的资料，目前我国地方养老保险基金的收入差距较

---

① 王亚宏：《个税法第七次修改！起征点由每月 3500 提至 5000 还有哪些亮点?》，央视网新闻 2018 年 6 月 19 日。

② 韩秉志：《我国连续 14 年上调养老金　今年预计将有 1.14 亿名退休人员受益》，《经济日报》，2018 年 8 月 17 日。

大，黑龙江是现在养老保险基金支付最困难的一个省份，抚养比已达到1.3：1，而广东的抚养比最高，是9：1。[①] 也就是说，全国各省份养老保险基金收入出现了“贫富不均”的问题，部分地区基金缺口还会进一步增大。为此，我国决策层曾表示，个别省份养老金发放困难，主要是当地经济下行、财政减收有关。2018 年将实行养老金调剂制度，由中央收取3%统筹金，以弥补有些省养老金可能存在的不足。同时，还会通过划拨国有资产来增加社保基金的总量，不仅使它更安全，而且还要拓展盈利空间。从目前情况看，我国养老保险金既要中央统筹调剂，并在适当的时候划拨部分国有资产来填补个别省份的养老金缺口。同时，还要想办法让各地的养老保险资金能够保值增值，杜绝养老金冒领虚领现像的发生。总之，养老金年年都在涨，但是其未来涨幅要与国家经济发展挂钩，与物价指数挂钩，更要考虑到养老金长期发放的可持续性。[②]

（三）通讯流量漫游费全面取消

2016 年提出的取消通讯流量漫游费被认为是三大运营商落实国家通信领域“提速降费”的重要举措。自 2017 年 9 月 1 日起，移动、联通、电信三大运营商将全面取消手机国内长途和漫游费，这意味着以后在国内不再区分本地和外地长途两种资费。然而，近年来，不少手机用户在使用三大运营商推出的4G 流量时，经常会遇到“本地流量用不完，全国流量不够用”的情况。虽然长途漫游费取消了，但对用户本身来说实惠并不多，因为打电话已经不是日常通信中的最大需求，手机上网成为刚需，通话漫游费是取消了，4G 流量却要区分本地、省内和全国。2018 年 4 月 25 日，国务院新闻办公室举行的发布会上，工信部表示，通讯流量漫游费将于 7 月 1 日取消。

① 吴斌：《粤企养老险抚养比最高超过 9 个人“养”1 个人》，《南方都市报》，2016 年 8 月 13 日 AA03 版。

② 《养老金 14 连涨　又为何连续三年增速下降?》，搜狐网，http://www.sohu.com/a/226314416_104543。

5月17日，工信部、国资委发布《关于深入推进网络提速降费加快培育经济发展新动能2018专项行动的实施意见》。实施意见提出，7月1日起取消移动流量漫游费，鼓励基础电信企业推出大流量套餐等流量降费举措，移动流量平均单价年内降低30%以上。6月22日，中国移动、中国联通、中国电信发布公告称，为贯彻落实国家提速降费政策，自2018年7月1日起，取消流量漫游费，国内新老用户省内流量升级为国内流量。专家测算后表示，取消漫游费是直接惠及每个移动通信消费者的政策，每年带来的降费总额将超过280亿元，有7.8亿手机用户享受到这项政策的优惠，特别是对经常到外地出差的用户和对全国流量需求比较大的一些用户来说受益最多。

漫游费是语音时代产生的。由于各地经济发展不平衡，不同地区运营商的建设成本存在差距，各地资费水平不一，为了防止有用户在低资费地区办理套餐到高资费地区使用等问题，才出现了漫游费。到了3G和4G时代，使用流量业务逐步超越了语音业务，但漫游费一直保存了下来。在此基础上，各地纷纷推出了各种不同的资费套餐，虽然丰富了选择，但也给不少用户带来选择的困难。此次取消流量省内外差异后，则简化了运营商套餐。不需要推那么多套餐，套餐中可能出现的漏洞就减少了，对用户来讲是一件有利的事情。[①]

2015年4月，李克强总理在一季度经济形势座谈会上表示“流量费太高了”，由此开启了三大运营商的“提速降费”之路。从纵向看，运营商在提速降费上已经取得不少进步。在2015年，国内固定宽带费用显著下降，4G手机套餐费用也同步下调；2017年，遭人诟病多年的手机长途、漫游费正式取消；各大运营商也确实多次下调了手机流量费用。但从用户的角度看，运营商在提速上表现突出，在降费方面的行动还不够及时。毕竟，降费直接关系着运营商收入的“真金白银”。目前，手机流量费已经是三大运营商竞争的焦点，谁能够提供更优惠、更简单、更少套路的流量套餐，谁就能够轻易

① 马婧：《手机流量漫游费下月取消》，《新京报》，2018年6月23日A01版。

获得用户肯定。[①] 在 4G 用户增长出现瓶颈的当下，各运营商应当进一步研究降费的可行性。

（四）最低工资标准再次上调

2018 年四季度以来，多地迎来最低工资标准调整期。比如，时隔三年后，安徽省在 2018 年 11 月份开始执行最新调整的最低工资标准。相较于 2015 年的标准，安徽此次月最低工资标准调整幅度为 30 元，最高档暂排全国第八位，中部省份第一位。河南省也于 2018 年 10 月份调整了最低工资标准，其中河南省一类行政区域月最低工资标准将从现行的 1720 元调整为 1900 元，小时最低工资标准将从 16 元调整为 19 元；海南于 2018 年 12 月执行新的最低工资标准，调整后的月最低工资标准提高了 240 元。与企业工资指导线不同，最低工资标准被视为一项硬性指标，是在劳动者正常劳动情况下，用人单位必须依法支付给劳动者的报酬。所谓正常劳动，是指劳动者在法定工作时间或者劳动合同约定的工作时间内从事的劳动。劳动者在国家和省规定的年休假、产假、计划生育手术假、探亲假、婚丧假等假期内休假，以及在工作时间内依法参加社会活动，视为提供正常劳动。官方数据显示，截至 2018 年 12 月份，全国共有 15 个省份调整最低工资标准。这 15 个省份包括北京、辽宁、上海、江苏、安徽、江西、山东、河南、广东、广西、海南、四川、云南、西藏、新疆。其中，上海、广东、北京、天津、江苏、浙江等 6 个省份月最低工资标准超过 2000 元。上海月最低工资标准达到 2420 元，为全国最高。[②]

提高最低工资标准水平，对低收入人群来说受益最大。其中，最明显的红利就是包括最低生活保障补助、失业保险待遇等在内的

---

① 陈树琛：《流量漫游终成历史　提速降费仍有空间》，《安徽日报》，2018 年 7 月 10 日第 10 版。

② 《31 省份最低工资排名：上海 2420 元为全国最高》，搜狐网，http：//www. sohu. com/a/259195628_691489。

各类社会保障待遇标准将随之上调，这将有助于解决因物价上涨等因素带来的民生问题，并促进企业劳动生产率和经济效益提高。值得注意的是，北京、上海、安徽等地还在最低工资标准中剔除了个人缴纳的社会保险费和住房公积金，以增加最低工资标准的“含金量”。从 2019 年 1 月 1 日起，重庆市两档最低工资标准分别比原标准每月 1500 元和每月 1400 元提高了 300 元。根据人社部此前发布的《关于做好最低工资标准调整工作的通知》，各地会充分考虑当地经济形势发展和企业实际情况，稳妥把握调整节奏，将最低工资标准由每 2 年至少调整一次改为每 2—3 年至少调整一次。目前，河北执行的最低工资标准日期是 2016 年 7 月份，已超过 2 年；陕西、青海、云南执行的最低工资标准日期为 2017 年 5 月份，甘肃执行的最低工资标准日期为 2017 年 6 月份，上述地区有望在 2019 年迎来新一轮调整。业内人士表示，受人工成本上涨较快等因素影响，现阶段合理调整最低工资标准，既要保障劳动者的基本生活水平稳中有升，又不能给企业带来过大压力。各地调整最低工资标准，应保障人民的基本生活、保障赡养人口的基本生活，促进社会发展成果共享、与 GDP 增长和从业人员收入增长同步，做到企业和劳动者双方利益兼顾。①

（五）就业目标提前完成

就业是最大的民生，也是经济发展的重中之重。2018 年 1—11 月，全国城镇新增就业 1293 万人，超额完成 1100 万人的全年目标。中国就业规模持续扩大，重点群体就业稳中向好，高校毕业生就业形势总体稳定，农村劳动力转移就业稳中有进，困难群体就业援助力度加大。这样的就业好形势来之不易。一年来，中国加强经济政策和就业政策协调，着力增强经济发展创造就业的能力。各地在制

---

① 《2018 年 15 个省调整最低工资标准　低收入人群受益最大》，搜狐网，http：//www. sohu. com/a/288788384_362042。

定经济和社会发展战略时，也把是否有利于就业作为优先考虑的因素，实现经济发展和扩大就业的良性互动。如今，新动能成长速度和支撑作用已超出预期，成为新增就业的最大容器。截至 2018 年前 3 个季度，新登记注册的企业数超过 500 万户，日均超过 1.8 万户，创业带动就业倍增效应持续显现。就业向好还体现在就业结构优化。随着服务业对就业的拉动能力越来越强，就业结构也从原来第一产业占多数的“金字塔型”，向第三产业比重不断上升的“倒金字塔型”转变。同时，一年来各地扎实推进小额担保贷款工作，鼓励更好地发挥小额担保贷款促进创业、就业的作用。

就业优先，需要各地强化政府促进就业的责任。7 月份召开的中央政治局会议特别要求做好“六稳”工作，把“稳就业”放在第一位。这一年，税费减免，让身处经济下行期的小微企业轻装上阵，就业岗位更稳定；离校未就业高校毕业生就业促进计划的实施，让暂时找不到工作的大学生不再是“断线的风筝”；对下岗失业人员普遍开展有政府补贴的培训，大大提高了劳动者的再就业能力。

目前，中国就业总量压力和结构性矛盾并存。预计到 2020 年前，全国 16—59 岁劳动年龄人口将保持在 9 亿人左右，年均需在城镇就业的新成长劳动力超过 1500 万人。[①] 与此同时，结构性就业矛盾更加突出，适应产业转型升级需要的高层次研发人员、高技能工人和创新型复合型人才不足，部分新成长劳动力的实践能力还难以跟上市场变化，大龄低技能劳动者就业难题或将持续存在。此外，人工智能等新技术快速迭代，也将不可避免对就业产生影响。为了确保就业局势持续稳定，11 月 16 日，国务院发布《关于做好当前和今后一个时期促进就业工作的若干意见》，出台了含金量颇高的政策，如对不裁员或少裁员的参保企业，可返还其上年度实际缴纳失业保险费的 50% 等。

① 《人社部部长：在推动经济发展中促进就业稳定增加》，《求是》，2016 年 7 月 31 日。

二、共建：构建公众参与的行为决策体系

“共建”就是要形成多主体参与，各司其职、各尽其能的行为决策体系。在治理新格局中，中国共产党的领导是基本方略，政府主要承担监督管理等职责，社会公众是重要的参与者，人民当家作主要在社会治理中得到有效体现。在教育、医疗卫生、就业以及社会服务等领域，可以坚持政府主导，推进政社合作，为市场主体和各种社会力量发挥作用创造更多机会。在社会治理中强调共建，尤其要促进社会组织健康发展，激发社会力量参与社会建设的活力。比如，完善政府购买公共服务机制，支持社会组织在提供公共服务中有更多作为。

（一）社会组织参与“共建”的多种形式

社会组织是社会治理的重要主体，在市场无法做、政府又不能为的公共服务领域，社会组织发挥着积极的作用，满足社会的特殊、超过中位选择的公共物品需求，主要涉及文化娱乐、教育研究、健康、社会服务、环境、发展与住宅、法律宣传与政治、慈善中介与志愿性服务、国际活动、宗教、商业与专业协会等领域。

2018 年，四川省成都市郫都区以“共建社区、共治事务、共享服务”为理念，为弱势群体及其他居民提供“无障碍、零距离”的残健共融服务。为满足聋人、盲人的文娱需求，郫都区从上海引进无障碍电影机和配套设施，成立了全国首个村级“无障碍影院”。社区相继开展了手语、盲文的教学，发放助听器、拐杖等辅助器具，配备读书机、听网机等，为残疾人打造多条顺利融入外界的通道，满足了不同群体的多元化需求，建立了残健共融文化空间，让公共文化服务惠及基层人群。郫都区通过结合城乡社区发展治理、建设

高品质和谐生活社区这一契机，以“阳光驿站”为框架，建成了集康复、工疗、娱疗、辅助就业、日间托养、党建示范、便民代办、“微创投”等为一体的社区残健融合服务综合体。同时，郫都区在一些社区内设“党群服务中心”，向弱势群体和其他居民宣传政策，并由党员带头提供文明劝导、纠纷调解、节日关爱等义工服务。通过有效激发社会组织的服务能量，使社区内的残障人士和居民都不断增强参与社区治理的自治意识、强烈愿望和能力水平，社区居民在与残障人士的交流互动中，逐渐形成了平等相处、守望相助、扶残助残的良好社区文化。①

为更有效地激励残障人士的参与性、自发性、主动性和乐观态度，推动他们更加顺利地融入社会，郫都区吸纳社会资源，培育扶持助残社会组织—郫都区阳光社会工作服务中心。通过政府购买社会服务的方式，由社会组织派驻专业社工处理社区残疾人日常事务及组织相关活动等。“让专业的人做专业的事”，保证面向残健的服务便捷精准、优质高效，切实提高服务质量，用爱心提供贴心服务。特邀成都理工大学的专家团队定期对专业助残社工的教育、培训和管理进行指导，进一步提升服务水平和服务能力，在服务成效上追求专业、高效、精准。郫都区以“高效低耗”的方式建成了郫都区残障人士综合服务机构，使残障人士享受到了“无障碍、零距离”服务，缩小了残障人士与服务保障供给之间的矛盾，为社区提供了优质的公共文化设施服务，优化了社区运作水准，提高了社区生活质量，形成了“共建、共治、共享”的新格局。②

除扶助弱势群体，社会组织在助力脱贫攻坚行动中也发挥了重要作用。2018 年，中国残疾人福利基金会积极参与脱贫攻坚。开展的项目主要包括：开展“集善扶贫健康行”白内障项目，深入西部深度贫困地区及老少边穷地区，为贫困白内障患者及时给予免费手

---

① 《成都郫都：残健共融　情暖社区》，搜狐网，http：//www. sohu. com/a/234236590_384290。

② 同上。

术治疗；开展“集善扶贫健康行”骨关节项目，2016年以来，筹集资金700多万元，在西部10省区实施骨关节康复手术治疗项目；参与组建孤独症儿童（南方）康复基地项目，在满足当地孤独症儿童康复需求的基础上，还承担了山西、海南、陕西、甘肃等省份贫困地区的孤独症儿童救助项目，为贫困孤独症家庭提供精准扶贫和公益救助。通过上述行动，搭建残疾人扶贫工作平台，助力脱贫攻坚。吴阶平医学基金会则在甘肃、西藏、云南、陕西、江西等地开展活动，通过资助甘肃定西偏远农村122位丙肝病毒感染者，赴北京免费体检，在西藏举办肝病与感染性疾病救治系列讲座，赴云南临沧、陕西延安、江西安源开展义诊、举办培训讲座等活动，开展医疗扶贫，打造脱贫平台。中国科技馆发展基金会积极参与农村中学科技馆公益项目，通过培养农村青少年创新理念和动手能力，增强自信，提升科学素质，对农村中学科技馆所在学校的教师开展相关科技知识培训，推动科普资源向农村地区、重点是经济欠发达偏远地区和少数民族地区倾斜，实现资源均衡发展等行动，注重提升农村青少年的科学素质，学习科学知识，共享科技乐趣。以上三家社会组织通过发挥自身专长和优势，积极参与脱贫攻坚，阶段性成效明显。并且以实践行动证明了，参与脱贫攻坚既是社会组织的重要责任，也是社会组织发展壮大的现实途径。

（二）健全社会组织自身发展的全方位规划

2018年初，民政部公布了179家涉嫌非法社会组织的名单，公开征求非法社会组织的活动线索，提醒公众谨防上当受骗。北京市民政局也启动了“集中取缔非法社会组织专项行动”，联合北京市公安局刑侦总队对相关非法社会组织进行了集中取缔。社会组织是现代政治发展的必然产物，在促进经济发展、繁荣社会事业、创新社会治理、扩大对外交往等方面具有积极作用。然而，当前我国社会组织发挥作用还不够充分，特别是非法社会组织屡禁不绝。究其根由，多数非法社会组织以圈钱敛财为主要目的，利用社会公众对公共组织的信任，非法招会员、收会费、搞合作，甚至大搞网络传销，非法牟利；有的以教育、扶贫、环保为名，办评比、做培训、发牌照，甚至勒索企业，大肆敛财，不仅损害了合法社会组织的声誉，而且也可能危害国家安全和社会稳定。事实上，对于非法社会组织，民政部从 2016 年 3 月开始设立了曝光台，并陆续公布多批“离岸社团”“山寨社团”，被曝光的机构已有 1000 多家。① 2016 年 8 月，中办、国办印发《关于改革社会组织管理制度促进社会组织健康有序发展的意见》，提出进一步加强社会组织建设，激发社会组织活力，并通过完善法规政策，建立“活动异常名录”和违法失信名单制度，规范合法社会组织活动，查处非法社会组织。

2018 年，通过政策条例的出台、会议讲话的强调，以及专业研究和专项行动等，进一步厘清行业标准，明晰评价体系，有效避免社会组织工作乱象，引导社会组织的发展走向规范。中共中央总书记习近平分别致信 1 月 22 日召开的全国个体劳动者第五次代表大会、6 月 14 日召开的纪念中国福利会成立 80 周年大会和 11 月 4 日召开的“一带一路”国际科学组织联盟成立大会暨第二届“一带一路”科技创新国际研讨会，对社会组织发展高度重视并提出殷切希望：希望个体劳动者私营企业协会发挥好桥梁纽带作用，当好政策法规的普及者、深化改革的推动者、能力素质的提升者、党的建设的组织者，为个体私营企业搭建发展平台、创造发展环境，切实做好各项工作。

1 月 24 日，民政部制定的《社会组织信用信息管理办法》公布并实施。《办法》明确了社会组织信用信息的范畴、管理原则、管理部门和社会组织各自的责任和义务，规定了社会组织列入活动异常名录（即“灰名单”）与列入严重违法失信名录（即“黑名单”）的适用情形，这是继 2017 年“全国社会组织信息查询平台”和“全国慈善信息公开平台”开通之后，对社会组织信息管理的进一步

---

① 《民政部公布第四批 100 个“离岸社团”“山寨社团”名单》，人民网，http://society.people.com.cn/n1/2016/0419/c1008-28288310.html。

完善。

2月，党的十九届三中全会通过《中共中央关于深化党和国家机构改革的决定》，按照共建共治共享要求，完善党委领导、政府负责、社会协同、公众参与、法治保障的社会治理体制。进一步强调了社会组织在社会治理中的主体地位。

3月28日，民政部、公安部联合召开打击整治非法社会组织专项行动部署工作视频会，决定自4月1日至12月31日，在全国范围内联合开展打击整治非法社会组织专项行动，重点对利用“一带一路”建设、“军民融合”“精准扶贫”等国家战略名义骗钱敛财和冠以“中国”“中华”“国际”等字样开展活动的非法社会组织予以打击整治。

4月1日，由人力资源和社会保障部、民政部制定的《高级社会工作师评价办法》开始施行，标志着我国初、中、高级相衔接的社会工作者职业水平评价体系进一步完善。2018年，有11.3万人通过社工考试，其中8.9万人获得助理社会工作师职业资格、2.4万人获得中级社会工作师职业资格，全国持证社工达到44.05万人。《办法》的施行，为社会组织专业工作人员获得高级社会工作师职业资格打开了通道，推动社会组织队伍建设上层次、提高水平。

7月6日，“中国社会组织经济总规模测算研究课题组”公布了对全国社会组织经济贡献研究结果：2016年末全国70万家法人社会组织的增加值约2789亿元，比当年青海省GDP总量还多了将近217亿元，占同年第三产业增加值的0.73%，其中社会服务机构增加值2272亿，社会团体增加值356亿元，基金会增加值161亿。

7月，中办国办印发《关于促进工商联所属商会改革和发展的实施意见》。意见指出，工商联所属商会改革是社会组织管理制度改革的重要内容，是加强和改进非公有制经济领域统战工作的重要举措。

10月11日，辽宁省通过了《辽宁省社会组织管理条例》，这是全国首部社会组织管理地方性法规，对于改革社会组织管理制度，促进社会组织健康有序发展，改进公共服务供给方式，加强和创新社会治理，激发社会活力，打造良好营商环境，发挥社会组织在辽宁经济社会发展中的积极作用，具有重要的现实意义和长远影响。

11 月 20 日，全国社区社会组织改革发展经验交流暨工作推进会指出，当前和今后一个时期，要牢固树立以人民为中心的发展思想，在深入理解社区社会组织内涵和重要作用基础上，以创新机制、完善平台、强化保障为重点，充分发挥社区社会组织在创新社会治理、完善社区服务、做好群众工作等方面的独特作用，努力开创社区社会组织改革发展工作新局面。

（三）社会组织培育政策与执行细则

2017 年底，民政部出台《关于大力培育发展社区社会组织的意见》，提出“以满足群众需求为导向，以鼓励扶持为重点，以能力提升为基础”的社区社会组织发展路径，并要求充分发挥社区社会组织作用，使其成为创新基层社会治理的有力支撑。

2018 年，各地方民政部门密集出台政策落实性文件，大力培育发展社区社会组织，提出了培育发展社区社会组织的一系列措施要求。对加强社区治理体系建设、推动社会治理重心向基层下移、打造共建共治共享的社会治理格局，具有重要作用。

江苏省民政厅制定出台《关于大力培育发展社区社会组织的实施意见》，结合江苏实际，提出了江苏省培育发展社区社会组织的总体目标，并从培育、管理、扶持、能力建设等多个角度着力推动全省社区社会组织健康有序发展。

安徽民政厅的《关于大力培育发展社区社会组织的实施意见》指出，力争到 2020 年，城市社区平均拥有不少于 10 个社区社会组织，农村社区平均拥有不少于 5 个社区社会组织，城市社区实现社区枢纽型社会组织全覆盖。再过 5—10 年，社区社会组织管理制度更加健全，支持措施更加完备，整体发展更加有序，作用发挥更加明显，成为创新基层社会治理有力支撑。

福建省民政厅和财政厅等 5 部门联合出台《关于进一步推动社

区社会组织培育发展的实施意见》，提出社区社会组织培育发展总体要求，力争到2020年社区社会组织培育发展初见成效。用5—10年的时间，使社区社会组织管理制度更加健全，支持措施更加完备，整体发展更加有序，作用发挥更加明显，成为创新基层社会治理的有力支撑。

山东省民政厅和省委组织部等14部门联合印发了《关于大力培育发展社区社会组织的指导意见》，引导社区社会组织健康有序发展，进一步推动提升社区治理水平。发展目标是到2020年，全省社区社会组织培育发展取得明显成效，每个行政村实现“一村一组织”；街道（乡镇）全部建立各具特色、作用明显的枢纽型、联合型社区社会组织。到2035年，实现社区社会组织管理制度更加健全，支持措施更加完备，整体发展更加有序，作用发挥更加明显，成为创新基层社会治理和人民向往美好生活的有力支撑，基本实现政府的事购买服务花钱办、社会的事由社区社会组织承接办、专业的事由社会工作者有偿办、居民的事由社区志愿者免费办。

湖北省民政厅印发的《关于大力培育发展社区社会组织的实施意见》指出，社区社会组织主要在五大方面发挥积极作用，包括提供社区服务、开展慈善救助、扩大居民参与、培育社区文化、参与社区治理等。

三、共治：完善公众参与的社会治理模式

共治要求改变政府“单兵作战”方式，畅通各主体利益表达、参与治理的渠道，搭建多主体参与的信息沟通、共同决策平台，形成现代化治理体系。治理城乡社区的主体由5个方面的代表组成，包括基层党组织的代表、基层政府的代表、基层社会力量的两个代表（包括企业的代表、基层社区组织的代表）和居民的代表。这几类治理主体的代表各有自己的职能和作用，是一种有机契合的社区

共治体系，是在中国共产党领导下政府治理、社会调节、居民自治良性互动的结构体系。[①] 在新的发展形势下，认真贯彻落实党的十九大精神，贯彻落实习近平总书记关于社会治理的重要精神，必须紧紧围绕“人”这个核心，积极创新基层社会治理理念和模式，推进“自治、法治、德治”建设，不断探索基层社会治理的有效路径。

（一）自治

浙江省象山县爵溪街道探索外来流动党员参与基层社会治理的新模式，这是对以党建引领社区自治新模式的大胆探索。据统计，爵溪街道现有外来流动人口约 3 万人，是本地常驻人口的 3 倍，分布在街道 400 余家企业工作。早在 2005 年，街道党工委就主动联系江西鄱阳、万年两地外来务工人员集中、党员较多的流出地党委，相继建立江西鄱阳莲湖乡、万年梓埠镇、万年湖云乡三个外来流动党支部。近年来，随着城市经济社会的不断发展，外来流动人口的诉求呈现多元化态势。为此，街道党工委顺应城市基层党建新要求，探索推行“三个支部管好 3 万人”，大力推广党领导下的外来流动党员“以外管外、以外治外、以外引外、以外服外”作用发挥模式，将基层党建与社会治理进行有效融合，将刚性管理方式转变为柔性关爱服务，逐步形成资源共享、有事共商、优势互补的工作新局面和区域大管理、大服务党建新格局。2017 年，在原有 3 个外来流动党支部、76 名在册党员的基础上，街道党工委结合两新组织党建覆盖“集中攻坚月”专项行动，进一步排摸出外来流动党员 65 名，在瀛海、玉泉、龙溪三个社区党总支中再建立 3 个功能型的“新爵溪人”党支部，基本做到对江西鄱阳、万年两个县之外的流动党员管理全覆盖。

协调矛盾纠纷、化解劳资纠纷、听取收集意见，这些流动党支

---

① 黄浩明：《建立自制法治德治的基层社会治理模式》，人民网，http：//theory. people. com. cn/n1/2018/0322/c40531 –29882856. html。

部管好了当地四分之三的人口，在地方经济社会的发展中发出“新爵溪人”的声音，意义重大。以刘栋兴所在党支部为例，十几年间，其所在党支部已排摸不稳定因素 310 次，接待 2 万人次，成功调处率达 100%。爵溪街道涉及流动人口的矛盾纠纷案件、刑事案件连年下降。2018 年，共协调受理涉及流动人口矛盾纠纷案件 21 起，同比下降 16%；刑事案件 11 起，同比下降 8%；治安案件 44 起，同比下降 28%。2017 年还获评省级社会综治先进集体。

同时，街道党工委将“新爵溪人”作为“居民说事”的重要参与者，由外来流动党支部负责推行“乡音”说事制度，一方面听取外来流动人口的利益诉求，帮助解决问题，另一方面用原籍方言向“新爵溪人”传递党的声音，引导他们为爵溪经济社会发展建言献策。[①]

（二）法治

随着莫干山旅游业迅速发展，由此衍生的旅游合同纠纷、房屋租赁纠纷、资源权属争议、商标侵权等涉旅游案件逐年增多，呈年均 20% 的增长趋势。为服务保障旅游经济发展，高效妥善处理涉旅纠纷，浙江省湖州市德清县人民法院于 2017 年初设立了莫干山旅游巡回法庭，法庭硬件设施完备，拥有高清数字法庭、远程网络调解室以及移动办案工具包、迷你数字法庭等，实现了集“网上立案、网上调解、网上庭审”多功能于一体。巡回法庭在各大景区公示旅游诉讼服务中心的电话，并实行 24 小时全天候轮值。通过运行“互联网 +”模式，减少当事人的诉讼成本，积极打造“双语法官”队伍，妥善处理涉外旅游纠纷，让“老外不见外”；同时，巡回法庭还注重加强与镇综治办、司法所、旅委等相关机构，以及“老娘舅”“乡贤会”等民间组织的联系，打造全方位、立体式涉旅游纠纷调解

---

① 《宁波象山：探索外来流动党员参与基层社会治理新模式》，新华网，http://www.zj.xinhuanet.com/2019-01/03/c_1123942877.htm。

平台，探索建立了旅游矛盾纠纷联络员工作机制。除了利用“互联网+”提升审判服务水平，为充分发挥基层法庭联系群众的纽带作用，德清法院还构建起“法官工作站+乡村干部+人民调解员或人民审陪员+司法联络员”的“一站多员”式便民服务网络，出台《为全县实施乡村振兴战略提供司法保障的十三条意见》，在 4 个基层法庭设立乡村振兴法官工作站，未设法庭的 8 个镇（街道）设巡回审判庭（点），在省级以上民主法治示范村及民主法治化程度较高的村（社区）设法官工作室，并最终实现对德清县行政村的全覆盖。

为深入践行“绿水青山就是金山银山”理论，德清法院在下渚湖司法综治中心建立了下渚湖国家湿地公园环境资源司法保护示范基地，为探索环境资源司法保护机制建设提供平台，着力打造环境资源司法保护样板，开展涉环境资源案件巡回审判工作；同时，该院还通过组织群众参与旁听巡回审判案件和开展“增殖放流”等活动，切实将修复性司法理念贯彻运用到办案实践中，并使之深入人心。

为满足乡村群众多元化司法需求，德清法院积极探索“智慧法院”建设新模式，开通线上、网上诉讼服务平台，创新速裁工作机制，促进简案快审，截至目前，通过 12368 热线答疑 902 人次、网上立案 5569 件次、电子送达 360 件次。同时，着眼于促进乡村和谐稳定，该院还大力开展多元联调工作，推动在线矛盾纠纷多元化解平台与综治“一室四平台”的互联互通，有力推进了涉农矛盾纠纷的多元共治和源头化解。

2018 年初，德清法院新建造的诉讼服务中心投入使用，全面打造面向社会的多渠道、一站式、综合性诉讼服务平台。该中心面积逾 3000 平方米，建立“云@在线”工作室和行政争议调解中心，通过诉讼引导、信访接待、查询咨询、网上立案、网上信访、投诉建议、视频接访等各项诉讼服务功能，在繁简分流、诉调对接、多元矛盾化解等领域不断深入探索，致力矛盾纠纷化解信息化，不断打造“枫桥经验”升级版的新阵地。此外，德清法院在全县设立乡村振兴司法保障的“三级架构”，以法官工作站、巡回审判庭（点）

和法官工作室为支点，最终实现对全县行政村的全覆盖。同时，积极探索“智慧法院”建设新模式，满足乡村群众多元化司法需求，大力开展多元联调工作，有力推进涉农矛盾纠纷的多元共治和源头化解，促进乡村和谐稳定。[①]

（三）德治

重庆市永川区在推进乡贤文化建设过程中探索出的一条乡村善治新路子，即“乡贤评理堂”工作机制。2015 年起，永川按照“草根群体、民间力量”的定位，采取“我们的乡贤我们评，评好乡贤我们学”的办法，先后评选出 1009 名“新乡贤”。他们大多品德良好、为人正派、处事公正，是群众公认的有威望、接地气、能带头、起作用的普通人，是群众身边的好人、能人、热心人、贴心人。从 2017 年起，永川根据“崇德善法、为人正派、热心公益、处事公道、群众公认”5 个条件，按照“群众推荐、村民评议、初评公示、走访复核、乡镇审核、正式公示、区县认定”7 个步骤，先后从 1009 名“新乡贤”中遴选出 107 名乡贤评理员，建成 107 个“乡贤评理堂”，赋予其引领乡风文明、宣讲法律政策、调处矛盾纠纷、反映社情民意、倡导移风易俗等 5 个方面的职能职责。与此同时，永川还对“乡贤评理堂”进行实体化建设，从“一块牌匾承载荣誉”“一套证件亮明身份”“一套机制保障运行”等 10 个方面进行规范建设，保障“乡贤评理堂”设施齐备、管理规范、机制健全、运转有效。

在实践过程中发现，“乡贤评理堂”发挥的作用远远超出预期：2018 年，该区 107 个“乡贤评理堂”共成功化解 2082 件矛盾纠纷，收集反映社情民意 1837 条，形成贴近村民生活实际的村规民约 150 余份，组建守楼护院巡逻队 56 支，牵头创建平安示范大院 41 个，

---

① 张骥鸿：《德清“一室四平台”探索基层社会治理精细化》，《杭州日报》，2017 年 11 月 22 日第 22 版。

“乡贤评理堂”所在村庄基本实现了“小事不出院、矛盾不上交、邻里更和谐”。永川赋予“乡贤评理堂”传播嘉言懿行、传承乡风文明、传递核心价值观的阵地作用，使其成为老百姓身边弘扬社会正气、凝聚邻里乡情、寄托美丽乡愁的窗口。由群众推选、受到群众认可，也激发了乡贤评理员为群众服务的劲头。临江镇一位乡贤评理员自 2017 年任职以来，至今已调解纠纷 117 件，他每调解一起矛盾纠纷，就将调解案例、法律知识等编成“打油诗”教化警示乡邻，并把调解的经验梳理归纳，整理成一套调解实战理论。他还因此被评为了 2018 年度“感动重庆十大人物”。[①]

此外，乡贤在助力乡村振兴、进行创业反哺中也发挥着重要的作用。浙江省绍兴市上虞区很多村民主动提出将闲置农房转租给村里并且收到了回报。不仅装修、改造不需要他们出资，按照合同，每年在净收房租的同时，还能参与二次分红，收益每两年还能够递增。这样一来既提升了村庄的美观度，也为村里带来了一定的收益，唤醒“沉睡”资源，释放发展活力。鼓励乡贤反哺回乡创业，推动资金回流、项目回归、信息回传、人才回乡，助力乡村振兴。2017 年以来，上虞区共引进各类回归项目 69 个，到位资金 80.2 亿元。同时，乡贤参与社会治理的典型人和事，也体现在捐资行善。到目前为止，上虞区有 160 多位乡贤出资的公益基金达到 190 余个，涉及文化、教育、养老等领域，本金总额超过 20 亿元，受益人数达 30 余万人次，被外界誉为“上虞基金现象”。在上虞，还有一个颇具特色的“乡贤资源人才库”。吸纳退休回乡人员、本村老干部、成功人士，挖掘资历深、阅历广、威望高、经验丰富的老同志加入调解人才库，共有 433 人，同时在镇、村设立乡贤调解工作室，并已积累了一些品牌工作室。2018 年以来，上虞区乡贤共化解各类矛盾纠纷 4100 余起，调解成功率高达 98%。

---

① 《永川新增一批乡贤评理堂　创新社会治理格局》，人民网，http：//cq. people. com. cn/n2/2018/0504/c365411 -31539217. html。

四、发挥公众参与作用的问题和创新选择

当前我国社区治理新格局的构建仍存在一些问题，集中表现为多元主体权责规范不明、联动机制缺位、共享意识不足等问题，仍制约着社区治理新格局的形成。为此，应着力整合多元主体力量确立共建制度、建立共治机制、促进共享实现，打造共建共治共享的社区治理新格局。①

（一）共享问题：主体共享意识不足

社区是全体居民的家，公共资源、公共服务等公共产品的可持续获得均有赖于居民的共享，社区越文明，共享意识越强，共享的公共产品也就越多，因此，共享意识的强弱决定了治理水平的高低。现阶段，我国居民的共享意识尚显不足，即使在公共产品充足的情况下，也出现过为私利而破坏公共资源、占公共资源为已有的状况；在公共资源不足的情况下，则更容易产生纠纷。而作为社会治理中的多元主体，比如政府共享意识的不足，就导致公共产品的管理和处置不到位，相关制度安排也不完善。同时，共享意识薄弱，还体现在居民维护自身权益的积极性、主动性不足，参与社区治理意识不高、行动不足等方面。②

2018 年，全国很多城市纷纷统一制做临街店铺的招牌，甚至有的地方直接用政府财政代替商家制作招牌，应当说这个行为的初衷是好的，主要是为了提高城市形象，美化市容市貌，整治店铺招牌

① 肖丹：《打造共建共治共享的社区治理格局》，人民论坛网，http：//www. rmlt. com. cn/2018/0612/520851. shtml。

② 同上。

破损、户外广告胡乱设置等行为。但结果却事与愿违，不仅饱受社会诟病，没有得到商家和市民的理解，而且被很多专业人士批评，认为城市统一店招，不但没能提高城市的品位形象，美化市容市貌，反而让城市变得更丑，毫无美感可言。招牌实质上是店铺的脸面和窗口，是店铺的一种广告形式，主要功能就是展示店铺的个性、特色和经营范围，以达到吸引大众注意、引来顾客、招揽生意的目的。而且，店铺的经营行当不同，店招的牌匾风格理所应当不一样，所以，自古以来，商家都在店招上狠下功夫，打造独具特色、个性的招牌。但是，现在很多城市规范统一店招，为了偷懒，采用“一刀切”的手段，一味追求店招的统一。这才导致整条街道、整座城市甚至多个城市的店招整齐划一，打造的招牌没有个性、特色，失去了城市美学，也抹杀了商家的个性。①

之所以会产生这种后果，一是地方政府统一店招规定出台之前，未经过公众参与前期充分规划、讨论，是一种典型的共享共建共治主体被动“缺位”的行为。二是统一店招这种行为本质上应该属于市场行为，政府职能部门只需要监督检查店招是否符合安全、整洁、文明条件及公序良俗即可，至于店招如何设计制作，没有必要动手干预。这应属于共享共建共治主体间的一种“越位”行为。十八大以来，理顺政府与市场关系已成为全面深化改革的核心，李克强总理亲自加入的“大道至简，有权不可任性”表述，成为 2015 年全国人大整个工作报告的一大亮点。凡是政府不该管的，都应该交给市场，让企业和个人有更大空间去发展经济、创造财富。

2018 年 11 月 4 日，福建泉州码头的一艘石化产品运输船发生泄漏，69.1 吨碳九产品漏入近海，造成水体污染。事故发生后，泉港区农林水局发布通知，只是要求暂缓捕捞、销售和使用污染水域的水产品，对泄漏物可能的致害后果，没有任何风险提示，甚至连泄漏物的名称也未通报。而在涉事石化公司的《承诺书》中，同样没

---

① 《城市规范店铺招牌为什么非要追求统一?》，东方网，http：//xinwen. eastday. com/a/180331115439216－2. html。

看到基于化工品对身体、环境的明确警示，让渔民无法以正确的方式及时止损。11 月 5 日，泉港区农林水局发布《关于暂缓起捕、销售、使用辖区肖厝村海域水产品的紧急通知》，称待水产监测报告出来后再做决定。11 月 8 日，福建省生态环境厅、泉州市政府等部门通报称，受影响海域漂浮的油污已基本完成清理。事故发生 11 日后至 11 月 14 日，不断有当地民众通过各种渠道对外发声，迫切想要知道“碳九”污染会造成什么危害、自己有没有必要逃离家乡，而且官方通报空气达标，但民众都感觉闻到异味。在污染区外，也有网友对官方的处理不断提出质疑，认为这次污染事件可能存在瞒报。直至 11 月 25 日，泉州市人民政府又召开新闻发布会，通报了对泉港碳九泄漏事故的调查及处置情况。据事故调查组认定，泉港化学品泄漏事故系主要企业生产管理责任不落实引发。但在整个事件的过程中，地方信息发布的最高级别只是福建省生态环境保护厅，福建省政府新闻办始终没有站出来表态。11 月 30 日，国家生态环境部官员表示，在这次事件中，涉事企业存在刻意隐瞒事实，特别是瞒报泄漏数量的问题，这个行为“性质十分恶劣”。并强调突发事件发生之后，应该把信息公开作为突发环境事件应急处置的一项十分重要的工作，统筹进行安排部署。在突发环境事件后，必须及时、全面、准确地向公众发布有关信息，充分保障公众的环境知情权，让真相走在阳光下。

在此前的 4 月 16 日，《环境影响评价公众参与办法》已由生态环境部部务会议审议通过并公布。其中强调公众参与已纳入环评审批的受理要件，环评报告未充分征求公众意见将被退回。环评是遏止环境污染的第一道防线，而作为环评制度的关键法定程序，公众参与的重要性也在被越来越多地提及。但很多时候，由于前期准备不充分、沟通不到位、信息不对称，环评公众参与流于形式或弄虚作假的问题并不鲜见，公众屡屡“被参与”，极大消解着环评的公信力。在这个意义上，生态环境部专门就此更新《办法》，看似是打制度补丁的小举措，实则蕴含着如何回应民声的大思考，对于其他领域完善公众参与同样具有借鉴意义。①

近些年来，在公民的持续关注和广泛讨论之下，推动公众越来越多地参与到政府决策、环境监管、风险评估等方方面面，已成为服务型政府建设的重要方面。但一些地方因前期沟通不足而引发的“邻避效应”，因政策简单粗暴而激起的舆情反弹，因民意调查造假而招致的质疑抨击，始终在提醒相关职能部门，政务公开不应只是告知，公众参与也不应只是附和，如果面对质疑没有回应，面对批评没有改进，参与也就成了“权利泡沫”，不免会让公众失望。特别是当公众参与逐渐发展成为一种法定程序和全民共识的时候，有关方面任何缺乏诚意的举动，都会使自己陷入严重的信任危机甚至引发突发性事件。

公共政策事关公众福祉，因此需要更加充分地问需于民、问计于民。如果没有公众的参与，就没有民意的护航，本应在决策之前完成的意见交锋和利益博弈，就会延宕到决策实施当中，成为决策推行中的“绊脚石”。当前，改革发展日新月异，治理情况纷繁复杂，利益博弈无处不在，公众参与的充分程度，决定着工作推进中潜在风险和矛盾的暴露程度。公众参与得越广泛，诉求表达得越充分，对完善政策、科学决策的帮助就越大；同时，当公众在自身利益相关的项目上具有了知情权和参与权，就会更加自发自觉地参与到治理过程中来，激发起共治共享的良性互动。②

这次事故同时提示政府决策部门，身处信息传播迅速的舆论敏感期，公共治理改进、社会管理创新的需求比任何时候都要迫切。呵护公众的参与热情，探索公众参与机制，培养公众的参与能力，创造公众的参与条件，从“单向管理”走向“社会共治”，才能最大限度激发社会活力，最大限度增加和谐因素，最大限度减少不和谐因素，推动国家全方位发展进步。

---

① 郄建荣：《环评公众参与过程作假将被严惩》，《法制日报》，2018 年 8 月 4 日第 1 版。
② 同上。

（二）共建问题：主体间联动机制缺失

当前，政府、企业、社会组织、居民等多元治理主体的共治渠道、共治平台较为有限，多元治理主体基本处于“各自为政”的状态。联席会议、组织联建、服务联建等系列联动制度安排尚未建立完善，治理合力未能有效发挥。政府以“管理者”自居的现象仍存在，以罚代治、以限代治等现象仍有发生；企业关注更多的是如何取得经济效益，在履行社会责任、保持企业信誉等方面缺乏相关的制约机制；社会组织缺乏培育机制，缺少发挥作用的方式和平台；居民参与共治的热情不高、意识不足。①

现代社会需要分工合作、重系统，更需理清权责、环环相扣。然而，一些老小区陷入物业费收缴率低与物业服务差的“恶性循环”，出现小区管理退步、环境变差、停车难、加装电梯难、消防通道和楼道里乱堆乱放、小区绿地遭侵占破坏、小区树木无人修剪、公共设施无人维修等问题，与小区共建共治共享机制缺失或不完善，导致管理失范的“破窗效应”有关。对此，基层干部要敢于担当作为，和物业公司、小区居民一起找原因、动脑筋，想出解决办法。不能“头痛医头、脚痛医脚”，而是要创新和完善机制，让共建共治共享成为常态和习惯。

如推进居民生活垃圾分类，垃圾从居民家到小区垃圾房，再到垃圾中转站，最后到垃圾处理场、危废处理中心，虽说居民是执行主体，但党委政府主管部门、基层党组织、街道办事处、社区居委会、物业公司、垃圾处理企业等同样责任重大，涉及政策制定、宣传教育、经费保障、设施布置、人员安排、监督考核等内容，缺一不可。把这件“最难做的简单事”做实做好，就需要构建完善高效的共建共治共享机制，明确各环节的工作内容、任务分解和法律责

---

① 肖丹：《打造共建共治共享的社区治理格局》，人民论坛网，http：//www. rmlt. com. cn/2018/0612/520851. shtml。

任，使各环节产生联动效应，形成有效的治理合力。

（三）共治问题：主体间权责规范不明晰

在传统的社区管理模式中，政府处于包揽一切的统领地位。随着社区事务的日益复杂，政府受人力、物力、财力的限制，管理时常呈现乏力状态。在新时代社会管理向社会治理转型的背景下，基层社会治理更加注重多元主体的力量，政府开始尝试合作治理、第三方治理、契约治理等多种模式，但这些尝试尚处于探索阶段，面对问题，政府多处于被动承担治理主导作用的状态，前置性制度安排缺位，对于多元治理中各类主体的权责缺乏清晰的界定和规范。

近几年，共享单车这种致力于解决最后 1 公里的交通出行方式，以燎原之势，迅速从一二线城市发展普及到三四线城市。这种停取简单的使用方式，让人们享受到了方便、快捷的甜头，也让交通管理部门看到了借助互联网产业升级城市公共交通的可能性。但是，单车企业在短时间巨量投入的“任性发展”，与市民们的“任性使用”，也让城市公共管理面临诸多难题。节假日景区被共享单车挤爆，乱停乱放短期难以治理，让“禁”成为不少地方不得已的选择。不仅在小区、高校等区域内正在形成对共享单车的“围城”，在一些城市的公共区域也有这种趋势。从 2017 年开始，陆续有杭州、深圳等地明确禁止共享单车进入热门景区，全国也有多个城市的小区、高校明确禁止共享单车入内，其主要原因都是担心大量共享单车进入引起管理混乱。

从共享单车遭遇的围城困境来看，问题实质就是数量过多、无序投放导致的管理混乱。可是，投放量多少才合理？对于企业和城市管理者来说，可能会有不同的答案。企业考虑的是成本、收益、市场占有份额，而城市管理者考虑的是城市的整体容量和区域间的平衡。如果双方没有协商，没有预先做出制度安排，那么最大的可能性就是单车数量的失控和城市公共空间的混乱。

不可否认，共享单车享受了公共产品的便利，单车运营公司自然也要承担更多的公共责任，不可任性而为。而且，共享这一新兴理念除了技术上的创新价值之外，还承载着信息互通、资源共享与社会合作的理念。正因为此，除了通过技术手段来解决现在单车的乱停放等问题外，合作共治应该成为共识。建立一个政府、企业和市民合作议事的共治机制，让市民不任性骑行停放，单车企业也不能任性发展，如此，共享单车才有望成为帮助城市升级公共管理的一次机遇。①

（四）主体自身规范建设问题

据中国互联网络信息中心（CNNIC）发布的第42次《中国互联网络发展状况统计报告》显示，截至2018年6月，我国网民规模为8.02亿，互联网普及率达57.7%。我国手机网民规模达7.88亿，网民中使用手机上网人群的占比由2017年的97.5%提升至98.3%，网民手机上网比例继续攀升。随着互联网特别是移动互联网的发展，在一些社会突发事件接连登上热搜榜时，官方发布与网民在微博、微信等自媒体平台上的意见常常呈现出完全不同的面貌。2018年7月，一篇发布在公众号上的文章《疫苗之王》，在各大网站上和网民中间疯狂转载，将疫苗安全问题推到风口浪尖，并最终引起官方重视，得到妥善处理。

当前中国正全面进入自媒体传播时代，并且诞生了世界上最为庞大的自媒体用户群。旧的传播格局和传播秩序被打破、新的传播秩序尚未建立，由此带来的各种社会问题和网络问题也日益凸出。党的十九大报告提出，要加强互联网内容建设，建立网络综合治理体系，营造清朗的网络空间。《网络安全法》2017年正式实施以及一些规范性文件的相继出台，标志着中国正在构建一个依法治网的规则和规范体系。由于自媒体传播的广泛性、分散性和复杂性，互

---

① 谭敏：《有共享思维，更要有共治机制》，光明网，http：//guancha. gmw. cn/2017 – 05/10/content_24436347. htm。

联网治理中关于自媒体治理体系的构建就显得更加迫切和重要。需要从政府、平台、社会和个人四个层面多管齐下建立多维立体的分层治理体系。从政府层面，自媒体监管应从加强立法入手，完善法律体系建设，提高立法层次，将自媒体作为独立概念进行立法，制定独特规制标准，清晰界定相关法律术语，厘清政府、平台、个人的权利与责任边界；从平台层面，应尽快建立和完善网络传播、网络服务等相关法律体系，规范平台行为，建立价值观与责任意识，明确责任边界，减少行政机关和司法机关的自由裁量权，也使得平台运营有法可依；从社会层面，应发挥社会和市场的自净作用，广泛建立各级各类全国性和区域性互联网行业自律组织，将政府可以下放的监管权力交给行业自律组织，推动互联网业界加强行业自律，督促网络运营服务企业履行法律义务和社会责任。政府应引导和鼓励建立全国和区域性的“自净”平台，如新浪微博联合公安部推出“全国辟谣平台”，腾讯新闻推出为辟谣查证而生的“较真平台”等；从公民层面来说，自媒体的良性发展，离不开网络参与者的公民意识和素养，包括法律道德素养和媒介素养。一方面，每一位自媒体使用者应熟悉平台的发布规范，掌握与自媒体有关的各种法律。自媒体平台和政府相关部门也应该主动普及相关法律法规。同时自媒体的言论自由对公民的道德等方面提出了更高的要求，应该坚守底线，为改善网络生态环境作出自己应有的贡献。另一方面，自媒体的使用者应主动学习网络相关知识，主动传播正能量，共同自觉维护网络良好健康的秩序。同时，国家也应及时加强对公民的媒介素养教育。①

---

① 刘文帅：《构建我国自媒体分层治理体系》，中国社会科学网，http：//www. cssn. cn/zx/bwyc/201804/t20180419_4156401. shtml。

第八章　全球视野下的中国政治发展

2018年是全面贯彻中共十九大精神的开局之年，也是决胜全面建成小康社会、实施国家“十三五”规划承上启下之年。这一年更是中国改革开放40周年。这一年，我们取得了喜人的成就，中国制造、中国创造、中国建造共同发力，继续书写着中国模式之下的奇迹。嫦娥四号探测器成功发射，第二艘航母出海试航，国产大型水陆两栖飞机水上首飞，北斗导航向全球组网迈出坚实一步。中国创新成为中国模式的新动能。这一年，中国同样遭遇了巨大的挑战。中美贸易摩擦继续延烧，国际外部经济环境日趋恶劣，未来中国如何应对挑战？其对世界将产生何种影响？不能不引起国际社会的高度关注。

一、中国政治发展总览

在国际观察家看来，虽然2018年中国第十三届全国人民代表大会通过了《中华人民共和国宪法修正案》，改变了未来中国国家主席的任期制，但中国政治生态不会出现重大改革。中国依然坚持中国特色社会主义道路，致力于推动经济高质量发展，加快新旧动能转换，持续改善民众生活水平，社会政治发展平稳。中国特色社会主义发展道路是中国政治发展的方向，未来中国将在依法治国的前提下推进社会主义民主政治的发展。在他们看来，中国国家现代化之路内含了两个核心要义：坚持中国特色社会主义道路以及在此前提下的国家治理能力现代化。中国政治发展的主要路径是顶层设计和地方创新相结合，以保障民生为突破口，以依法治国为基石，实现选举民主和协商民主双轮驱动。中国政治改革的主要着力点将会在行政机构改革和提升国家治理能力两个层面有序推进。中国政治改革的主要诉求就是维持现有的权力结构，稳定压倒一切。

部分国际观察者认为，近年来中国领导权力集中的趋势令人担忧，在 2018 年《中华人民共和国宪法修正案》获得通过，中国国家主席取消任期制之后，这种担忧达到了峰值。甚至有学者和媒体认为中国政治改革“在开‘文革’倒车”。同时，随着中美贸易冲突持续紧张，中国经济产业结构进一步调整以及生态环境治理的强化，中国社会经济能否保证持续增长尚待后续评估。[①] 在国际观察者看来，中国一直以来的经济高速增长是中国共产党执政的合法性来源，在中美贸易博弈的战略环境下，中国经济可能遭遇“黑天鹅”从而引发国内社会混乱和政治纷争。

新加坡国立大学教授郑永年认为这种担忧完全没有必要，反而是一种对中国政治发展的错误认识。在他看来，中国的政治体制只有共产党能够维持其政治主体的地位，实行多党制完全没有可能性。但中国共产党的一党执政是一种“开放的一党制”。这跟多党制不一样，也不同于新加坡的一党制。新加坡人民行动党已经被几个家族、一些利益集团垄断了，已经丧失了政党的现代性。改革开放以来，中国共产党的最高领导人结束了终身制。从理论上而言，中国共产党总书记一职向全体党员开放。共产党在不断把新兴社会阶层吸纳到党内也促成了执政党更加开放。中国政治体制的另一个特点是“以党领政”。西方从“一人一票”的大众民主产生以后，主要政治问题在于很难产生一个有效政府。美国也好，欧洲也好，它们的政治家知道国家的问题出在哪里，怎么去解决，但是很难产生一个有效政府去解决问题。“以党领政”在解决政府效率方面具有明显的优

---

① The Economist Intelligence Unit Limited 2018，http：//www. eiu. com.

势。这在东亚也有很多成功的实践，日本、新加坡、韩国都是以党领政的获益者。郑永年认为中国政治体制的第三个特点是决策、执行和监察的“三权分工合作”。这种制度与西方三权分立的议会民主制度是矛盾的，但是与民主本身不矛盾。未来中国政治改革的进程中，中国政治或许可以吸纳西方很多民主的要素，但不会实行西方的民主制度。西方的民主政治制度是中国政治改革中坚决不能改的底线。[①]

真实的中国与报道中的中国以及网络上的中国给民众的印象不同，这导致海外普通民众对中国发展的评价呈现极端的两极分化。来过中国或者在中国生活的外国公民，他们看到的是中国这边岁月独好，人民安居乐业。大街上秩序井然、杂而不乱，餐馆里客官满座、觥筹交错，商场里物资丰富，菜市场人声鼎沸，休闲场所游人如织，城市越来越干净，乡村也越来越美丽，人民的神情气质也越来越从容淡定。网络中国则几乎无时无刻不充斥着让人感到民怨沸腾的事件：中国版的 MeToo 运动，贪赃枉法的法官、勾结商人大肆贪污受贿的高官大员、长春长生问题疫苗事件、污染的空气和自然环境，给人的总体印象是社会矛盾加深，问题急剧恶化，几乎趋向崩溃。毋庸置疑，这两者都是“真实中国”的不同层面。中国极大而极复杂，几乎每一种理论、每一种看法都能找到逻辑自洽的解释视角。如此内部差异极大、对外形象多面的复杂中国，要维持自身的统一、稳定和运转，需要一种“简约治理”的模式。这种模式之下，中央层面提供有关国家总体发展的顶层设计框架和国民权利保护的基本准则，同时承认地方的差异，由各地因地制宜，在不违背国家政治大原则和不妨害其他地方利益的前提下自主发展。在此治理过程中，在某些情况下由于各种原因导致的暂时治理失效是不可避免的。在一些海外中国研究者看来，世界对中国的误读尤其是美国对中国发展的误判导致了“中国威胁论”“中国崩溃论”“遏制中国论”“中美冷战论”等各种论争甚嚣尘上。这种误读一方面来自

---

① *Financial Time*, Jun. 7, 2018.

欧美反华政客的刻意为之，他们几乎每天都会揭露中国各种背信弃义的新行径，包括中国试图破坏美国高校的学术自由，以及中国设置邪恶的债务陷阱企图诱导和控制发展中国家。另一方面则来自海外媒体记者的推波助澜。①

2018 年中国政治发展的重大事件是《深化党和国家机构改革方案》的出台。在国际舆论看来，这个方案从执政党和政府两个层面全面推进机构改革，是中国进一步提升国家治理能力的重要举措。其中，国家监察委员会的设立是本次中国共产党和政府机构改革的重大创新，是中国国家监察体制改革的成果。海外观察家指出，由于中国的反腐职权分散在行政监察、预防腐败、反贪等多个部门中，虽有中共纪律委员会的集中领导和统筹协调，但还是分散了反腐力量，影响到反腐效能。监察体制的改革和监察委的设立，是因应中国反腐的需要。

2018 年中国依法治国和依规治党的协同推进。加强党对全面依法治国的领导，着力顶层设计。中央全面依法治国委员会的成立意味着中国全面依法治国体制的进一步完善。中央全面依法治国委员会作为党中央决策议事协调机构，负责全面依法治国的顶层设计、总体布局、统筹协调、整体推进、督促落实。其主要职能包括研究制定法治中国建设规划，全面贯彻实施宪法，推进科学立法工作，加强法治政府建设，健全依法决策机制，深化司法体制改革，推进法治社会建设，依法防范风险、加强法治工作队伍建设和法治人才培养等。

在依规治党方面，2018 年中国共产党中央以制定出台基础主干党内法规为牵引，加紧推进“立柱架梁”工作，党内法规制度体系建设步伐进一步加快，全年共印发中央党内法规 74 部，包括《事业单位工作人员奖励规定》《党组讨论和决定党员处分事项工作程序规定（试行）》《干部人事档案工作条例》《中国共产党支部工作条例

---

① Michael D. Swaine, “The U. S. Can’t Afford to Demonize China,” *Foreign Policy*, Jun. 29, 2018.

（试行）》《关于深化中央纪委国家监委派驻机构改革的意见》《关于加强新时代人民政协党的建设工作的若干意见》《关于统筹规范督查检查考核工作的通知》《中央企业领导人员管理规定》《中国共产党纪律处分条例》《关于党的基层组织任期的意见》《关于进一步激励广大干部新时代新担当新作为的意见》《地方党政领导干部安全生产责任制规定》《深化党和国家机构改革方案》《关于分类推进人才评价机制改革的指导意见》等。《中央党内法规制定工作第二个五年规划（2018—2022）》为中国共产党着力党内法规体系建设的框定了架构，海外舆论对此高度关注。

二、中国政治发展的世界影响

整体而言，中国国内遭遇社会主义主要矛盾变化，周期性、结构性、体制性问题交织；外部环境变幻莫测，世界格局全面重组，保护主义，单边主义、逆全球化思潮风起潮涌。中国政治在变化中保持不变，“咬住青山不放松”，坚持中国特色社会主义，坚持中国共产党的领导。在“一带一路”倡议下，继续加强中非合作、中拉合作，坚持经济全球化，坚持多边协作，以超过6%的国民经济增长率为世界经济增长贡献了中国速度，为维护世界和平稳定提供了中国力量和中国方案。

（一）中国模式：避免“修昔底德陷阱”

纵观全球，“修昔底德陷阱”（Thucydides’s Trap）是2018年世界关键词。[①] 这个名词源于古希腊历史学家修昔底德（Thucydides），他认为，伯罗奔尼撒战争（公元前431年至公元前404年）爆发的

---

① *Financial Time*, Dec. 25, 2018.

原因是“雅典实力的增长及其在斯巴达引发的恐慌”。美国哈佛大学的格雷厄姆·艾利森（Graham Allison）教授援引修昔底德之意，进一步引申至现代世界体系更替的过程中，现存大国与正崛起的新兴大国之间的竞争，两者通常以战争告终。随着中美贸易摩擦继续延烧，关于“修昔底德陷阱”的讨论也在增多。2018 年，部分世界事务观察者认为，美国和中国已经或正准备开始新的冷战，治理和形塑世界秩序是这场已经拉开序幕的“新冷战”的主题。与二战后美苏冷战不同的是，中美战略竞争的核心是世界经济结构和前沿技术的掌握。特朗普政府将“中国制造 2025”视为对美国国家安全的挑战；中国则将此视为国内制造业转型升级的合理诉求。

诸多欧美观察家，尤其是美国学者则认为，中美当前关系虽然趋于紧张，但是不会走向战争，也不会重演美苏两强争霸的冷战格局。在他们看来，中国和美国之间的动态不是一个系统与另一个系统的竞争（北约与华约），而是同一个全球化系统中大国之间的竞争。任何一方都没有试图摧毁对方的政治制度，核武器和军事竞争不是关系的前提。中美竞争的性质主要是经济。两国之间不同的制度不可避免的会引发相互猜疑，在军事和政治上造成一定程度的紧张。中国经济强大而富有弹性，中国人在改革方面表现出了思想上的坚定性和方式上的灵活性以及对腐败的高压惩治，使得中国完全有能力避免重蹈苏联覆辙。最重要的是，中国对与美国对抗和进行战争不感兴趣，也不愿意牺牲国家发展目标。在一些欧美学者看来，如果论及对现有国际秩序的破坏，应该至少包含两个维度：一方面固然是中国作为“异类”共产社会主义国家在以市场自由开放为特征的典型性资本主义全球化体系中的和平崛起；另一方面则是美国总统唐纳德·特朗普对现有国际体系的无视。单方面指责中国显然有失公允。同时，一些西方学者指出，事实上中国的发展道路和模式并没有挑战和摧毁国际体制的本意，更多的是一些西方政客和学者强加于中国的“意识形态原罪”。对世界秩序而言，中国与苏联不同的是后者在很大程度上排斥和反对欧美建构的国际秩序，并试图通过社会主义联盟构建自己的世界秩序，而中国则是接受现有的国际体系和制度，并从中获益。事实上，中国一直致力于维护经济全球化和全球体系稳定。它可能需要部分地更改系统，它可能需要更多的发言权，但它不希望支配或运行系统。①

此外，衰退中的强国在面临新的国家崛起时也会选择战略收缩而不是对峙。强国的霸权主义也不是必然现象。各国可以通过协调达成共识，在分割的情况下保持平衡。崛起大国对霸权的追求与否也是决定能否避免“修昔底德陷阱”的重要因素。虽然中美关系在特朗普政府下充满不确定性，特朗普的举动也的确考验到国际联盟和国际机构的效用，但在经济上，美国和中国相互依赖。中国经济遵循的是政府主导下的中国特色市场经济发展道路，中国私营经济已经占其国内生产总值的60%，技术创新占70%，就业占80%。同时，当前美国和中国在应对全球气候变化，维护区域稳定，防止核扩散等诸多领域具有共同利益和合作空间。从长期看来，两国之间的摩擦不会持续。中美短期的对峙、特朗普的任期、中国关注内部发展的模式以及中国对霸权主义的深恶痛绝使得中美可以避免坠入陷阱泥淖。② 此外，一些美国学者提出，当前中国作为崛起的新兴国家，其尚不具备挑战美国的国家实力。

（二）中国式民主：奠定中国和平崛起的政治基础

中国的民主实践是坚持党的领导、人民当家作主和依法治国三者的有机统一。这种民主政治实践在理念、路径和结果上都有别于西方民主，故谓之中国特色社会主义民主。西方的一些所谓民主人士、政治家和学者完全无视民主的本质，坚持普世民主价值，固执地将西方式选举民主、议会民主、三权分立简单等同于民主本身。这种观点在部分西方有识之士看来是误读了民主，偏离了民主本质，

① *China File*, http://www.chinafile.com/conversation/beginning-of-new-cold-war.

② Christopher Fettweis, "Trump, China and International Order," *Surivial*, Vol. 60, No. 5, 2018.

有违民主初衷。

一些西方学者指出，当前西方民主主义已然异化为民意主义。在西方普选民主中，政客依靠代表民众的意见上台，并在政策决策过程中迎合民意。国家决策民意化、民主主义向民意主义变质。民意本身的多元化、自私化和多变化最终导致西方民主滥觞和国家治理的低效并伴随西方的衰落。民主的初衷是为了最大限度的遏制人类自私的天性，最终解决社会分配公平的问题。公平包括机会公平与结果公平。从这个层面而言，西方普选民主解决了机会公平，而中国民主强调的是结果公平。中国式民主的本质是一种以结果公平为目的、以精英主义为手段的民主。坚持中国共产党的领导是就是坚持精英治国，中国的民主集中制和人民民主专政制度，防范了民意主义，确保了精英决策。中国式民主继承了民主的初衷，并为民主的实现提供有效手段，是中国实现和平崛起的政治基础。

正如著名哲学家贝淡宁所言，中国已经建立了一个新的治理结构，创造了一种中国式的精英治理模式。这种模式包括三个层面：底层广泛民主实践，中间创新治理实验和试错以及顶层的精英管理和设计。他认为，正是在这个模式之下，中国改革开放 40 年来取得了令人瞩目的治理成就。当然，他也指出，当前中国三层式精英治理模式仍需不断的调整和完善。

一些西方学者和民众也注意到，传统西方世界对民主的理解多为一种“虚假的二元”判断，要么民主，要么专制。事实上，民主本身不是政治的终极要义，民主只是追求良政善治和美好生活的工具和保障之一，没有绝对的非黑即白之分。西方批评家一直诟病中国式民主的主要论据是中国民众没有真正意义上的普选权和言论自由权，没有反对执政者的权利。这就是一种典型的非此即彼的民主僵化思维模式。为什么要通过选举和言论自由等权利来确保反对执政者的权利？为了确保政府治理的有效，实现民众的安居乐业，从结果而言，中国式民主通过基层选举民主、中层政府创新和顶层精英治理已然确保了政府治理的效率问题。实践证明，中国特色社会主义民主建设是中国实现中华民族伟大复兴的重要政治保障。

长期以来，世界舆论对中国改革的批评集中在政治领域。在他们看来，改革开放以来，中国在经济领域确实进行了实质性的变革，取得了举世瞩目的成就。但是就政治发展而言，并没有出现“民主化”趋势，也没有真正意义上的政治改革，甚至认为2018年中国政治发展出现了“开倒车”现象。一些国际观察家指出，这种判断是对中国政治发展的误读，是将选举民主被视为政治改革的唯一标准。如果搁置选举民主这个教条，很明显中国的政治体制在过去几十年里经历了实质性的改革。①

（三）中国国际影响力全面提升

毋庸置疑，2018年对世界而言最具影响力的事件就是中美贸易战的持续发酵和延烧。中美贸易争端源起于美国总统唐纳德·特朗普于2018年3月22日签署备忘录，宣布依据1974年贸易法第301条指示美国贸易代表对从中国进口的商品征收关税，以“惩罚中国偷窃美国知识产权和商业秘密”，涉及商品总计达600亿美元。中国商务部其后作出反制措施，向128种美国进口商品征税，其中包括美国向中国出口最多的货品大豆。中美双方曾一度于2018年5月达成暂停贸易战的共识，并发表联合声明寻求和解。但美国贸易代表办公室仍于6月16日公布对华加征关税清单，中国国务院关税税则委员会其后作出对等报复，中国商务部亦重启对美输华多项产品的反倾销调查。2018年7月6日，特朗普政府正式对来自中国价值340亿美元的商品加征25%关税，标志着特朗普对华关税政策正式实施。中国商务部其后在声明中指出，“美国违反世贸规则，发动了迄今为止经济史上规模最大的贸易战”。中国海关总署指出，中方的报复措施已在美方加征关税措施生效后即行实施。2018年12月1日，G20峰会上，中美两国领导人达成共识，同意举行为期90日的

① *China's political meritocracy versus Western democracy*，https：//www. economist. com/open-future/2018/06/12/chinas-political-meritocracy-versus-western-democracy.

谈判，并在谈判期内暂停新增贸易措施。在此过程中，世界金融市场及各大主要股指都随之上下起伏。这再次佐证了中国国际影响力的提升。在西方观察家看来，特朗普令人难以琢磨的性格极其非典型美国政治精英式的国家治理模式固然是中美贸易摩擦的导火索，但是，中国对美贸易巨大的顺差、中国经济总量大幅提升、中国国家实力的迅速增长都是贸易战必然爆发的因素。

世界舆论普遍认为，美国挑起中美贸易战的首要目标是保持美国在经济和军事上首屈一指的地位，对挑战其世界霸权地位的中国实行全方位的遏制，迫使其盟友停止购买中国高科技产品并且停止向中国出售先进技术。20 世纪 80 年代，作为阻止日本制造业占据上风的努力的一部分，美国也曾试图通过配额和关税对日本输美产品关闭市场，并取得了成功。美国如今正在中国身上故技重施。在海外中国研究者看来，中国不会屈服于美国的遏制战略。中国的科技和工业基础太过强大，其与世界各地的经济和外交联系极其紧密。中国也不会屈服于美国的威胁。与日本不同的是，中国并不在美国的安全保护伞之下，也不依赖美国施恩。中国产品行销全球，那是因为它们物美价廉，而且往往处于技术前沿。中国或将在贸易冲突中树立自己成功反抗霸权的良好形象而获得其他国家的赞扬。①

同时，中国的国际影响力随着“一带一路”倡议的稳步推进而快速提升。根据美国弗吉尼亚州威廉玛丽学院的“援助数据”项目调查数据，中国“一带一路”倡议实施以来，中国对所在国的项目建设有助于缩小当地经济差距，有效避免暴力冲突风险上升。来自美国哈佛大学、德国海德堡大学等多国名校的联合研究调查团队调查了非洲、亚洲、拉丁美洲、中东 138 个国家的 3485 个相关工程项目。他们指出，来自中国的投资缓解了当地经济活动的不均衡分布状态，改善了全球不稳定根源的状况。调研发现，中国“一带一路”倡议投资项目中 43% 是基础设施建设，其中包括公路、铁路、桥梁、港口、机场、电网、电信基站、光缆等工程；还有 42% 则是医院、

---

① *Financial Time*, Jan. 23, 2019.

学校、排水管网等公共民用设施。这些项目对当地政府而言往往能够获得更高的经济效益，其原因是中资企业的速度更快，能够在短短几个月时间里完工，而不像传统的西方企业那样花费几年时间。[①]同时，“一带一路”倡议投建的基础设施项目由于体量庞大，为当地创建了大量的就业岗位，有效缓解了当地的就业压力，极易获得当地居民的好感和支持。在此过程中，中国国家形象得到了显著的改善。当然，国际舆论也指出，随着中国“一带一路”倡议项目数量的不断增加和合作伙伴国家数量的增加，未来中国参与项目的所涉的经济数量也会随之增加。大量经济纠纷的产生或将影响当地民众对中国的态度。未来中国“一带一路”倡议项目设计应该更多的考虑当地民众的需求，而非偏好当地政府。[②]

此外，在全球经济格局中，尤其是亚洲板块，中国的影响力举足轻重。国际舆论认为，在亚太地区，最重要的趋势是“中国治下的和平”缓慢但不可阻挡地出现。“中国治下的和平”主要以经济实力为基础。根据保守估计，20 年内中国的总体经济规模将比美国经济规模大三分之一左右。但是中国尚不会进入发达经济体减速区域。因为就人均 GDP 而言，中国还不到美国的一半。鉴于中国庞大的国内市场和接近于 14 亿的人口总量，中国经济在达到发达国家的减速之前还有很大的增长空间，中国经济发展潜力仍然巨大。瑞士圣加仑大学的资深贸易经济专家马库斯·威尔（Makus Will）在接受《德国之声》记者采访时甚至明确指出中国经济治理模式还能至少维持 10 年不变，中国经济将在这 10 年中获得合理增长。因此中国对全球经济的影响力不会受限于中美贸易冲突，未来随着“一带一路”倡议的持续推进，中国甚至将成为世界经济的主导者之一。[③]

---

① “调研‘一带一路’缩小贫富鸿沟”，https：//www. dw. com/zh//a－45441151。

② Wing Thye Woo，“A U. S. perspective on China’s external economic disputes in the past 40 years and in the coming 40 years，” *BOFIT Policy Brief* 7/2018，http：//www. bofit. fi/en.

③ 《参考消息》，2018 年 9 月 20 日。

三、世界关注中国国家治理现代化

国家治理现代化是国家政权所有者、管理者和利益相关者等多元行动者对社会公共事务的合作管理，其目的是维护社会秩序，增进公共利益。国家治理的概念特征包含了三个主要方面：首先是突出了国家政权所有者的“在场”，中国共产党作为领导型政党，不但是国家的领航者，也是国家治理的主导者；其次是突出了多元行动者的合作管理和伙伴关系，强调治理的结果是国家治理绩效的提升；再次是强调制度建设，也即要从法治和制度完善视角讲治理。换言之，中国国家治理现代化就是在中国共产党的领导下，各治理主体共同协作，以实现社会公共利益最大化。有鉴于中国国家治理模式的特殊性和非凡的有效性，国际社会对共产党领导下的中国国家治理效能、治理路径等给予了高度的关注。

（一）世界关注中共全面从严治党：夯实国家治理现代化的主体基础

源于西方的治理理论从“社会中心主义”出发，主张政府、社会、市场多元治理主体合作实现治理现代化，特别强调了社会对政府失灵的弥补作用。中国的国家治理理论和治理实践则从中国国家建构实际出发，立足革命党—执政党—培育和引导社会和市场发展的演进逻辑，主张执政党和政府在国家现代治理体系中的强力地位。中国共产党是实现社会主义国家良政善治最坚实的保障。这是社会主义中国国家治理现代化的逻辑起点。从世界主要国家现代化的历史进程看，以政党为主体进行治理是现代国家治理的重要特征之一。政党治理包含两个层面的内容，即“党治”和“治党”。党治是指政党通过执政从而实现整合社会，实现善治良政的国家治理目标。

治党则是指政党通过自我治理，提升执政能力，最终实现“党治”的目标从而确保政权的长续。全面从严治党，加强自身建设、自我革新保障了中国共产党长期拥有强力而高效的国家治理能力。

西方观察家指出，当下中国政治发展中最具影响的政治实践是强调党的绝对领导，将从严治党与惩治腐败联结起来。“党政军民学，东西南北中，党是领导一切的。”国际观察家认为，强化党的绝对权威是中共领导人习近平全面从严治党理念的一以贯之，是当下及未来中国政治发展和国家治理的主线条。一方面中共通过加强党中央的领导权威加强党中央的监控权力，可以减少地方腐败；另一方面有效的遏制腐败又能为从严治党提供足够的政治支持，夯实中国共产党的执政基础。

国际社会认为，中国共产党从严治党还表现在其再次对《中国共产党纪律处分条例》进行修订，加入了11则全新的条文，共作出数十处修改。此次修订增设了对8种新型违纪行为的纪律处罚，包括：干扰巡视工作、党员信仰宗教、借用服务对象资产、民间借贷获取大额回报、利用宗族和黑恶势力欺压群众、形式主义、官僚主义、对家属失管失教。海外观察家认为，中共史上最严党纪处分条例出台进一步彰显了习近平和中共全面从严治党的决心，也是中共对内外执政环境变化的因应之策。同时，中共进一步加强党员在互联网社交平台上的言行规范，避免网络成为全面从严治党的“法外之地”。他们指出，此次中共对党员在线交流的限制根本不是新的，值得注意的是中国官媒明确点名微信平台，昭示了过去官方对微信平台意识形态建设的不足，导致微信成为意识形态滑坡的“肥沃土壤”。同时《中国共产党纪律处分条例》增加有关宗教信仰的规定，一方面是“不忘初心”，回归共产党无神论的价值本位，另一方面也是强化党员思想教育。

在惩治腐败方面，中共以“打虎”“拍蝇”“猎狐”等行动继续保持高压态势，反腐败斗争压倒性态势已经形成并巩固发展。截至2018年11月，已有20余名省部级干部落马，查处范围涉及中央部委、地方党委、人大、政府、政协等多个领域。此外，根据《中国共产党纪律处分条例》第十七条及《中华人民共和国监察法》第三十一条，有关涉嫌违纪和职务犯罪的被调查人自动交代和投案的可从轻或减轻处罚的相关规定，2018 年问题党员干部重现了“投案自首”浪潮。河北省政协原副主席艾文礼投案自首，成为 2018 年自首第一官，此后，河南省人大常委会原副主任王铁、河北省邯郸市委原常委、统战部部长王社群、河南省焦作市人民政府副市长魏超杰等问题官员相继主动投案，形成“自首风潮”。国际舆论认为，问题官员自首风潮的出现，标志着中共全面从严治党，惩治腐败行动的长期性、高压性和有效性。

此外，国际观察者认为，中共作为执政党，能够牢记使命、随时自查，才能保证中国特色社会主义道路不走偏，并赢得更多民众的支持。坚持从严治党是中国共产党领导中国不断取得成功的秘诀之一，治党是实现党治的前提和基础。中国共产党进行党风廉政建设、不断推进反腐败斗争、坚持全面从严治党，向民众传递了“不忘初心”的信号。

（二）中国创新能力和创新生态震撼世界

近年来，中国的创新能力一直在上升。德国著名中国问题专家弗兰克·泽林撰文称，中国历史上一直富有创新精神。在经历过 150 年的低潮之后，如今创新力又在中国爆炸。中国人现在自己转向了创新。他们通过智能手机应用程序微信支付和支付宝带来了货币和银行系统的革命。华为手机与苹果手机一样先进，并且在全球销量方面领先。中国“嫦娥四号”探测器成功登陆月球背面，这是此前尚无任何国家做到的。在人工智能领域，中国人同样与世界其他地区平起平坐。[①] 国际舆论普遍认为，中国逐步从低成本加工成功转型为高技术中国制造和中国创造主要得益于政府主导构建的国家创新生态系统。

---

① 《参考消息》，2019 年 1 月 11 日。

20 世纪 90 年代，以色列经济学家隆·迪佛尔借用生态学原理提出创立创新生态学，即有关空间、时间、文化及相互关系、如何利用基础设施和营造良好外部环境为创新活动注入养分和动力的新兴科学。美国竞争力委员会 2004 年 7 月在《创新美国：在挑战和变化世界中保持繁荣》中指出，创新是经济和社会的许多方面具有多面性并不断相互作用的生态系统，“企业、政府、教育家和工人之间需要建立一种新的关系，形成一个 21 世纪的创新生态系统”。“这个生态系统包括从学术界、产业界、基金会、科学和经济组织和各级政府的一系列的行动者。”

国际观察家指出，中国创新的第一动力来自政府。在他们看来，中国政府首先从国家治理层面确立了创新理念，制定了创新发展的战略。其次，从政策层面，中国各级政府对初创企业、研发和创新的进行大量的政策扶持。中国的研发支出已经高居世界第二。过去 10 年，中国的研发支出以 18% 的年化复合增速快速增长，充分彰显了中国政府对创新战略的勃勃雄心。同时从中央到地方，各级政府频频出台各类支持创新的政策，如成立国家经济技术开发区、国家级高新技术产业开发区，对高科技企业的优惠税收政策也是重要的一环。中国国内灵活的市场生态、日趋完善的人才培养体系和积极的人才政策以及庞大的国内储蓄等，都为中国创新的成功提供了市场、人才和资金的支持。在此基础上，中国经济迎来了大量“独角兽”企业的成长。“独角兽”企业基本指代发展速度快、稀少，为投资者所青睐的创业企业，中国“独角兽”企业以蚂蚁金服、滴滴、小米、阿里云等为典型代表。根据美国创投研究机构 CB Insights 统计，中国“独角兽”企业总量已经跃居全球第二。从地域分布而言，中国“独角兽”企业 80% 集中在北上杭深四市，已然形成各具特色的区域创新生态集群。

国家创新战略、政府主导的各类创新扶持政策、灵活庞大且包容的市场、大量人才的培养和海外留学人才的回流和充分的国家财政投入和民间储蓄资本的支持，以及在此基础上成长起来的诸多创新企业整体耦合成了相互依赖的中国式创新生态系统。与美国带有显著“硅谷基因”的创新生态系统不同，中国创新生态系统具有强烈的国家治理烙印。根据美国创新专家的理论，美国硅谷创新基因主要由核心机构、政策环境、社会文化环境这三个部分构成。其中核心机构主要由高校、政府科研机构以及企业研究机构组成，而不是美国联邦政府。国际观察者认为，中美两种创新生态系统都在实践中取得了巨大的成功，它们的不同发展路径主要源自于国家体制的根本性差异，不具有可比性。不能简单地以美国硅谷模式来否定中国国家式创新生态系统。正如德国驻华大使柯慕贤所言，欧洲可以不喜欢中国举国家之力推动创新的发展方式，但必须正视这种国家治理方式带来的结果，即中国企业迅速增长的创新能力。他认为，全球超过四分之一的“独角兽”公司都是中国的民营企业，这并非偶然，而是中国国家创新生态体系的成功。

（三）海外热议中国《深化党和国家机构改革方案》

《深化党和国家机构改革方案》是以国家治理现代化为导向，实现国家机构职能体系的全方位优化和重构。此次国家机构改革，突出强调了党全面领导一切。与以往改革不同的是，2018 年机构改革不局限在国务院或者行政层面的机构改革和职能优化，而是涉及党、政府、人大、政协、司法、军队、事业单位、群团、社会组织等全方位的机构改革。这种重构以国家治理体系和治理能力现代化为导向，以推进国家机构职能优化协同高效为着力点，改革机构设置，优化职能配置，深化转职能、转方式、转作风，提高效率效能。在某种意义上，党和国家机构改革是 2018 年中国政治发展最为重要的篇章。海外舆论高度关注中国国家机构改革。国际社会普遍认为，中国深化国家机构改革具有历史和现实必然性，是推进国家治理体系和治理能力现代化的一场深刻变革。

路透社、英国广播公司、美国《福布斯》杂志和《纽约时报》等多家国际主流媒体都在关注中国的机构改革方案。不少媒体刊文指出：“深化党和国家机构改革是一场深刻变革”，“这次改革之所以具有革命性，就在于不回避权力和利益调整，而是要对现有的传统既得利益进行整合，重塑新的利益格局。”同以往历次机构改革相比，这次改革不仅关系到政府机构整合，更强调统筹设置党政机构，涉及面更广，影响也更深远。

根据改革方案，中国将组建一系列新的领导机构，包括中央全面依法治国委员会、中央审计委员会与中央和国家机关工作委员会等。中央全面深化改革领导小组、中央网络安全和信息化领导小组、中央财经领导小组、中央外事工作领导小组将改为委员会。中央宣传部统一管理新闻出版和电影工作，对外加挂国家新闻出版署（国家版权局）和国家电影局牌子；组建中央广播电视总台，撤销中央电视台（中国国际电视台）、中央人民广播电台、中国国际广播电台建制，对内保留原呼号，对外统一呼号为“中国之声”；中央统战部统一领导国家民族事务委员会、管理宗教工作。另外，中国还组建中央教育工作领导小组、中央党史和文献研究院，组建新的中央党校（国家行政学院）等。

海外媒体认为，此次中国机构改革“着眼于健全加强党的全面领导的制度”，“确保党的领导全覆盖，确保党的领导更加坚强有力”，是“党领导一切”原则下的一次前所未有的“党版”大部制改革。①

同时，海外媒体高度关注新组建的国家国际发展合作署。在国际社会看来，中国组建国家国际发展合作署将更好地协调对外援助项目。中国国家国际发展合作署主要负责制定外援政策，提供援助并监督其执行情况。加强对外援助的战略谋划和统筹协调，更好服务国家外交总体布局和共建“一带一路”。组建这个新部门意味着中国将在“一带一路”倡议框架下，进一步参与国际援助项目，分享发展果实，落实习近平总书记有关人类命运共同体的共享理念。

---

① 《参考消息》，2018 年 3 月 23 日。

（四）世界关注中国城乡协调发展

中国改革开放以来经历了快速城镇化发展，却导致巨大的城乡收入和公共服务差距，并造成严重“大城市病”。2018 年农业农村发展取得了新成绩，粮食再获好收成，乡村振兴开局良好。习近平总书记在农村工作会议上强调，2019 年是决胜全面建成小康社会第一个百年奋斗目标的关键之年，做好“三农”工作对有效应对各种风险挑战、确保经济持续健康发展和社会大局稳定具有重大意义。要全面贯彻新时代中国特色社会主义思想和党的十九大精神，加强党对“三农”工作的领导，坚持把解决“三农”问题作为全党工作的重中之重，坚持农业农村优先发展，牢牢把握稳中求进总基调，落实高质量发展要求，深入实施乡村振兴战略，对标全面建成小康社会必须完成的硬任务，适应国内外环境变化对我国农村改革发展提出的新要求，统一思想、坚定信心、落实工作，巩固发展农业农村好形势。要毫不放松粮食生产，深化农业供给侧结构性改革，聚力打赢脱贫攻坚战，抓好农村人居环境整治工作，推进新一轮农村改革，加快补齐农村基础设施和公共服务短板，扎实做好乡村规划建设和社会治理各项工作，强化五级书记抓乡村振兴，加强懂农业、爱农村、爱农民农村工作队伍建设，发挥好农民主体作用，提高广大农民获得感、幸福感、安全感，在实现农业农村现代化征程上迈出新的步伐。国际舆论认为，中国乡村振兴战略是中国农村治理的新构想，是实现城乡协调发展的重要路径。中国乡村振兴战略主要借鉴欧美日“美丽乡村”的经验，把广大乡村地区建设起来后，吸引部分城镇人口往乡村转移，缓解城市的压力。

美国媒体刊文指出，中国农业生产正在乡村振兴战略的引领下发生革命性变化。中国创新带来的科技革新影响向着中国农村快速辐射。现代化大型农业生产机械、农业无人机的大量使用以及基于 AI 技术的智能化农业生产等，都推动着中国农村由传统的小型家庭农户经济向现代化农业的转变，这将对中国乃至全球经济带来益处。

除了凭借现代化装备对土地进行规模化经营，中国农民借助网络购物平台、微商平台、视频直播和手机 APP 等拓宽农产品销售渠道早已不是什么新鲜事儿。近年来，外国媒体也一直在关注其中的商机。改革开放 40 年来，中国的农业和农村地区发生了深刻的改变。在此期间，实际农业国内生产总值年均增长 4.5% 左右。农业经济现在高度商业化，数以千万计的农场生产高价值商品。中国农村绝对贫困人口从 1978 年的 2.5 亿减少到 2007 年的不到 1500 万。这种增长和改变是技术革新、市场改革和农业投资共同作用的结果，更是中国城乡协调发展的结果。

四、国际社会关注中国改革开放 40 周年：深化改革与持续开放

2018 年 12 月 18 日，中国召开庆祝改革开放 40 周年大会，中共中央总书记、国家主席、中央军委主席习近平出席大会并发表重要讲话。他强调，改革开放是中国共产党的一次伟大觉醒。改革开放是中国人民和中华民族发展史上一次伟大革命，正是这个伟大革命推动了中国特色社会主义事业的伟大飞跃！未来中国前进道路上，必须坚持以新时代中国特色社会主义思想和党的十九大精神为指导，增强“四个自信”，牢牢把握改革开放的前进方向。改什么、怎么改必须以是否符合完善和发展中国特色社会主义制度、推进国家治理体系和治理能力现代化的总目标为根本尺度，该改的、能改的我们坚决改，不该改的、不能改的坚决不改。我们要坚持党的基本路线，把以经济建设为中心同坚持四项基本原则、坚持改革开放这两个基本点统一于新时代中国特色社会主义伟大实践，长期坚持，决不动摇。既要敢为天下先、敢闯敢试，又要积极稳妥、蹄疾步稳，把改革发展稳定统一起来，坚持方向不变、道路不偏、力度不减，推动新时代改革开放走得更稳、走得更远。

国际社会对高度关注中国改革开放 40 周年大会的召开，对习近平大会发言给予高度评价。国际舆论普遍认为，习近平的讲话涵盖未来中国政治社会经济发展的核心内容：坚持改革开放，坚持中国特色社会主义道路，坚持党对一切工作的领导。美国知名中国问题专家罗伯特·库恩表示，从习近平讲话可以看出，中国新时代的发展方向“明确而自信”，坚持中国特色社会主义发展道路，坚持中国共产党的领导，把人民福祉放在优先地位，深化改革与创新。俄罗斯共产党领导人久加诺夫在莫斯科接受专访时表示，40 年前，中共十一届三中全会确定了改革开放政策，推动中国今天达到当年难以想象的高度。“中国取得的一切成就，与坚持中国共产党领导和走社会主义道路密不可分。”

国际社会认为，习近平在庆祝改革开放 40 周年大会上的讲话是向世界宣扬中国持续深化改革开放的国家发展战略。他向全世界表达了未来中国的国家发展战略是深化改革和持续开放。此前，中国国家领导人已经在 2018 年博鳌亚洲论坛演讲中向全球宣布，中国改革开放的大门将“越开越大”，大幅度放宽市场准入，创造有吸引力的投资环境，加强知识产权保护，主动扩大进口。加快推进金融、汽车、保险等行业的开放进程。在金融服务业方面，将推动放宽银行、证券、保险行业外资股比限制的工作；在制造业方面，将尽快放宽外资股比限制特别是汽车行业外资限制；在投资方面，将改善投资环境，扩大外资金融机构在华业务范围。事实上，2018 年中国外资准入负面清单相较于 2017 年有了大幅减少，中国整体营商环境得到了很大的改善。最新公布的世界银行《营商环境报告》中，中国的排名也一举提升了 32 位。这都有力地证明了中国全面深化改革和对外持续开放的决心和力度。

国际舆论认为，在中国当代历史中，1978 年标志着一个转折点。改革开放至今已经 40 年，它标志着从 1949 年开始的新中国建设进入了新时代，是一场伟大的制度创新。它解放了思想，秉承事实求是的发展逻辑，使得中国人民的生活水平有了翻天覆地的变化，综合国力和国际影响力实现了历史性的飞越。邓小平提出以改革开放政策建设社会主义，这是勇气和创见之举。难能可贵的是，中国的改革没有蓝图，实际上是逐步进行试验。中国在不同地区和不同部门进行改革试验，然后看看，哪些有效，就扩展哪些。而哪些行不通的，随后也会销声匿迹。邓小平“摸着石头过河”“不管黑猫白猫，捉到老鼠就是好猫”的改革名言显示了中国共产党解放思想，包容试错，实用为本，这是中国改革开放40年的重要精神财产。海外学者认为，改革开放进程的历史意义超越了经济改革，事实上虽然经济改革与发展让人们直接感受过去几十年中国的巨变，但告别思想僵化和教条主义，解放思想，结合丰富的实践和渐进的改革逐渐成为新时代的中国发展模式。

改革开放成就举世瞩目。40年改革开放带来的成果是非凡的经济增长、巨大的社会变化、中国国际影响力的增加。美国媒体认为，中国改革开放首先解决了中国人的吃饭问题。与共产党取得政权的轨迹一样，似的中国强起来的改革开放最早也是从农村开始出发，改革开放最初的成就就是通过联产承包责任制让农民吃饱饭，部分农民过上富裕的生活。随着改革开放的不断深化，中国从城市到乡村，整个国家都发生了翻天覆地的变化，跃居全球第二大经济体。同时，在政治领域，改革开放使得中国最终对香港和澳门恢复行使主权，推进了中国国家统一政治目标的实现进程。

中国改革开放40年，成就了自身，也惠及了世界。孟加拉国前外长表示，中国经济快速增长释放出来的巨大需求，不仅帮助许多国家陷入困境的企业恢复增长，而且中国开放的市场也成为外国企业开发产品、创新服务的竞技场。中国国家国际发展合作署、亚洲基础设施投资银行、丝路基金、金砖国家新开发银行、金砖国家应急储备安排等机构机制一道为人类命运共同体理念的实现提供坚实基础，为全球和区域经济发展提供强有力支持，将会使发展中国家在经济增长、基础设施发展等各方面获益。美中关系全国委员会成员、中国问题专家本杰明·肖伯特接受采访时也表示，中国40年改革开放取得了巨大成就，不仅惠及发展中国家，欧美发达国家同样共同受益。这些成就反过来也推动中美关系持续向前发展。中国的改革开放在中美两国内部都催生了一系列积极变化。虽然美国政界部分人士认为，中美间的问题比解决办法多，但回顾中国 40 年的改革开放历程不难看出，改革开放让中国不断发展，美国和中国的关系也因此得以持续前进，对双方来说，这本身就是“非常重要的进步”。

中国国家主席习近平在 2018 年中非合作论坛上发表演讲，提出未来中非合作的八大行动，中国将投入 600 亿美元支持，还宣布要免除与中国有邦交的非洲相关国家到 2018 年底未偿还的政府债务。国际观察家认为，中国基于“一带一路”倡议对非洲开发投资的基础和前提是中国改革开放 40 年取得的巨大成果。同时，中国对非洲的投资开发与此前欧美援助非洲开发项目最大的不同是非殖民主义的“五不”原则。即习近平在演讲中强调的“五不”原则：“不干预非洲国家探索符合国情的发展道路，不干涉非洲内政，不把自己的意志强加于人，不在对非援助中附加任何政治条件，不在对非投资融资中谋取政治私利。”一些海外学者认为，中国在非洲的开发项目因此能够获得更多的非洲当地民众的支持，有助于其国家形象的改善。

图书在版编目（CIP）数据

中国政治发展进程．2019年/上海社会科学院政治与公共管理研究所编．—北京：时事出版社，2020.1

ISBN 978-7-5195-0341-3

Ⅰ．①中…　Ⅱ．①上…　Ⅲ．①政治制度—研究—中国—2019　Ⅳ．①D621

中国版本图书馆CIP数据核字（2019）第282154号

出版发行：时事出版社
地　　址：北京市海淀区万寿寺甲2号
邮　　编：100081
发行热线：（010）88547590　88547591
读者服务部：（010）88547595
传　　真：（010）88547592
电子邮箱：shishichubanshe@sina.com
网　　址：www.shishishe.com
印　　刷：北京旺都印务有限公司

开本：787×1092　1/16　印张：19.25　字数：260千字
2020年1月第1版　2020年1月第1次印刷
定价：110.00元
（如有印装质量问题，请与本社发行部联系调换）